명리용어와 시결음미

원각 김구현

충북 제천 출생
중국국립산동대학교 주역연구중심주역학과 졸업
국제청년역경학회 이사 역임
한국역리사자격검정관리협회 학술연구위원 역임
원각역리연구원 원장

■ 전화 : (031) 404-3852
　팩스 : (031) 404-8454

명리용어와 시결음미

1판 1쇄 인쇄일 ｜ 2011년 11월　6일
1판 1쇄 발행일 ｜ 2011년 11월 16일

발행처 ｜ 삼한출판사
발행인 ｜ 김충호
지은이 ｜ 김구현

신고년월일 ｜ 1975년 10월 18일
신고번호 ｜ 제305-1975-000001호

411-776 경기도 고양시 일산서구 일산동 1654번지
산들마을 304동 2001호

대표전화 (031) 921-0441
팩시밀리 (031) 925-2647

값 25,000원
ISBN 978-89-7460-157-7 03180

신비한 동양철학 · 103

명리용어와 시결음미

역학계의 대가 원각 김구현 선생 편저

삼한

『정법사주』에 이어 선인들께서 즐겨 탐독 음미하시던 일 천여 시결(詩訣)과 명리(命理) 용어를 한 권의 책으로 엮어냄을 보람으로 생각하며, 역우와 제현들의 많은 이해와 정진이 있기를 바란다.

문명과 문화가 극도로 발달하면서 시대도 변하고 인간이 누리는 환경도 예전과는 판이하게 다르나 인간의 명을 추론하는 음양(陰陽)과 오행(五行)의 오묘한 기(氣)는 변할 수 없다. 그러기에 명리학(命理學)을 연구하는 이들은 기초공부가 끝나면 자연스럽게 훌륭하다고 평가하는 고전의 이론을 접하게 된다.

그러나 음양오행(陰陽五行)의 논리와 심오한 명리학(命理學)의 진리에 큰 뜻을 갈무리하고 있는 것으로, 이 모두가 세상의 도리와 관련이 있는 시결(詩訣)과 용어와 숙어는 어려운 한자로만 되어 있어 대다수의 역학도는 선뜻 탐독과 음미에 취미를 잃을 수 있다.

그래서 누구나 어려움 없이 쉽게 읽고 깊이 있게 음미할 수 있도록 원문에 한글로 발음을 달고 어려운 용어와 숙어에 해석을 달아 이 책을 내게 되었다. 그러므로 독자 제현들께서는 적극적으로 연구와 숙독으로 자신의 것으로 신념하고 생활화한다는 마음 자세로 노력한다면 자신의 추리능력과 학술발전에 많은 도움이 되리라고 생각한다.

원각 김 구 현

제 I 부. 명리용어편

제 II 부. 명리숙어편

제Ⅲ부. 시결음미편

명리용어편

가

가격(假格)

진격(眞格)이 아닌 것. 모든 격(格)에는 진격(眞格)과 가격(假格)이 있는데 얼핏 생각하면 진(眞)과 가(假)는 의미와 형태가 반대일 것 같으나 그렇지 않다. 가격(假格)은 진(眞)과 거의 비슷하지만 어딘가 문제가 있어 진격(眞格)이 되지 못한 것이다.

가살위권(假殺爲權)

살(殺)이 권(權)으로 변한 것을 말한다.

가상관격(假傷官格)

사주의 격(格) 중 하나. 월령(月令)에 인수(印綬)나 비겁(比劫)이 있고, 상관(傷官)이 용신(用神)이면 성립한다. 식상운(食傷運)을 만나면 대부대귀를 누리나 인수운(印綬運)을 만나 상관(傷官)을 극파(剋破)하면 명을 마친다.

가색격(稼穡格)

사주의 외격(外格) 중 하나. 일행득기격(一行得氣格)에 속한다. 무기토(戊己土)일생이 진술축미(辰戌丑未)월에 태어났는데 사주가 모두 토(土)이거나 갑을인묘(甲乙寅卯)의 관살(官殺)이 없으면 성립한다. 만약 목(木)의 관살(官殺)이 있으면 격이 깨진다. 가색격(稼穡格)은 충효심이 강하고 정직하며 부귀와 영화를 누린다. 용신(用神)은 토(土), 희신(喜神)은 화(火)다. 수(水)의 재성(財星)을 보면 쟁재(爭財)로 파가하고, 금(金)이 용신(用神)이면 식신생재(食

神生財)로 부귀하나 화운(火運)은 용신(用神)이 되는 식신(食神) 금(金)을 충극(沖剋)하니 패망한다.

가신난진(假神亂眞)

가신(假神)이 진신(眞神)을 산란하게 한다는 뜻. 가신(假神)이 진신(眞神)을 충극(沖剋)하여 진신(眞神)이 작용하지 못하게 하는 것을 말한다.

가종격(假從格)

사주의 격(格) 중 하나. 일간(日干)이 매우 약할 때 도와주는 오행(五行)이 약간 있는 것을 말한다. 대운(大運)에서 일간(日干)을 생(生)하는 오행(五行)을 제거하면 진종(眞從)으로 변한다.

가화(假化)

쟁합(爭合)이나 투합(妬合) 등으로 방해가 되거나, 그 화신(化神)을 극(剋)하는 오행(五行)이 있는 것을 말한다.

가화격(假化格)

사주의 격(格) 중 하나. 화격(化格)인데 방해하는 것이 있어 격(格)이 순수하지 못한 것을 말한다. 순수한 화격(化格)은 진화격(眞化格) 또는 종화격(從化格)이라 한다. 화격(化格)에는 갑기합화토(甲己合化土)·을경합화금(乙庚合化金)·병신합화수(丙辛合化水)·정임합화목(丁壬合化木)·무계합화화(戊癸合化火) 5가지가 있다.

간(干)

천간(天干)과 같은 뜻.

간극(干剋)

천간극(天干剋)과 같은 뜻.

간두(干頭)

천간(天干)과 같은 뜻.

간여지동(干與支同)

천간(天干)과 지지(地支)가 음양(陰陽)과 오행(五行)이 같은 것. 갑인(甲寅)·을묘(乙卯)·경신(庚申)·신유(辛酉) 등이 있다.

간지(干支)

천간(天干)과 지지(地支)를 합쳐서 부르는 말이다.

간충(干沖)

천간충(天干沖)과 같은 뜻.

간합(干合)

천간합(天干合)과 같은 뜻.

간합지형(干合支刑)

일간(日干)은 합(合)되고 일지(日支)는 형(刑)되는 것을 말한다. 이런 사주는 화목할 것 같으면서도 풍파가 따르고, 근심이 많으며 부부가 해로하기 어렵다. 술사나 승려 사주에 많다.

감리상지(坎離相持)

수화(水火)가 상극(相剋)할 때 제도하는 것이 있어 통관(通關)시켜 주는 것을 말한다.

갑경충(甲庚沖)

천간충(天干沖) 중의 하나. 천간(天干)에서 갑(甲)과 경(庚)이 만나면 서로 대립하며 부딪힌다는 뜻이다. 충(沖)은 상극(相剋) 관계를 말하니 다툼·충돌·사고·배반·이별 등을 암시한다.

갑기합(甲己合)

천간합(天干合) 중의 하나. 천간(天干)에서 갑(甲)과 기(己)가 만나면 합(合)을 이루는 것을 말하는데, 오행(五行)은 토(土)로 변한다. 해당하면 심성이 너그럽고 이해심이 있는 것으로 본다.

갑기합화토(甲己合化土)

갑기합(甲己合)과 같은 뜻.

갑목(甲木)

갑(甲)은 오행(五行)으로는 목(木)에 해당하니 나무의 성질이 있고, 음양(陰陽)으로는 양(陽)에 해당한다. 적극적이며 추진력이 있어 지도자 기질이 있고, 성품이 깨끗하며 어질고 자비심이 많다.

갑목맹아(甲木萌芽)

해(亥)월의 갑목(甲木)이 싹이 트기 시작해 갑목(甲木)의 기운이 있다는 뜻이다.

강신촉노(强神觸怒)

강한 신(神)을 충극(沖剋)하면 노한다는 말이다.

강자의설(强者宜泄)

강한 것을 설(泄)한다는 말이다.

강자의억(强者宜抑)

강한 것을 억제한다는 말이다.

거관유살(去官留殺)

관살(官殺)이 모두 있는데 정관(正官)을 합거(合去)하여 칠살(七殺)만 남은 것을 말한다.

거유서배(去留舒配)

버릴 것은 버리고, 남길 것은 남기고, 짝이 되는 것은 짝을 지어 관살(官殺)을 잘 조절한다는 뜻이다.

거탁유청(去濁留淸淸)

탁한 것은 버리고 맑은 것만 남긴다는 말이다.

건록(建祿)

십이운성(十二運星) 중의 하나. 녹(祿) 또는 임관(臨官)이라고도 한다. 육체적으로나 정신적으로 성숙한 시기로 부모의 그늘에서 벗어나 자신의 의지를 마음껏 펼칠 수 있는 길성(吉星)이다. 건록(建祿)이 년지(年支)에 있으면 부모가 자수성가한 것으로 보고, 월지(月支)에 있으면 형제가 자수성가하며 자립심이 강하고 여명은 남편을 벌어 먹이고, 일지(日支)에 있으면 고집이 세며 부부의 정이 약하고, 시지(時支)에 있으면 자손이 발복하며 본인도 말년이 좋다.

건명(乾命)

남자의 명. 건(乾)은 하늘이라는 뜻이다. 여자는 곤명(坤命)이라 하는데 곤(坤)은 땅을 의미한다.

겁살(劫殺)

십이신살(十二神殺) 중의 하나. 대살(大殺)이라고도 하는데 삼합 (三合)의 마지막 글자의 다음 글자나 화오행(化五行)의 절지(絕地) 에 해당한다. 겁살(劫殺)은 원래 겁탈을 당하거나 한다는 흉살(凶 殺)로 속성속패하거나 불의의 탈재(奪財)·재액·관재·도난·이 별 등이 따르나 단순하게 속단하면 안 된다. 겁살(劫殺)이라도 희 신(喜神)에 해당하면 적장이 나를 도와주는 것과 같아 우연한 기 회에 발전하거나 어떤 위기에도 전화위복이 되니 희신(喜神)과 기 신(忌神)을 살펴 통변해야 한다.

겁재(劫財)

십신(十神) 중의 하나. 일간(日干)과 음양(陰陽)은 다르고 오행(五 行)은 같은 것을 말한다. 육친으로는 자매와 이복형제에 해당하고, 여자에게는 동서·남편의 애인·시아버지에 해당한다.

격(格)

역술·음양오행학·관상·수상 등의 길흉술에서 부귀빈천·길흉 화복·수요장단·흥망성쇠에 대한 형태를 간단하게 표시하는 것을 말한다.

격각살(隔角殺)

부모 형제를 떠나 타향에서 방랑한다는 살(殺)이다. 일(日)과 시 (時)로 보는데 일(日)과 시(時)의 십이지(十二支)가 한 글자씩 건 너뛴다. 자(子)일 인(寅)시, 축(丑)일 묘(卯)시, 인(寅)일 진(辰)시, 묘(卯)일 사(巳)시, 진(辰)일 오(午)시, 사(巳)일 미(未)시, 오(午)일

신(申)시, 미(未)일 유(酉)시, 신(申)일 술(戌)시, 유(酉)일 해(亥)시, 술(戌)일 자(子)시, 해(亥)일 축(丑)시생이면 해당한다.

격국(格局)

격(格)과 국(局)을 합쳐서 부르는 말이다. 사주가 격국(格局)을 이루면 길흉을 쉽게 판단할 수 있다. 격국(格局)에는 내격(內格)과 외격(外格)이 있는데, 일반적인 격국(格局)은 내격(內格)이라 하고, 특별한 격국(格局)은 외격(外格)이라 한다.

경금(庚金)

경(庚)은 오행(五行)으로는 금(金)에 해당하니 돌이나 쇠의 성질이 있고, 음양(陰陽)으로는 양(陽)에 해당한다. 개방적이며 사교적이고 정의감이 강하며 명예를 중히 여기고 의리와 위엄이 있다. 그러나 냉정하며 물질만능주의자이다.

경칩(驚蟄)

24절기 중에서 3번째 절기. 음력으로는 2월 2일에 들고, 양력으로는 3월 5~6일에 든다. 경칩(驚蟄)이란 개구리가 놀라서 깬다는 뜻이다. 이 때가 되면 만물이 겨울잠에서 깨어나 활동하기 시작한다.

계수(癸水)

계(癸)는 오행(五行)으로는 수(水)에 해당하니 물의 성질이 있고, 음양(陰陽)으로는 음(陰)에 해당한다. 정직하며 인정이 많고, 깨끗한 것을 좋아하고, 학문과 연구심이 남다르고, 예술이나 기술에 대한 감각과 창의력이 좋다.

고란과곡살(孤鸞寡鵠殺)

배우자를 잃는다는 살(殺)이다. 을사(乙巳) · 정사(丁巳) · 신해(辛亥) · 무신(戊申) · 갑인(甲寅)일생이면 해당한다.

고란살(孤鸞殺)

신음살(呻吟殺)이라고도 하는데 여명에 있으면 남편이 첩을 얻거나 남편을 빼앗기거나 남편과 이별하거나 독수공방한다는 흉살(凶殺)이다. 갑인(甲寅) · 을사(乙巳) · 무신(戊申) · 신해(辛亥)일생이면 해당한다.

고신과숙살(孤辰寡宿殺)

고신살(神殺殺)과 과숙살(寡宿殺)을 합쳐서 부르는 말이다.

고신살(孤辰殺)

남자에게만 해당하는데 부모 · 형제 · 아내와 이별수가 있고, 자녀를 두기 어렵다는 살(殺)이다. 특히 부부 이별수가 많이 따른다. 해자축(亥子丑)년이나 해자축(亥子丑)일에 태어났는데 사주에 인(寅)이 있거나, 인묘진(寅卯辰)년이나 인묘진(寅卯辰)일에 태어났는데 사주에 사(巳)가 있거나, 사오미(巳午未)년이나 사오미(巳午未)일에 태어났는데 사주에 신(申)이 있거나, 신유술(申酉戌)년이나 신유술(申酉戌)일에 태어났는데 사주에 해(亥)가 있으면 해당한다.

고장살(庫藏殺)

진술축미(辰戌丑未)의 사묘지(四墓地)를 말하는데 여명은 자식을 두기 어렵다. 일간(日干)을 위주로 보는데 유년(流年)에서 만나면 상을 당하는 일이 많으니 육친을 함께 살피면서 간명해야 한다.

곡우(穀雨)

24절기 중에서 5번째 절기. 음력으로는 3월 18일에 들고, 양력으로는 4월 20~21일에 든다. 곡우(穀雨)란 오곡을 가꾸기에 적당한 비가 내린다는 뜻이다. 이 때부터 초목들이 싹을 틔우기 시작하고 농사가 시작된다.

곡직격(曲直格)

사주의 격(格) 중 하나. 갑을(甲乙)일 인묘(寅卯)월생이 지지(地支)에 인묘진(寅卯辰)이나 해묘미(亥卯未) 목국(木局)을 이루고, 경신신유(庚辛申酉)의 관살(官殺)이 없으면 성립한다. 해당하면 자비심이 많고 도덕심이 높아 만인을 구조하며 타인에게 추앙을 받는다. 곡직격(曲直格)은 목(木)이 용신(用神)이고, 수(水)가 희신(喜神)이다. 화(火)를 만나면 왕성한 목(木)을 설(泄)하니 길하나 금(金)을 만나면 왕성한 목(木)을 거스르니 대흉하다. 토(土)를 만나면 군비쟁재(群比爭財)가 되어 손재손처가 따라 대단히 불길하나 화(火)가 용신(用神)이면 식신(食神) 화(火)가 생토(生土) 재(財)하니 형통하고, 수(水)를 만나면 수화(水火)가 서로 싸우니 만사불통으로 구사일생한다.

곤랑도화(滾痕桃花)

도화살(桃花殺) 중의 하나. 주색과 황음으로 성병에 걸리고 재산을 모두 날린다는 흉살(凶殺)이다. 일간(日干)은 근합(近合)을 하고 일지(日支)는 근형(近刑)을 하여 일주(日柱)가 천합지형(天合支刑)

이 되는 것을 말한다.

곤명(坤命)

여자의 명. 곤(坤)은 땅이라는 뜻이다. 남자는 건명(乾命)이라 하는데 건(乾)은 하늘을 의미한다.

공귀격(拱貴格)

사주의 격(格) 중 하나. 갑신(甲申)일 갑술(甲戌)시생·무신(戊申)일 무오(戊午)시생·갑인(甲寅)일 갑자(甲子)시생·을미(乙未)일 을유(乙酉)시생·신축(辛丑)일 신묘(辛卯)시생이면 해당한다. 금관옥대를 두르고 나라의 녹을 먹지만 형충파해(刑沖破害)나 전실(塡實)이 있으면 불길하여 허리허명에 그친다.

공록격(拱祿格)

사주의 격(格) 중 하나. 계해(癸亥)일 계축(癸丑)시생·계축(癸丑)일 계해(癸亥)시생·정사(丁巳)일 정미(丁未)시생·기미(己未)일 기사(己巳)시생·무진(戊辰)일 무오(戊午)시생이면 해당한다. 자색옷을 입고 정전(政殿)을 드나드는데 사주에 칠살(七殺)이나 형충파해(刑沖破害)나 전실(塡實)이 있으면 대흉하다.

공망(空亡)

천간(天干) 10개와 지지(地支) 12개를 순서대로 짝을 맞추다보면 지지(地支)의 술(戌)과 해(亥)가 남는다. 이것을 짝없이 비어 있다고 하여 공망(空亡)이라고 한다. 년주(年柱)가 공망(空亡)되면 선조와 상사의 덕이 없고, 월지(月支)가 공망(空亡)되면 부모나 형제의 해로 보고, 일지(日支)가 공망(空亡)되면 본인과 배우자의 해로 보고, 시지(時支)가 공망(空亡)되면 자손과 부하의 해로 본다.

공재격(供財格)

사주의 격(格) 중 하나. 갑인(甲寅)일생이 갑자(甲子)시에 태어났는데 사주에 축(丑)이 없거나, 갑오(甲午)일생이 임신(壬申)시에 태어났는데 사주에 미(未)가 없거나, 을묘(乙卯)일생이 신사(辛巳)시에 태어났는데 사주에 오(午)가 없거나, 계유(癸酉)일생이 계해(癸亥)시에 태어났는데 사주에 술(戌)이 없으면 해당한다. 희신운(喜神運)이나 용신운(用神運)을 만나면 형통하나 격(格)이 형충파해(刑沖破害)되면 만사가 막힌다.

과숙살(寡宿殺)

여자에게만 해당하는데 남편운과 자녀운이 나빠 고독한 명이 된다는 살(殺)이다. 해자축(亥子丑)년이나 해자축(亥子丑)일에 태어났는데 사주에 술(戌)이 있거나, 인묘진(寅卯辰)년이나 인묘진(寅卯辰)일에 태어났는데 사주에 축(丑)이 있거나, 사오미(巳午未)년이나 사오미(巳午未)일에 태어났는데 사주에 진(辰)이 있거나, 신유술(申酉戌)년이나 신유술(申酉戌)일에 태어났는데 사주에 미(未)가 있으면 해당한다. 작용력은 년지(年支)·월지(月支)·일지(日支) 순으로 강하다.

과어유정(過於有情)

정(情)도 지나치면 발전하는 데 지장이 된다는 뜻이다.

관귀(官鬼)

육효(六爻)나 오행상극(五行相剋)에서 자신이나 세(世)를 극(剋)하는 오행(五行)을 말한다. 명리학(命理學)에서는 칠살(七殺)이 기신(忌神)에 해당하면 관귀(官鬼)라고도 한다.

관귀학관(官貴學館)

승진과 출세가 빠르다는 길성(吉星)이다. 해당하면 총명하며 지혜가 많고 학문이 뛰어나며 만인의 신망을 받는다. 그러나 관성(官星)이 형충(刑沖)이나 사절(死絶)이나 공망(空亡)되면 길작용을 하지 못한다. 갑을(甲乙)일생이 지지(地支)에 사(巳)가 있거나, 병정(丙丁)일생이 지지(地支)에 신(申)이 있거나, 무기(戊己)일생이 지지(地支)에 해(亥)가 있거나, 경신(庚辛)일생이 지지(地支)에 인(寅)이 있거나, 임계(壬癸)일생이 지지(地支)에 인(寅)이 있으면 해당한다.

관대(冠帶)

십이운성(十二運星) 중의 하나. 관대(冠帶)는 성인이 되어 관례(冠禮)를 치른다는 뜻이다. 해당하면 만사에 생기와 의욕이 많고, 독립심과 자존심이 강하며 정의롭다. 관대운(冠帶運)을 만나면 외미내실(外美內實)로 만인의 존경을 받고, 책임과 의무가 막중하며, 자기 의사대로 매사를 추진하는 상태라고 볼 수 있다. 그러나 과시와 주장이 강하고 고집이 세다. 사주에 관대(冠帶)가 없으면 공직이나 관직에서 발전하기 어렵다.

관록분야(官祿分野)

관성(官星)이 놓은 녹(祿)이 국(局)을 이루는 것을 말한다.

관살병용(官殺并用)

정관(正官)과 칠살(七殺)을 모두 쓴다는 말이다.

관살혼잡(官殺混雜)

정관(正官)과 편관(偏官)이 혼잡되어 있다는 뜻이다.

관성(官星)

정관(正官)과 편관(偏官)을 합쳐서 부르는 말이다. 정관(正官)은
국민의 안녕과 질서를 위하여 규칙을 정하여 규제하니 품위·명
예·권세·벼슬 등의 문관을 상징하고, 편관(偏官)은 귀살(鬼殺)이
라고도 하는데 영웅호걸·군인·경찰·기술직 등의 무관을 상징한
다. 육친으로는 남명은 자식에 해당하고, 여명은 남편에 해당한다.

관인상생(官印相生)

일간(日干)인 나의 정관(正官)은 인수(印綬)를 생(生)하고, 인수
(印綬)는 정관(正官)의 생(生)을 받아 일간(日干)을 생(生)하니, 정
관(正官)과 인수(印綬)와 일간(日干)이 상생(相生)한다는 뜻이다.
살인상생(殺印相生)과 비슷하나 의의가 다르다. 살인상생(殺印相
生)은 칠살(七殺)이 일간(日干)을 억압할 때 인수(印綬)가 일간(日
干)을 생(生)해주는 것이고, 관인상생(官印相生)은 정관(正官)으로
생(生)한 인수(印綬)가 나를 생(生)해주는 것이다. 그러나 인수(印
綬) 때문에 일간(日干)을 생(生)한다는 것은 같다.

괘(卦)

주역(周易)에서 천지의 변화와 길흉을 나타내는 것. 오랜 옛날 중국의 복희씨(伏羲氏)가 만들었다고 한다. 한 괘(卦)에는 효(爻)가 3개씩 있는데 그 효(爻)를 음양(陰陽)으로 나누면 8가지 괘(卦)가 되고, 이 8가지 괘(卦)를 거듭하면 64개의 괘(卦)가 되는 것이다.

괘효(卦爻)

64괘(卦)에서 각각의 괘(卦)를 이루는 6개의 획을 말한다.

괴강(魁罡)

괴강(魁罡)이란 진술(辰戌)을 말하는데 진(辰)은 천강(天罡)이라 하고, 술(戌)은 하괴(下傀)라 하여 음양(陰陽)이 절멸하는 땅이다. 진술(辰戌)이 붙는 것으로는 갑진(甲辰)·갑술(甲戌)·병진(丙辰)·병술(丙戌)·무진(戊辰)·무술(戊戌)·경진(庚辰)·경술(庚戌)·임진(壬辰)·임술(壬戌) 10가지가 있다. 그러나 모두 괴강(魁罡)이 되는 것이 아니라 임진(壬辰)·무술(戊戌)·경진(庚辰)·경술(庚戌) 4가지만 해당한다. 괴강(魁罡)은 길신(吉神) 작용도 하고 흉신(凶神) 작용도 하는데 모든 길흉에 극단으로 작용한다. 따라서 대부·대귀·폭패·재앙·살상·엄격·총명 등이 극단으로 흐르기 쉽다. 만일 괴강(魁罡)이 일간(日干)에 있으면 총명하며 최고의 부귀영화를 누리고, 신왕(身旺)하면 크게 출세하나 신약(身弱)하면 곤궁하며 재앙이 많이 따른다. 군인장성·교수·예술가·경찰총수·법관·기업체 사장들의 사주에 많은 편이다.

괴강격(魁罡格)

사주의 격(格) 중 하나. 경진(庚辰)·경술(庚戌)·임진(壬辰)·임술(壬戌)·무술(戊戌)일생이면 해당한다. 총명하며 지혜가 많고, 편굴되지 않으며 과감하고 용단성이 있다. '괴강격(魁罡格)을 이루면 남보다 뛰어나며 발복이 빠르다'고 하였다. 그러나 재성(財星)이나 관성(官星)을 만나면 재액이 따르고, 형(刑)되면 관액이 따르고, 괴강(魁罡)이 1개 있는데 충(沖)을 많이 만나면 소인배가 되며 형벌과 재화가 따른다.

교호공망(交互空亡)

공망(空亡) 중의 하나. 상대방의 공망(空亡)이 나에게 있고 나의 공망(空亡)이 상대방에게 있는 것을 말한다. 해당하면 결혼생활이나 동업은 십중팔구 깨지는 것으로 본다.

괴병(魁病)

여러 가지 살(殺)과 형(刑)·충(沖)·파(破)·해(害)를 말한다.

구신(仇神)

희신(喜神)을 극파(剋破)하는 신(神)을 말한다.

구진(句陳)

육신(六神) 중의 하나. 술(戊)일을 주관하고, 등사(騰蛇)와 함께 토(土) 방위인 중앙을 지킨다.

구진득위격(句陣得位格)

사주의 격(格) 중 하나. 무기(戊己)일생이 지지(地支)에 재성(財

星)인 신자진(申子辰) 수국(水局)과 관성(官星)인 인묘진(寅卯辰)이나 해묘미(亥卯未) 목국(木局)이 모두 있는 것을 말한다.

구통수화(構通水火)

수화(水火)가 상극(相剋)하는데 목(木)을 만나 수생목(水生木) 목생화(木生火)로 기운이 잘 흐르는 것을 말한다.

국(局)

같은 오행(五行)끼리 모여 있는 것을 말한다. 인묘진(寅卯辰)은 목(木)이 모인 것이므로 목국(木局)이라 하고, 사오미(巳午未)는 화(火)가 모인 것이므로 화국(火局)이라 하고, 신유술(申酉戌)은 금(金)이 모인 것이므로 금국(金局)이라 하고, 해자축(亥子丑)은 수(水)가 모인 것이므로 수국(水局)이라 한다. 월지(月支)를 기준으로 국(局)을 이루면 고집과 독선이 강하여 다른 사람들과 잘 융화하지 못한다.

군겁쟁재(群劫爭財)

군비쟁재(群比爭財)와 같은 뜻.

군뢰신생(君賴臣生)

임금은 신하에게 의지해야 한다는 뜻. 인수(印綬)가 왕성할 때 신하인 재성(財星)이 인수(印綬)를 극(剋)하여 일간(日干)을 도와주는 것을 말한다.

군불가항(君不可抗)

군주에게는 절대 맞서면 안 된다는 뜻. 일간(日干)을 충극(沖剋)하면 흉하는 말이다.

군비쟁재(群比爭財)

비겁(比劫)의 무리가 재성(財星) 하나를 놓고 다투는 것을 말한다.

궁합(宮合)

남녀가 서로의 사주를 대조하여 길흉을 알아보는 것으로 납음(納音)·띠·간지(干支) 등으로 본다. 간지(干支)를 음양(陰陽)과 오행(五行)으로 따져보아 상생(相生)·삼합(三合)·육합(六合)이 되는 것이 가장 좋다고 한다.

권재일인(權在一人)

권(權)은 사주의 기세가 집결되었다는 뜻인데 기세는 금기(金氣)·수기(水氣)·목기(木氣)·화기(火氣)·토기(土氣)를 말하고, 일인(一人)은 일기(一氣) 즉 기(氣)가 한 곳에 모여 있다는 말이고, 재(在)는 있다는 말이다. 따라서 권재일인(權在一人)이란 사주의 기(氣)가 일주(日柱)에 모여 있다는 뜻이다. 그러나 특별한 작용을 하는 것은 아니다. 다만 격국(格局)과 용신(用神)에서 작용하며 학술용어로 사용하는 말이다.

귀격(貴格)

사주의 격(格)이 매우 좋다는 뜻. 오행(五行)이 골고루 있고, 중화를 잘 이루고, 정관(正官)이 밝으면 성립한다.

귀기불통(貴氣不通)

사주에서 꼭 필요한 것이 통하지 못하는 것을 말한다.

귀록격(歸祿格)

사주의 격(格) 중 하나. 정록(正祿)이 돌아가 하나의 격(格)이 성립되는 것으로 시간(時干)에 녹(祿)이 있는 것을 말한다. 일록거시격(日祿居時格)이라고도 한다.

귀문관살(鬼門關殺)

정신이상·신경쇠약·우울증·쟁탈 등이 따른다는 흉살(凶殺)이다. 사주에 인미(寅未)·묘신(卯申)·진해(辰亥)·사술(巳戌)·축오(丑午)·자유(子酉)가 있으면 해당한다.

귀물제거(鬼物除去)

일간(日干)이 종(從)하는데 방해하는 인수(印綬)나 비겁(比劫)이 있으면 충거(沖去)시키는 것을 말한다.

극해공망(剋害空亡)

공망(空亡) 중의 하나. 남명에게만 해당하는데 아내와 자식을 해롭게 한다는 흉살(凶殺)이다. 갑(甲)일생이 지지(地支)에 오(午)가 있거나, 병정(丙丁)일생이 지지(地支)에 신(申)이 있거나, 무기(戊己)일생이 지지(地支)에 오(午)가 있거나, 경신(庚申)일생이 지지(地支)에 인(寅)이 있거나, 임계(壬癸)일생이 지지(地支)에 유(酉)나 축(丑)이 있으면 해당한다.

금극목(金剋木)

오행상극(五行相剋) 중의 하나. 금목상극(金木相剋)이라고도 하는데 금(金)은 목(木)을 극(剋)한다는 말이다. 나무는 쇠를 만나면 잘려지기 때문이다.

금다수탁(金多水濁)

수(水)는 금(金)의 생(生)을 받으나 금(金)이 많으면 수(水)가 탁해진다는 뜻이다. 이 때는 수(水)의 재성(財星)인 화(火)로 금(金)을 녹여 힘을 분산시키면 수(水)가 맑아져 다시 살아날 수 있다. 임계(壬癸)일생이 사주에 인성(印星)인 금(金)이 많으면 해당하는데, 목화운(木火運)을 만나면 만사가 형통하나 금수운(金水運)을 만나면 만사가 막힌다.

금다토변(金多土變)

토(土)는 능히 금(金)을 생(生)하나 금(金)이 많으면 토(土)가 변한다는 뜻이다. 이 때는 금(金)은 병신(病神), 화(火)는 약신(藥神), 목(木)은 희신(喜神)이다. 따라서 목화운(木火運)을 만나면 발전하나 토금수운(土金水運)을 만나면 만사가 막힌다.

금다화식(金多火息)

화(火)는 능히 금(金)을 극(剋)하나 금(金)이 많으면 화(火)가 꺼진다는 뜻이다. 이 때는 화(火)를 용신(用神)으로 삼으면 화(火)가 강해지고 금(金)이 약해져 금(金)을 다스릴 수 있다. 목화운(木火運)은 길하나 토금운(土金運)은 흉하다.

금생수(金生水)

오행상생(五行相生) 중의 하나. 금수상생(金水相生)이라고도 하는데 금(金)은 수(水)를 생(生)한다는 말이다. 물은 바위를 만나면 좋은 물이 되기 때문이다.

금쇄살(金鎖殺)

교통사고나 부상 등이 따른다는 흉살(凶殺)이다. 인(寅)월생이 년지(年支)나 일지(日支)에 신(申)이 있거나, 묘(卯)월생이 년지(年支)나 일지(日支)에 유(酉)가 있거나, 진(辰)월생이 년지(年支)나 일지(日支)에 술(戌)이 있거나, 사(巳)월생이 년지(年支)나 일지(日支)에 해(亥)가 있거나, 오(午)월생이 년지(年支)나 일지(日支)에 자(子)가 있거나, 미(未)월생이 년지(年支)나 일지(日支)에 축(丑)이 있으면 해당한다.

금수상관(金水傷官)

경신(庚申)일생이 사주에 임계해자(壬癸亥子)가 있는 것을 말한다. 금수상관(金水傷官)은 관성(官星)이 중요한데 사주가 금수(金水)로만 구성되면 냉습해지기 쉬우므로 관성(官星)인 병정화(丙丁火)를 만나야 좋아지기 때문이다.

금신격(金神格)

사주의 격(格) 중 하나. 갑기(甲己)일생이 기사(己巳)·을축(乙丑)·계유(癸酉)시에 태어났으면 해당한다. 금신격(金神格)이 금(金)이 왕성하여 일간(日干)을 극(剋)하거나 설(泄)할 때 사주나 운에서 그 금(金)을 억제하면 대귀격을 이룬다.

금실무성(金實無聲)

금(金)이 너무 왕성하면 아무 명성도 나타내지 못한다는 뜻이다.

금여록(金與祿)

온후하며 덕이 있고 좋은 인연이 따른다는 길성(吉星)이다. 그러나 금여록(金與祿)이 형충파해(刑沖破害)되면 작용력이 약해진다. 갑(甲)일생이 지지(地支)에 진(辰)이 있거나, 을(乙)일생이 지지(地支)에 사(巳)가 있거나, 병(丙)일생이 지지(地支)에 미(未)가 있거나, 정(丁)일생이 지지(地支)에 신(申)이 있거나, 무(戊)일생이 지지(地支)에 미(未)가 있거나, 기(己)일생이 지지(地支)에 신(申)이 있거나, 경(庚)일생이 지지(地支)에 술(戌)이 있거나, 임(壬)일생이 지지(地支)에 축(丑)이 있거나, 계(癸)일생이 지지(地支)에 인(寅)이 있으면 해당한다.

금침수저(金沈水底)

금(金)이 약한데 수(水)가 왕성하면 금(金)이 가라앉는다는 뜻.

급각살(急脚殺)

낙상이나 소아마비 등이 따른다는 흉살(凶殺)이다. 인묘진(寅卯辰)월생이 일지(日支)나 시지(時支)에 해(亥)나 자(子)가 있거나, 사오미(巳午未)월생이 일지(日支)나 시지(時支)에 묘(卯)나 미(未)가 있거나, 신유술(申酉戌)월생이 일지(日支)나 시지(時支)에 인(寅)이나 술(戌)이 있거나, 해자축(亥子丑)월생이 일지(日支)나 시지(時支)에 축(丑)이나 진(辰)이 있으면 해당한다.

급신이지(及身而止)

오행(五行)이 상생(相生)하여 일간(日干)에 이르렀으나 그 생정(生情)이 승화하지 못했다는 뜻이다.

기관팔방(氣貫八方)

기(氣)가 잘 통한다는 말이다.

기명종재격(棄命從財格)

사주의 격(格) 중 하나. 재성(財星) 때문에 사주가 신약(身弱)할 때 인수(印綬)나 비겁(比劫)이 도와주어도 기능을 발휘할 수 없으면 부득이 모든 것을 버리고 재성(財星)을 따라가는 것을 말한다.

기반(羈絆)

간합(干合)을 이루어 희신(喜神)으로 변하면 길하고, 기신(忌神)으로 변하면 재해가 따른다. 이 때 합(合)하는 두 천간(天干) 중 음간(陰干)은 작용하지 못하는데 이것을 기반(羈絆)이라고 한다. 용신(用神)이나 희신(喜神)이 합(合)되면 평생 무위도식한다.

기식상통(氣息相通)

일간(日干)을 위하는 마음이 잘 맞는다는 뜻이다.

기신(忌神)

일간(日干)을 해롭게 하는 신(神)을 말한다.

기취감궁(氣聚坎宮)

사주의 정기가 수(水)에 모여 있다는 뜻이다.

기토(己土)

기(己)는 오행(五行)으로는 토(土)에 해당하니 흙의 성질이 있고, 음양(陰陽)으로는 음(陰)에 해당한다. 세심하며 직장이나 가정에 충실하나 남을 잘 믿지 않는다. 종교가 사주에 많은 편이다.

길성(吉星)

길작용을 하는 신(神)을 말한다.

길신(吉神)

길성(吉星)과 같은 뜻.

길신태로(吉神太露)

희신(喜神)이나 용신(用神) 등의 길신(吉神)은 천간(天干)에 있으면 빼앗기기 쉬우니 지지(地支)에 암장(暗藏)되어 있는 것이 좋다는 말이다. 반대로 기신(忌神)은 극상(剋傷)되면 이로워지는데 천간(天干)에 있으면 길하나 지장간(支藏干)에 있으면 흉하다.

나

낙정관살(落井關殺)

우물·인분통·맨홀·강물 등에 빠진다는 흉살(凶殺)인데 해당하면 선원생활은 하지 않는 것이 좋다. 갑기(甲己)일생이 일지(日支)나 시지(時支)에 사(巳)가 있거나, 을경(乙庚)일생이 일지(日支)나 시지(時支)에 자(子)가 있거나, 병신(丙辛)일생이 일지(日支)나 시지(時支)에 신(申)이 있거나, 정임(丁壬)일생이 일지(日支)나 시지(時支)에 술(戌)이 있거나, 무계(戊癸)일생이 일지(日支)나 시지(時支)에 묘(卯)가 있으면 해당한다.

내격(內格)

사주의 격(格)을 구분하는 것으로 정관격(正官格)·편관격(偏官

格)·정재격(正財格)·편재격(偏財格)·식신격(食神格)·상관격(傷官格)·정인격(正印格)·편인격(偏印格) 8가지를 말한다. 보는 방법은 일간(日干)을 위주로 하여 월지(月支)에 암장(暗藏)된 것이 천간(天干)에도 있는 것을 찾아 정관(正官)이면 정관격(正官格), 편관(偏官)이면 편관격(偏官格)이라고 한다. 그러나 자묘유(子卯酉)는 천간(天干)에 나타나지 않아도 성립한다.

년간(年干)

태어난 해의 천간(天干)을 말한다. 상(象)은 뿌리(根), 방위는 북쪽, 육친은 조부에 해당한다.

년살(年殺)

십이신살(十二神殺) 중의 하나. 목욕살(沐浴殺)·도화살(桃花殺)·패살(敗殺)이라고도 하는데 남녀 모두 풍류를 좋아하며 색난이 따른다. 사주에 지살(地殺)의 다음 글자인 자오묘유(子午卯酉)가 있으면 성립한다. 년살(年殺)이 형충파해(刑沖破害)되면 성병으로 고생한다.

년주(年柱)

태어난 해의 천간(天干)과 지지(地支)를 합쳐서 부르는 말이다. 상으로는 뿌리에 해당하고, 방위로는 북쪽, 육친으로는 조부모, 사회적으로는 기관장, 가택에서는 대지에 해당한다.

년지(年支)

태어난 해의 지지(地支)를 말한다.

녹마동향(祿馬同鄕)

임오(壬午)나 계사(癸巳)일생이면 해당하는데 정관(正官)과 재성(財星)이 모두 일지(日支)에 암장(暗藏)되면 복과 부귀가 따른다.

녹왕(祿旺)

건록(建祿)을 얻어 왕성하다는 말이다.

녹원호환(祿元互換)

일간(日干)의 정관(正官)은 시간(時干)에 있고, 시간(時干)의 정관(正官)은 일간(日干)에 있다는 말이다.

다

단오(端午)

세시명절 중의 하나. 음력 5월 5일에 해당한다. 이 날 대궐에서는 쑥으로 범의 형상을 빚어 대신들에게 나누어 주고, 공조(工曹)에서는 단오선(端午扇)을 만들어 궁중과 재상의 집에 돌리고, 관상감(觀象監)에서는 궐내의 문설주에 천중적부(天中赤符 : 붉은 글씨로 쓴 부적)를 붙였다. 민간에서는 아이들이 창포를 끓인 물로 얼굴을 씻고, 붉고 푸른 새옷을 입었다. 여자들은 창포 뿌리로 비녀를 만들어 그 끝에 연지로 수복이라는 글자를 적어 머리에 꽂으면 온역(瘟疫)을 물리친다고 믿었는데 이를 단오장(端午粧)이라 한다.

당사주(唐四柱)

중국 당나라 때 달마대사가 썼다고 하는데 년주(年柱)를 기준으로

본다. 생년월일시(生年月日時)에 따라 귀(貴)·액(厄)·권(權)·파
(破)·간(奸)·문(文)·복(福)·역(驛)·고(孤)·인(忍)·예(藝)·
수(壽)의 십이천성(十二天星)이 작용한다. 자(子)년생은 천귀성(天
貴星), 축(丑)년생은 천액성(天厄星), 인(寅)년생은 천권성(天權星),
묘(卯)년생은 천파성(天破星), 진(辰)년생은 천간성(天奸星), 사
(巳)년생은 천문성(天文星), 오(午)년생은 천복성(天福星), 미(未)
년생은 천역성(天驛星), 신(申)년생은 천고성(天孤星), 유(酉)년생
은 천인성(天忍星), 술(戌)년생은 천예성(天藝星), 해(亥)년생은 천
수성(天壽星)이 작용한다.

대서(大署)

24절기 중에서 12번째 절기. 음력으로는 6월 23일에 들고, 양력으로
는 7월 23~24일에 든다. 대서(大署)는 큰 더위라는 뜻으로 일년 중
에서 가장 더운 때이다.

대설(大雪)

24절기 중에서 21번째 절기. 음력으로는 11월 13일에 들고, 양력으
로는 12월 7~8일에 든다. 대설(大雪)이란 큰 눈이 내린다는 뜻으로
일년 중에서 눈이 가장 많이 내리는 때이다.

대운(大運)과 대운수(大運數)

대운(大運)이란 10년 동안의 운을 말한다. 사주는 선천적인 운명으
로 출생과 동시에 결정되지만 대운(大運)은 후천적인 운명으로 10
년 주기로 바뀐다. 대운(大運)을 정하는 방법은 생월(生月)의 간지
(干支)를 기준으로 한다. 년간(年干)이 양남음녀(陽男陰女)이면 생

월(生月)에서 순행하고, 음남양녀(陰男陽女)이면 생월(生月)에서 역행한다. 대운수(大運數)를 계산하는 방법은 양남음녀(陽男陰女)는 생일(生日)에서 순행한 다음 절입일까지의 일수를 계산하여 3으로 나누는데 이것을 양남음녀(陽男陰女)는 미래절(未來節)이라 하고, 음남양녀(陰男陽女)는 생일(生日)에서 역행하여 그 달 절입일까지를 계산하여 3으로 나누는데 이것을 음남양녀(陰男陽女)는 과거절(過去節)이라 한다. 이와 같이 계산한 총 일수에서 1을 뺀 다음 3으로 나눈 수를 쓰는데, 1이 남으면 버리고 2가 남으면 3으로 나눈 수에 1을 더한다.

대패살(大敗殺)

매사에 복록이 박하고, 재물을 오래 지키지 못하고, 경거망동을 하다 망한다는 흉살(凶殺)이다. 갑진(甲辰)·기사(己巳)·병신(丙申)·정유(丁酉)·무술(戊戌)·기축(己丑)·경진(庚辰)·신사(辛巳)·임신(壬申)·계해(癸亥)일생이면 해당한다.

대목지토(帶木之土)

토(土)가 목(木)을 대동한다는 뜻. 진토(辰土)와 미토(未土)를 말하는데 갑을목(甲乙木)의 뿌리가 되기도 한다. 만일 사주에 인묘목(寅卯木)이 있으면 토(土)는 자신의 기(氣)를 잃고 목(木)의 역량을 키워준다.

대한(大寒)

24절기 중에서 마지막 절기. 음력으로는 12월 28일에 들고, 양력으로는 1월 20~21일에 든다. 대한(大寒)이란 큰 추위라는 뜻으로 일년 중에서 가장 추운 때이다.

도삽도화(倒揷桃花)

도화살(桃花殺) 중의 하나. 도화(桃花)가 년지(年支)에 임한 것을 말한다. 인체에 비유하면 년지(年支)는 머리에 해당하므로 도화(桃花)를 머리에 꽂은 형상이기 때문이다. 도삽도화(倒揷桃花)는 장내도화(牆內桃花)라고도 하는데 청춘남녀가 짝을 찾기 위하여 서로 교제하는 시기이므로 크게 문제되지 않는다. 해당하면 부모의 사랑을 많이 받고, 배우자와 사이가 좋다.

도화살(桃花殺)

함지(咸池)·목욕(沐浴)·패신(敗神)이라고도 하는데 지살(地殺) 다음 글자를 말한다. 해당하면 이성을 끄는 매력이 있고 풍류와 낭만을 좋아한다. 신자진(申子辰)년이나 신자진(申子辰)일에 태어났는데 사주에 유(酉)가 있거나, 사유축(巳酉丑)년이나 사유축(巳酉丑)일에 태어났는데 사주에 오(午)가 있거나, 인오술(寅午戌)년이나 인오술(寅午戌)일에 태어났는데 사주에 묘(卯)가 있거나, 해묘미(亥卯未)년이나 해묘미(亥卯未)일에 태어났는데 사주에 자(子)가 있으면 해당한다.

동지(冬至)

24절기 중에서 22번째 절기. 음력으로는 11월 28일에 들고, 양력으로는 12월 22~23일에 든다. 일년 중 낮의 길이가 가장 짧고 밤의 길이가 가장 긴 날이다. 이 때부터 양기(陽氣)가 왕성해져 낮은 점점 길어지고 밤은 점점 짧아진다.

득령(得令)

일간(日干)이 월(月)의 기(氣)를 얻었다는 뜻으로 비겁(比劫)월생을 말한다.

득비이재(得比理財)

비견(比肩) 겁(劫)으로 재성(財星)을 다스린다는 뜻이다.

득세(得勢)

일간(日干)이 인수(印綬)와 비겁(比劫)의 도움을 많이 받는 것을 말한다.

득지(得地)

착지(着地)·착근(着根)·유근(有根)·통근(通勤)이라고도 하는데 지장간(支藏干)에 일간(日干)과 같은 기(氣)가 있는 것을 말한다. 포태법(胞胎法)으로는 장생(長生)·건록(建祿)·제왕(帝王)·묘고(墓庫)가 든 것을 말한다.

등사(騰蛇)

육신(六神) 중의 하나. 기(己)일을 주관하고, 구진(句陳)과 함께 토(土) 방위인 중앙을 지킨다.

라

람격(濫格)

사주의 격(格) 중 하나. 람(濫)이란 성에 대한 탐욕이 넘쳐흐른다는 뜻으로 여명에 해당하면 비첩이 되거나 재혼하는 경우가 많다.

지장간(支藏干)에 있는 재(財)가 왕성한데 천간(天干)과 지지(地支)에 관살(官殺)이 많으면 성립한다.

마

망신살(亡身殺)

십이신살(十二神殺) 중의 하나. 파군살(破軍殺) 또는 관부살(官符殺)이라고도 하는데 모든 계획이 수포로 돌아가고 패가망신한다는 흉살(凶殺)이다. 해당하면 봉변을 당해도 수치를 모르고, 자신도 모르게 무엇을 잃는다는 것을 암시하니 실물이나 손재 등을 조심해야 한다. 특히 여명은 정조를 잃는 것을 말한다.

마전신살(馬箭神殺)

십이신살(十二神殺)과 같은 뜻.

망종(芒種)

24절기 가운데 9번째 절기. 소만(小滿)과 하지(夏至) 사이에 드는데 양력으로는 6월 6일경에 들고, 음력으로 4월이나 5월에 든다. 망종(芒種)이란 씨를 뿌리기 좋은 때라는 뜻으로 모내기와 보리베기를 하는 등 농촌에서는 일년 중에서 가장 바쁜 시기이다. 지역마다 다양한 풍속이 있는데 농사의 한 해 운을 보거나 농사가 잘 되기를 빌었다. 망종(芒種)이 일찍 들면 보리농사가 잘 되나 늦게 들면 나쁘다고 한다.

명관과마(明官跨馬)

지지(地支)의 재마(財馬)가 천간(天干)의 관성(官星)을 생(生)한다는 뜻이다.

명리학(命理學)

사주를 연구하는 학문으로 일간(日干)을 기준으로 인생의 길흉화복을 예측한다. 고전에는 명리정종(命理正宗)·연해자평(淵海子平)·삼명통회(三命通會)·하락이수(河洛理數)·자평진전(子平眞詮)·적천수(適天髓)·궁통보감(窮通寶鑑)·자미두수(紫薇斗數) 등이 있다.

명암부집(明暗夫集)

투출(透出)한 관성(官星)과 암장(暗藏)된 관성(官星)이 많다는 뜻.

명자시(明子時)

자(子)시는 23시~1시에 해당하여 전 날과 다음 날로 이어지므로 어느 날의 자(子)시인지를 따져야 한다. 원칙상 낮은 해가 떠서 지기 전까지이고, 밤은 해가 져서 뜨기 전까지이지만 편리상 오전을 낮, 오후를 밤으로 보아 자(子)시를 구분한다. 따라서 명자시(明子時)는 24시부터 1시까지를 말하고, 주자시(晝子時)라고도 한다.

모쇠자왕(母衰子旺)

사주의 주인인 일간(日干)은 약한데 자손인 식신(食神)과 상관(傷官)은 강하다는 말이다.

모자멸자(母子滅子)

어머니가 너무 인자하면 오히려 자녀를 망칠 수 있다는 말로, 사주에 어머니에 해당하는 인수(印綬)가 너무 많으면 오히려 흉하다는 뜻이다.

모정유변(母情有變)

나를 자애하던 어머니의 정에 변화가 생겼다는 말이다.

목극토(木剋土)

오행상극(五行相剋) 중의 하나. 목토상극(木土相剋)이라고도 하는데 목(木)은 토(土)를 극(剋)한다는 말이다. 나무는 흙이 있어야 뿌리를 내리고 살 수 있지만 흙은 나무 뿌리를 만나면 손상되기 때문이다.

목다수축(木多水縮)

수(水)는 목(木)을 생(生)하나 목(木)이 많으면 오히려 고갈된다. 이 때는 인성(印星)인 금(金)으로 목(木)을 제압하거나 재성(財星)인 화(火)로 목(木)을 태우면 다시 살아날 수 있다. 금운(金運)으로 가면 발복하나 목운(木運)으로 가면 침체된다.

목생화(木生火)

오행상생(五行相生) 중의 하나. 목화상생(木火相生)이라고도 하는데 목(木)은 화(火)를 생(生)한다는 말이다. 불은 나무를 만나면 잘 타기 때문이다.

목욕(沐浴)

십이운성(十二運星) 중의 하나. 사람이 태어난 후 첫 목욕을 시키거나 식물의 새싹이 파랗게 돋는 것과 같은 상태를 말한다. 함지(咸池) 또는 패지(敗地)라고도 하여 색욕과 구설에 휘말리는 흉신(凶神)으로 여기기도 한다. 그러나 사주의 구성이 좋으면 기술·예술·문장 등이 우수하다.

목화상관(木火傷官)

갑기(甲己)일생이 사오미(巳午未)월에 태어났거나 사주에 병정사오(丙丁巳午)가 있으면 해당한다. 사주가 대부분 목화(木火)로 구성되면 건조해지니 경신(庚申) 관살(官殺)이나 임계(壬癸) 인성(印星)으로 윤습하게 해주어야 길하다.

목화통명(木火通明)

목일간(木日干)이 매우 왕성한데 화(火)를 만나 잘 조절되었다는 뜻이다.

묘(墓)

십이운성(十二運星) 중의 하나. 장신(葬神) 또는 고(庫)라고도 하는데 물건을 거두어 창고에 들이거나 사람이 죽어 무덤에 들어가는 상태를 말한다. 해당하면 성격이 침착하나 폐쇄적이며 융통성이 부족하고 내성적이며 재물에 집착이 강하다. 만일 묘운(墓運)을 만나면 해당하는 육친이 사망한다.

묘목(卯木)

묘(卯)는 오행(五行)으로는 목(木)에 해당하니 나무의 성질이 있고, 음양(陰陽)으로는 음(陰)에 해당하고, 일년 중에서는 2월을 관장하고, 띠로는 토끼에 해당한다.

묘미합(卯未合)

해묘미(亥卯未) 중에서 묘(卯)와 미(未)만 만나 합(合)을 이루는 반합(半合)이다. 해묘미(亥卯未) 삼합(三合)처럼 오행(五行)이 목(木)으로 변하나 작용력은 떨어진다.

묘술합(卯戌合)

지지육합(地支六合) 중의 하나. 지지(地支)에서 묘(卯)와 술(戌)이 만나 합(合)을 이루는 것을 말하는데 오행(五行)은 화(火)로 변한다.

묘술합화(卯戌合火)

묘술합(卯戌合)과 같은 뜻.

묘신원진(卯申怨嗔)

원진살(怨嗔殺) 중의 하나. 토끼에 해당하는 묘(卯)와 원숭이에 해당하는 신(申)이 만나면 원진(怨嗔) 관계가 된다는 말이다.

묘유충(卯酉沖)

지지충(地支沖) 중의 하나. 지지(地支)에서 묘(卯)와 유(酉)가 만나면 서로 대립하며 부딪힌다는 뜻으로 충돌·다툼·사고·배반·이별 등을 암시한다.

묘진해(卯辰害)

지지육해(地支六害) 중의 하나. 지지(地支)에서 묘(卯)와 진(辰)이 만나면 해로운 작용을 한다는 말이다. 육해(六害)는 오랫동안 앓는 다는 흉살(凶殺)이니 육친을 함께 살피면서 간명해야 한다.

무계합(戊癸合)

천간합(天干合) 중의 하나. 천간(天干)에서 무(戊)와 계(癸)가 만나면 합(合)을 이루는 것을 말하는데 오행은 화(火)로 변한다. 늙은 남자와 소녀의 합(合)이라 하여 무정지합(無情之合)이라고도 한다.

무계합화화(戊癸合化火)

무계합(戊癸合)과 같은 뜻.

무례지형(無禮之刑)

자묘형(子卯刑)과 같은 뜻.

무은지형(無恩之刑)

축술미(丑戌未) 삼형(三刑)과 같은 뜻.

무정지합(無情之合)

천간(天干)에서 무(戊)와 계(癸)가 만나면 합(合)을 이루는 것을 말하는데, 늙은 남자와 소녀의 합(合)이라 하여 붙은 이름이다.

무토(戊土)

무(戊)는 오행(五行)으로는 토(土)에 해당하니 흙의 성질이 있고,

음양(陰陽)으로는 양(陽)에 해당한다. 어떤 환경에도 잘 적응하고, 심지가 강하여 아첨을 싫어하고, 신의와 효심이 깊고, 직장과 가정에 충실하며 실속이 있다. 그러나 자기 중심적이며 손해보는 일은 하지 않는 경향이 있다.

문곡귀인(文曲貴人)

사후에 명성이 더 높아진다는 길성(吉星)으로 건록(建祿) 다음의 세 글자를 말한다. 갑(甲)일생이 지지(地支)에 해(亥)가 있거나, 을(乙)일생이 지지(地支)에 자(子)가 있거나, 병무(丙戊)일생이 지지(地支)에 인(寅)이 있거나, 정기(丁己)일생이 지지(地支)에 묘(卯)가 있거나, 경(庚)일생이 지지(地支)에 사(巳)가 있거나, 신(辛)일생이 지지(地支)에 오(午)가 있거나, 임(壬)일생이 지지(地支)에 신(申)이 있거나, 계(癸)일생이 지지(地支)에 유(酉)가 있으면 해당한다.

문창귀인(文昌貴人)

문창성(文昌星)이라고도 하는데 두뇌가 총명하여 공부를 잘 한다는 길성(吉星)으로 사주에 식신(食神)이 있는 것을 말한다. 갑(甲)일생이 지지(地支)에 사(巳)가 있거나, 을(乙)일생이 지지(地支)에 오(午)가 있거나, 병무(丙戊)일생이 지지(地支)에 신(申)이 있거나, 정기(丁己)일생이 지지(地支)에 유(酉)가 있거나, 경(庚)일생이 지지(地支)에 해(亥)가 있거나 신(辛)일생이 지지(地支)에 자(子)가 있거나, 임(壬)일생이 지지(地支)에 인(寅)이 있거나, 계(癸)일생이 지지(地支)에 묘(卯)가 있으면 해당한다.

미술파(未戌破)

지지육파(地支六破) 중의 하나. 지지(地支)에서 미(未)와 술(戌)이 만나면 서로 파괴한다는 뜻이다.

미온지토(微溫之土)

동토(冬土)인 축(丑)이 화(火)를 만나면 미약하나마 따뜻한 기운을 받는다는 말이다.

미토(未土)

미(未)는 오행(五行)으로는 토(土)에 해당하니 흙의 성질이 있고, 음양(陰陽)으로는 음(陰)에 해당하고, 일년 중에서는 6월을 관장하고, 띠로는 양에 해당한다.

바

반상(返象)

월지(月支)가 용신(用神)인데 이 용신(用神)이 시지(時支)에서 사절(死絶)이 되는 것을 말한다. 예를 들어 월지(月支) 용신(用神)이 경금(庚金) 신(申)인데 시지(時支)가 인(寅)이면 십이운성(十二運星)으로 월지(月支)에서 시지(時支)를 보면 절(絶)이 되므로 경(庚)은 인(寅)의 절(絶)이 된다.

반안(攀鞍)

십이신살(十二神殺) 중의 하나. 반안(攀鞍)은 출전하는 장군이 말의 안장을 준비하는 형상이고, 고난을 극복한 후 편안한 위치에 올라 자신을 돌아본다는 뜻으로 금여록(金輿祿)이라고도 하는데 승진과 출세를 상징한다. 해당하면 말솜씨·지도력·임기응변에 능하며 의식이 풍족하고, 어떤 상황에서도 슬기롭게 헤쳐나가는 융통성이 있다. 일지(日支)에 있으면 부부금슬이 좋아 백년해로하고, 시지(時支)에 있으면 귀한 자식이나 효성이 지극한 자손을 둔다. 반안(攀鞍)은 십이신살(十二神殺) 중에서 최고의 길신(吉神)으로 해당하면 어떤 불행이 닥쳐도 구원자가 나타난다고 한다. 반안(攀鞍)은 또 말에 치장하는 것이니 꾸미고 멋내는 것을 좋아한다. 사주에 장성(將星)·반안(攀鞍)·역마(驛馬)가 모두 있으면 장군이 안장에 올라 행차하는 형상이 되어 출세가 따른다.

반음(返吟)

자자(子子)·축축(丑丑)·인인(寅寅)·묘묘(卯卯)·진진(辰辰)·사사(巳巳)·오오(午午)·미미(未未)·신신(申申)·유유(酉酉)·술술(戌戌)·해해(亥亥) 등 같은 글자가 만나 합(同)을 이루는 것을 말하는데, 처자식을 해치고 집안을 망하게 한다는 흉살(凶殺)이다.

반합(半合)

반회(半會)라고도 하는데 지지삼합(地支三合) 중에서 2가지만 만나 합(合)을 이루는 것을 말한다. 신자진(申子辰) 중에서 신자(申子)·신진(申辰)·자진(子辰)이 만나거나, 사유축(巳酉丑) 중에서 사유(巳酉)·사축(巳丑)·유축(酉丑)이 만나거나, 인오술(寅午戌) 중에서 인오(寅午)·오술(午戌)·인술(寅戌)이 만나거나, 해묘미(亥卯未) 중에서 해묘(亥卯)·해미(亥未)·묘미(卯未)이 만나 합

(合)을 이루는 것이다. 작용력은 삼합(三合)보다 약하다.

반회(半會)
반합(半合)과 같은 뜻.

방국(方局)
회방(會方) 또는 지지회방(地支會方)이라고도 한다. 방국(方局)이란 지지(地支)에 자기 계절의 오행(五行)이 모두 모이는 것을 말한다. 방향과 계절을 나타내며 삼합(三合)보다는 작용이 약하다. 인묘진(寅卯辰)이 만나면 동방(東方) 목국(木局)이 되고, 사오미(巳午未)가 만나면 남방(南方) 화국(火局)이 되고, 신유술(申酉戌)이 만나면 서방(西方) 금국(金局)이 되고, 해자축(亥子丑)이 만나면 북방(北方) 수국(水局)이 된다.

방수(方數)
방위를 나타내는 숫자를 말한다. 목(木)은 동쪽이며 3·8, 화(火)는 남쪽이며 2·7, 토(土)는 중앙이며 5·10, 금(金)은 서쪽이며 4·9, 수(水)는 북쪽이며 1·6에 해당한다.

방신유정(幇身有情)
방신(幇身)은 비견(比肩) 겁(劫)으로 일간(日干)을 보호하는 것을 말하고, 유정(有情)은 나를 도와주는 은인을 말하니 방신유정(幇身有情)이란 정이 있다는 뜻이다.

방조설상(幇助泄傷)
사주에서 일간(日干)을 돕거나 상하게 하여 기운을 뺀다는 말이다.

방조신(幇助神)

일간(日干)을 돕는 인수(印綬)를 말한다.

방합(方合)

계절합 또는 방위합이라고도 한다. 인묘진(寅卯辰)은 목국(木局)으로 봄과 동쪽에 해당하고, 사오미(巳午未)는 화국(火局)으로 여름과 남쪽에 해당하고, 신유술(申酉戌)은 금국(金局)으로 가을과 서쪽에 해당하고, 해자축(亥子丑)은 수국(水局)으로 겨울과 북쪽에 해당한다. 사주에 방합(方合)이 있으면 고집과 독선이 있고 폭이 좁아 남들과 잘 융화하지 못한다.

배록축마(背祿逐馬)

관귀(官貴)가 수제(受制)나 절(絶)되고, 재마(財馬)가 비견(比肩) 겁(劫)을 만나는 것을 말한다. 다시 말하면 배록(背祿)은 상관(傷官)의 극(剋)을 만나 관성(官星)이 뒤로 물러서는 것이고, 축마(逐馬)는 재성(財星)이 비견(比肩) 겁(劫)의 극(剋)을 만나 제거되는 것이다.

백호(白虎)

육신(六神) 중의 하나. 경신(庚辛)일을 주관하고, 금(金) 방위인 서쪽을 지킨다.

백호대살(白虎大殺)

매우 흉악한 살(殺)로 혈광지신(血光之神)이라고도 한다. 사주 어디에 있든 육친법(六親法)에 따라 활용하는데, 갑진(甲辰)·을미(乙未)·병술(丙戌)·정축(丁丑)·무진(戊辰)·계축(癸丑)·임술

(壬戌)일생이면 해당한다.

벽갑인화(劈甲引火)

갑목(甲木)을 잘개 쪼개 불쏘시개로 쓴다는 뜻이다.

변화상관(變化傷官)

진상관(眞傷官)은 가상관(假傷官)으로 변하고, 가상관(假傷官)은
진상관(眞傷官)으로 변한다는 말이다.

병(病)

십이운성(十二運星) 중의 하나. 늙어서 병들고 쇠약해진 상태를 말
한다. 신체가 병약하며 실행력이 부족하고, 공상과 망상을 좋아한
다. 그러나 조용하며 남을 돕는 것을 좋아하고, 인생의 경험이 많아
지모가 출중하다.

병신합(丙辛合)

천간합(天干合) 중의 하나. 천간(天干)에서 병(丙)과 신(辛)이 만
나면 합(合)을 이루는데 오행(五行)은 수(水)로 변한다. 해당하면
요염하며 달변가로 본다.

병신합화수(丙辛合化水)

병신합(丙辛合)과 같은 뜻.

병약상제(病藥相濟)

사주에 병(病)이 있는데 약(藥)을 만난다는 뜻이다.

병임충(丙壬沖)

천간충(天干沖) 중의 하나. 천간(天干)에서 병(丙)과 임(壬)이 만나면 서로 대립하며 부딪힌다는 뜻이다. 충(沖)은 상극(相剋) 관계를 말하니 다툼·충돌·사고·배반·이별 등을 암시한다.

병중무구(病重無救)

병(病)이 중한데 구해주는 것이 없다는 말이다.

병화(丙火)

병(丙)은 오행(五行)으로는 화(火)에 해당하니 불의 성질이 있고, 음양(陰陽)으로는 양(陽)에 해당한다. 개방적이며 비밀이 적고, 예의가 바르며 자존심이 강하고 인자하다. 그러나 참을성이 부족한 편이다.

복덕격(福德格)

사유축(巳酉丑) 삼합(三合)으로 복덕(福德)이 되었다는 뜻이다. 사유축(巳酉丑) 삼합(三合)이 을목(乙木)에 붙으면 종살(從殺)이 되기 쉽고, 정화(丁火)에 붙으면 종재(從財)가 되기 쉽고, 기토(己土)에 붙으면 종아(從兒)가 되기 쉽고, 계수(癸水)에 붙으면 종인(從印)이 되기 쉽다. 따라서 어디에 붙어도 이롭게 작용한다.

복상(伏象)

일간(日干)이 사절(死絶)에 해당하는데 관살(官殺)이 매우 중하여 일간(日干)이 관살(官殺)에게 복종하는 것을 말한다. 예를 들면 오(午)월 임(壬)일생이 지지(地支)에 인오술(寅午戌) 화국(火局)을 이루었는데 천간(天干)에 정(丁)이 없으면 오(午) 중의 정화(丁火)

와 합(合)하여 목(木)으로 변하여 화(火)를 생(生)하는 것이다.

복신(福神)

지혜가 많고 인품이 고상하며 복록이 무진하다는 길성(吉星)이다. 갑인(甲寅)·무진(戊辰)·무인(戊寅)·무자(戊子)·계유(癸酉)일 생이면 해당한다.

복음(伏吟)

타향살이나 이별 등으로 눈물을 흘리고 재물파괴가 많이 따른다는 흉살(凶殺)이다. 사주에 자오충(子午沖)·축미충(丑未沖)·인신충(寅申沖)·묘유충(卯酉沖)·진술충(辰戌沖)·사해충(巳亥沖) 등이 있으면 해당한다.

부건파처(夫健怕妻)

일간(日干)과 재성(財星)이 모두 건왕(健旺)하면 재성(財星)이 관살(官殺)을 생(生)하므로 재성(財星)이 두렵다는 뜻이다.

부목지상(浮木之象)

갑을(甲乙)일생이 뿌리가 없는데 지지(地支)에 수국(水局)을 이루어 물에 뜨는 형상이 되는 것을 말한다.

부성(夫星)

정관(正官)과 편관(偏官)을 말하는데 정관(正官)은 남편, 편관(偏官)은 편부에 해당한다.

부성입묘(夫星入墓)

남편에 해당하는 관성(官星)이 묘궁(墓宮)에 들었다는 뜻이다.

부장(不藏)

지지(地支)에 암장(暗藏)된 것이 없다는 말이다.

부적(符籍)

도가(道家)의 비밀문서로 신(神)이나 귀(鬼)와 연결하는 신호로 별자리 등을 그린 것을 부(符)라 하고, 비문(秘文)을 적은 것을 적(籍)이라 한다. 도가(道家)에서는 도(道)를 닦는 것을 매우 중요시했다. 왜냐하면 부적(符籍)은 하늘과 통하고 땅에도 달할 수 있어 악귀를 제압하고 사악한 기운을 쫓아 병을 치료하는 데 신묘했기 때문이다 그러나 사실성과 과학적인 신빙성을 따져보면 확실한 결론을 내리기는 어렵다.

불투(不透)

천간(天干)에 나타난 것이 없다는 말이다.

비겁(比劫)

비견(比肩)과 겁재(劫財)를 합쳐서 부르는 말이다. 비견(比肩)은 분록(分祿)이라고도 하는데 이별·분가·투쟁·동업운 등을 보고, 겁재(劫財)는 모살(耗殺)이라고도 하는데 재물을 손해보거나 빼앗긴다는 뜻이다. 육친은 비견(比肩)과 같이 형제나 친구를 본다.

비견(比肩)

십신(十神) 중의 하나. 일간(日干)과 음양(陰陽)과 오행(五行)이 같은 것을 말한다. 따라서 나와 어깨를 나란히 하는 것이니 형제와 친구에 해당한다. 음(陰)일은 음(陰)을 보고, 양(陽)일은 양(陽)을 본다.

비천녹마격(飛天祿馬格)

사주의 격(格) 중 하나. 재성(財星)과 관성(官星)을 허충(虛沖)으로 편용하여 이루어진 격(格)을 말한다. 경자(庚子)일생이 지지(地支)에 자(子)가 많거나, 임자(壬子)일생이 지지(地支)에 자(子)가 많거나, 계해(癸亥)일생이 지지(地支)에 해(亥)가 많거나, 정사(丁巳)일생이 지지(地支)에 사(巳)가 많거나, 신해(辛亥)일생이 지지(地支)에 해(亥)가 많거나, 병오(丙午)일생이 지지(地支)에 오(午)가 많으면 해당한다. 이 중에서 경자(子) · 임자(壬子) · 신해(辛亥) · 계해(癸亥)일생은 정비천녹마(正飛天祿馬)라 하고, 병오(丙午) · 정사(丁巳)일생은 도비천녹마(倒飛天祿馬)라 한다.

사

사(死)

십이운성(十二運星) 중의 하나. 수명이 다하여 시들거나 죽은 상태를 말한다. 해당하면 욕망도 없고 희망도 없어 적극성이 부족하나 마음이 착하고 순종적이며 동정심이 많다.

사신파(巳申破)

지지육파(地支六破) 중의 하나. 지지(地支)에서 사(巳)와 신(申)이 만나면 서로 파괴한다는 뜻이다.

사신합(巳申合)

지지육합(地支六合) 중의 하나. 지지(地支)에서 사(巳)와 신(申)이 만나면 합(合)을 이루는 것을 말하는데 오행(五行)은 수(水)로 변한다. 사신합(巳申合)은 변화가 많은 불안전한 합(合)으로 파(破) 작용도 한다.

사신합수(巳申合水)

사신합(巳申合)과 같은 뜻.

사유축(巳酉丑) 삼합(三合)

지지삼합(地支三合) 중의 하나. 지지(地支)에서 사유축(巳酉丑)이 모두 만나 합(合)을 이루는 것을 말하는데 오행(五行)은 금(金)으로 변한다. 이 중에서 사유(巳酉)·유축(酉丑)·사축(巳丑) 등 두 글자만 만나도 합(合)이 되는데 이것을 반합(半合)이라고 한다. 사주에 삼합(三合)이 있으면 폭넓은 인생을 살며 사교에 능하다.

사유축합금(巳酉丑合金)

사유축(巳酉丑) 삼합(三合)과 같은 뜻.

사유합(巳酉合)

사유축(巳酉丑) 중에서 사(巳)와 유(酉)만 만나 합(合)을 이루는 반합(半合)이다. 사유축(巳酉丑) 삼합(三合)처럼 오행(五行)이 금(金)으로 변하나 작용력은 떨어진다.

사주(四柱)

태어난 년월일시(年月日時)의 천간(天干)과 지지(地支)를 말한다. 년(年)으로 년주(年柱)를 세우고, 월(月)로 월주(月柱)를 세우고, 일(日)로 일주(日柱)를 세우고, 시(時)로 시주(時柱)를 세우면 기

등이 모두 4개가 되므로 붙은 이름이다.

사주팔자(四柱八字)

사주(四柱)와 팔자(八字)를 합쳐서 부르는 말로 운명을 말한다.

사축합(巳丑合)

사유축(巳酉丑) 중에서 사(巳)와 축(丑)만 만나 합(合)을 이루는 반합(半合)이다. 사유축(巳酉丑) 삼합(三合)처럼 오행(五行)이 금(金)으로 변하나 작용력은 떨어진다.

사해충(巳亥沖)

지지충(地支沖) 중의 하나. 지지(地支)에서 사(巳)와 해(亥)가 만나면 서로 대립하며 부딪힌다는 뜻으로 충돌·다툼·사고·배반·이별 등을 암시한다.

사화(巳火)

사(巳)는 오행(五行)으로는 화(火)에 해당하니 불의 성질이 있고, 음양(陰陽)으로는 양(陽)에 해당하고, 일년 중에서는 4월을 관장하고, 띠로는 뱀에 해당한다.

살인상생(殺印相生)

편관(偏官)을 칠살(七殺)이라고도 하는데 일간(日干)을 극제(剋制)하므로 흉하다. 이 때 편관(偏官)을 식신(食神)으로 극제(剋制)하거나 인수(印綬)로 변하게 하여 흉신(凶神) 노릇을 못하게 하는 방법이 있는데, 이 중에서 살인상생(殺印相生)은 후자에 속한다. 즉 편관(偏官)은 인수(印綬)를 생(生)하고, 인수(印綬)는 일간(日干)

을 생(生)한다.

살인상정(殺刃相停)

칠살(七殺)과 양인(羊刃)이 합(合)으로 어울려 있다는 말이다.

살장관로(殺藏官露)

칠살(七殺)은 지지(地支)에 숨어 있고, 정관(正官)은 천간(天干)에 나타나 있다는 말이다.

삼기득위(三奇得位)

정재(正財)·정관(正官)·정인(正印)을 삼기(三奇)라고 하는데 사주에 이 3가지가 모두 있다는 말이다.

삼기성상(三氣成象)

3가지 오행(五行)이 모여 하나의 상을 이루었다는 뜻이다. 예를 들면 금수목(金水木)·목화토(木火土)·토금수(土金水)·수목화(木火)·화토금(火土金) 등을 말한다.

삼반귀물(三般貴物)

정인(正印)·정관(正官)·정재(正財)를 말한다.

삼재(三災)

12년만에 1번씩 들어오는 흉살(凶殺)인데 역마(驛馬)년에 들어왔다가 화개(華蓋)년에 나간다. 신자진(申子辰)년생은 인묘진(寅卯辰)이 삼재(三災)에 해당하고, 해묘미(亥卯未)년생은 사오미(巳午未)가 삼재(三災)에 해당하고, 인오술(寅午戌)년생은 신유술(申酉戌)이 삼재(三災)에 해당하고, 사유축(巳酉丑)년생은 해자축(亥子丑)

이 삼재(三災)에 해당한다.

삼합(三合)

지지삼합(地支三合)과 같은 뜻.

삼합방(三合方)

지지(地支)에서 삼합(三合)을 이룬 방위를 말한다. 신자진방(申子辰方)・사유축방(巳酉丑方)・해묘미방(亥卯未方)・인오술방(寅午戌方)이 있다.

삼형(三刑)

지지삼형(地支三刑)과 같은 뜻.

상강(霜降)

24절기 중에서 18번째 절기. 음력으로는 9월 28일에 들고, 양력으로는 10월 23~24일에 든다. 상강(霜降)은 서리가 내린다는 뜻으로 이 날부터 오음(五陰)이 생(生)한다.

상관(傷官)

십신(十神) 중의 하나. 일간(日干)과 음양(陰陽)이 다르고, 일간(日干)이 생(生)하는 것을 말한다. 일간(日干)의 기운을 빼니 정관(正官)을 극제(剋制)하여 관성(官星)을 상하게 할 수 있으나 신강(身强)하면 길신(吉神) 작용을 한다. 나의 기운을 밖으로 발설하게 하니 남다른 재주가 있고, 두뇌가 명석하며 예술과 학문에 관심이 많다. 남명은 조모에 해당하고, 여명은 자녀에 해당한다.

상관격(傷官格)

사주의 격(格) 중 하나. 상관(傷官)이 월지(月支)에 암장(暗藏)되었
는데 천간(天干)에도 투출(透出)하면 성립한다. 상관격(傷官格)인데
신강(身强)하면 재성(財星)을 용신(用神)으로 삼아 식상생재(食傷
生財)하는 것이 길하나 비겁(比劫)과 인수(印綬)가 있으면 흉하다.

상관살(傷官殺)

상관(傷官)이 살(殺) 작용을 하는 것을 말한다.

상관상진(傷官傷盡)

상관(傷官)을 극(剋)하여 상관(傷官)이 힘이 없다는 뜻이다.

상관생재(傷官生財)

신왕(身旺)한데 상관(傷官)이 일간(日干)과 재성(財星) 사이를 통
관(通關)시켜 일간(日干)의 기운을 빼고 재성(財星)을 튼튼하게 해
주는 것을 말한다.

상극(相剋)

오행상극(五行相剋)이라고도 하는데 오행(五行)이 만나 서로 극
(剋)하는 것을 말한다. 목극토(木剋土)·토극수(土剋水)·수극화
(水剋火)·화극금(火剋金)·금극목(金剋木)이 있다. 목(木)은 토
(土)를 극(剋)하고, 토(土)는 수(水)를 극(剋)하고, 수(水)는 화(火)
를 극(剋)하고, 화(火)는 금(金)을 극(剋)하고, 금(金)은 목(木)을
극(剋)한다는 말이다. 다른 말로 목토상극(木土相剋)·토수상극(土
水相剋)·수화상극(水火相剋)·화금상극(火金相剋)·금목상극(金

木相剋)이라고도 한다.

상문살(喪門殺)

세운(歲運 : 年運)에서만 보는데 만일 세운(歲運)에 임하면 상복을 입거나 친척과 사별한다는 흉살(凶殺)이다. 신축·장례·이사·문상·제사 등에 해롭고 환자가 생긴다고 한다. 자(子)년생이 지지(地支)에 인(寅)이 있거나, 축(丑)년생이 지지(地支)에 묘(卯)가 있거나, 인(寅)년생이 지지(地支)에 진(辰)이 있거나, 묘(卯)년생이 지지(地支)에 사(巳)가 있거나, 진(辰)년생이 지지(地支)에 오(午)가 있거나, 사(巳)년생이 지지(地支)에 미(未)가 있거나, 오(午)년생이 지지(地支)에 신(申)이 있거나, 신(申)년생이 지지(地支)에 술(戌)이 있거나, 유(酉)년생이 지지(地支)에 해(亥)가 있거나, 술(戌)년생이 지지(地支)에 자(子)가 있거나, 해(亥)년생이 지지(地支)에 축(丑)이 있으면 해당한다.

상생(相生)

오행상생(五行相生)이라고도 하는데 오행(五行)이 만나 서로 생(生)해주는 것을 말한다. 목생화(木生火)·화생토(火生土)·토생금(土生金)·금생수(金生水)·수생목(水生木)이 있다. 목(木)은 화(火)를 생(生)하고, 화(火)는 토(土)를 생(生)하고, 토(土)는 금(金)을 생(生)하고, 금(金)은 수(水)를 생(生)하고, 수(水)는 목(木)을 생(生)한다는 말이다. 다른 말로 목화상생(木火相生)·화토상생(火土相生)·토금상생(土金相生)·금수상생(金水相生)·수목상생(水木相生)이라고도 한다.

상생상극(相生相剋)

상생(相生)과 상극(相剋)을 합쳐서 부르는 말이다.

상성오리(相成五理)

상극(相剋) 가운데도 이로움이 있어 성공할 수 있게 한다는 뜻으로 공(攻)·성(成)·윤(潤)·종(從)·난(暖) 5가지를 말한다. ① 공(攻)이란 초춘에는 어린 나무가 금(金)을 만나면 위험한데 화(火)로 금(金)을 공격하여 성공시킨다는 뜻이다. ② 성(成)이란 중춘에는 목(木)은 왕성한데 금(金)은 쇠약하니 토(土)로 금(金)을 도와 성공시킨다는 뜻이다. ③ 윤(潤)이란 여름에는 목(木)이 목생화(木生火)로 기운이 빠졌으니 수(水)로 윤습하게 만들어 성공시킨다는 뜻이다. ④ 종(從)이란 가을에는 목(木)은 쇠약한데 금(金)은 예리하니 토(土)로 금(金)을 생(生)하여 종(從)하게 하여 성공시킨다는 뜻이다. ⑤ 난(暖)이란 겨울에는 목(木)은 쇠약한데 금(金)은 차가우니 화(火)로 따뜻하게 만들어 성공시킨다는 뜻이다.

상충(相沖)

충(沖)과 같은 뜻.

상하정화(上下情和)

천간(天干)과 지지(地支)가 생극제화(生剋制和)로 서로 잘 협조한다는 뜻이다.

상형살(相刑殺)

자묘형(子卯刑)과 같은 뜻.

생사이별살(生死離別殺)

간여지동(干與支同)이라고도 하는데 간여지동(干與支同)이란 일간(日干)과 일지(日支)의 오행(五行)이 같은 것을 말한다. 갑인(甲寅)·을묘(乙卯)·병오(丙午)·정사(丁巳)·무진(戊辰)·무술(戊戌)·기축(己丑)·경신(庚申)·신유(辛酉)·임자(壬子)·계해(癸亥)일생이면 해당한다.

생조(生助)

어떤 오행(五行)이 약할 때 생(生)하거나 도와주는 것을 말한다. 예를 들면 목(木)을 생(生)해주는 것은 수(水)이고, 도와주는 것은 목(木)이다.

생조신(生助神)

생조(生助)해주는 신(神)으로 인수(印綬)와 비겁(比劫)을 말한다. 인성(印星)은 생(生), 비겁(比劫)은 조(助)에 해당한다.

생화유정(生化有情)

생극(生剋)하는 것끼리 만나 대치하는데 중간에 통관(通關)시키는 것이 있으면 상생(相生)이 되어 다정해진다는 뜻이다. 예를 들어 수화(水火)가 상극(相剋)하는데 목(木)이 통관(通關)시키면 수(水)는 수생목(水生木)·목생화(木生火)로 생화유정(生化有情)이 된다. 이런 사주는 크게 형통하는데 이 이치는 국가나 사회 등 통하지 않는 곳이 없다.

서머타임

낮이 긴 여름에 시간을 효율적으로 쓰고자 시행하는 정책인데, 우리나라는 30분을 앞당겨 사용한 적이 있으니 시주(時柱)를 정할 때는 반드시 참고해야 한다. 1951년 5월 1일~9월 8일까지, 1954년 3월 21일~9월 21일까지, 1955년 5월 6일~9월 21일까지, 1956년 5월 20일~9월 29일까지, 1957년 5월 5일~9월 21일까지, 1958년 9월 4일~9월 21일까지, 1959년 5월 4일~9월 19일까지, 1987년 5월 10일~10월 11일까지, 1988년 5월 8일~10월 9일까지.

선천수(先天數)

태호복희(太昊伏羲) 시대의 수리로 천간(天干)과 지지(地支)에 각각 배정한 숫자를 말한다. 갑기자오(甲己子午)는 9, 을경축미(乙庚丑未)는 8, 병신인신(丙辛寅申)은 7, 정임묘유(丁壬卯酉)는 6, 무계진술(戊癸辰戌)은 5, 사해(巳亥)는 4에 해당한다.

설(泄)

설기(泄氣)라고도 하는데 어떤 오행(五行)이 어떤 오행(五行)을 생(生)해주면 자연히 기운이 빠진다는 말이다. 예를 들어 목(木)이 화(火)를 만나면 목생화(木生火)로 화(火)가 목(木)의 기운을 뺀다.

설기(泄氣)

설(泄)과 같은 뜻.

설기신(泄氣神)

일간(日干)의 기운을 빼는 신(神)으로 재성(財星)·관성(官星)·식신(食神) 등을 말한다.

세운(歲運)

간지(干支)에 따른 1년 동안의 운으로 년운(年運)이라고도 한다.

소만(小滿)

24절기 중에서 8번째 절기. 음력으로는 4월 19일에 들고, 양력으로는 5월 21~22에 든다. 이 날부터 육양(六陽)이 생(生)한다. 모가 한창 자라며 모든 초목이 자라는 시기이다. 소만(小滿)이란 한창 무성하며 가득 차기 전이라는 뜻으로 이 때가 지나면 초목이 억세진다.

소설(小雪)

24절기 중에서 20번째 절기. 음력으로는 10월 28일에 들고, 양력으로는 11월 22~23일에 든다. 이 때부터 눈이 내리기 시작한다.

소운(小運)

대운(大運)이 형성되기 전까지의 나이에 운의 흐름을 예지하는 운을 말한다. 만약 대운수(大運數)가 10이라면 1세~9세까지는 대운(大運)이 아니라 소운(小運)으로 운명을 본다. 대운(大運)은 생월(生月)에서 순행하거나 역행하여 10년을 주관하는 것이고, 소운(小運)은 남자는 1세를 병인(丙寅)에서 시작하여 2세는 정묘(丁卯), 3세는 무진(戊辰)으로 순행하고, 여자는 1세를 임신(壬申)에서 시작하여 2세는 신미(辛未), 3세는 경오(庚午)로 역행하여 운명을 본다.

손수원(損壽元)

수명이 손상되었다는 말이다.

쇠(衰)

십이운성(十二運星) 중의 하나. 전성기를 지나 기력이 약해지는 상태를 말한다. 그러나 사주의 구성이 좋고 길성(吉星)이 도와주면 복이 된다.

쇠신발(衰神拔)

쇠(衰)한 신(神)이 뽑히는 것을 말한다.

쇠신충왕(衰神沖旺)

약한 신(神)이 왕성한 신(神)을 충(沖)하는 것을 말한다.

쇠왕태극(衰旺太極)

태쇠(太衰)·쇠극(衰極)·태왕(太旺)·왕극(旺極)을 말한다. 태쇠(太衰)는 매우 쇠하다는 뜻으로 보(補)하는 것보다 종살(從殺)시켜야 하고, 쇠극(衰極)은 태쇠(太衰)보다 더 쇠한 것으로 극에 이르렀으니 극(剋)하는 것보다 설(泄)해야 하고, 태왕(太旺)은 매우 왕성하다는 뜻으로 극(剋)하는 것보다 설(泄)해야 하고, 왕극(旺極)은 태왕(太旺)보다 더 왕성한 것으로 극에 이르렀으니 설(泄)하는 것보다 종강(從强)시켜야 한다.

수극화(水剋火)

오행상극(五行相剋) 중의 하나. 수화상극(水火相剋)이라고도 하는데 수(水)는 화(火)를 극(剋)한다는 말이다. 물은 아래로 내려가고 불은 위로 올라가는 성질이 있으니 서로 상반되고, 불은 물을 만나면 꺼지기 때문이다.

수기유행(秀氣流行)

수기(秀氣)란 기(氣)가 뛰어나다는 뜻이고, 유행(流行)이란 움직여 행한다는 뜻이다. 즉 사주의 기(氣)가 간두(干頭)에 나타나 다른 것을 생(生)하는 것을 말한다. 수기유행(秀氣流行)이 성립되려면 처음으로 기(氣)를 발하는 것은 반드시 지지(地支)에 뿌리가 있어야 한다. 이런 사주는 부귀격을 이룬다.

수다목부(水多木浮)

목(木)은 수(水)의 생(生)을 받으나 수(水)가 많으면 물에 떠내려가 시들어 버린다는 뜻이다. 이 때는 목(木)의 재성(財星)인 토(土)로 수(水)를 막으면 목(木)은 다시 살아날 수 있다.

수다금침(水多金浸)

금(金)은 수(水)를 생(生)하나 수(水)가 많으면 물에 잠겨 빛을 잃는다는 뜻이다. 이 때는 인성(印星)인 토(土)로 수(水)를 누르고 금(金)을 생(生)해주면 금(金)은 다시 살아날 수 있다.

수다토류(水多土流)

토(土)는 수(水)를 극(剋)하나 수(水)가 왕성하면 물에 떠내려간다는 뜻이다. 이 때는 토(土)로 수(水)를 막고 화(火)로 분산시키면 토(土)는 다시 안정된다.

수대근심(樹大根深)

목일간(木日干)이 지지(地支)의 뿌리가 강하여 왕성하다는 뜻이다.

수목상관(水木傷官)

임계수(壬癸水)가 인묘진(寅卯辰)월에 태어났거나 사주에 갑을인묘(甲乙寅卯)의 식상(食傷)이 있으면 해당한다. 만일 상관격(傷官格)인데 관살(官殺)을 만나면 흉하다.

수생목(水生木)

오행상생(五行相生) 중의 하나. 수목상생(水木相生)이라고도 하는데 수(水)는 목(木)을 생(生)한다는 말이다. 나무는 물을 만나면 잘 자라기 때문이다.

순격(純格)

사주의 격(格)이 순수하다는 뜻. 관성(官星)이나 살성(殺星)이 1개 있는데 재성(財星)이나 인수(印綬)가 있어 형충파해(刑沖破害)되지 않은 사주를 말한다. 만약 관살(官殺)이 많아도 합거살(合去殺)이나 합거관(合去官)하여 격(格)이 순수하고, 신왕(身旺)하여 관성(官星)이나 살성(殺星)을 감당할 수 있으면 해당한다.

순행(順行)

십이지(十二支)가 시계 방향으로 순서대로 가는 것을 말한다.

순환상생(循環相生)

사주에 목화토금수(木火土金水)가 모두 있어 금생수(金生水)·수생목(水生木)·목생화(木生火)·화생토(火生土)·토생금(土生金)

으로 끊임없이 생(生)해주어 막힘이 없는 것을 말한다.

술토(戌土)

술(戌)은 오행(五行)으로는 토(土)에 해당하니 흙의 성질이 있고, 음양(陰陽)으로는 양(陽)에 해당하고, 일년 중에서는 9월을 관장하고, 띠로는 개에 해당한다.

시간(時干)

태어난 시의 천간(天干)을 말한다. 상(象)은 열매(實), 방위는 서쪽, 육친은 자식·부하직원, 가택에서는 울타리 밖의 정원으로 본다.

시모격(時暮格)

사주의 격(格) 중 하나. 시지(時支)에 묘(墓), 즉 고장(庫藏)이 있는 사주를 말한다. 갑을목(甲乙木)의 고(庫)는 미(未), 병정화(丙丁火)의 고(庫)는 술(戌), 무기임계(戊己壬癸)의 고(庫)는 진(辰), 경신금(庚辛金)의 고(庫)는 축(丑)이다. 예를 들면 갑을(甲乙)일생이 미(未)시에 태어났거나, 병정(丙丁)일생이 술(戌)시에 태어났거나, 무기임계(戊己壬癸)일생이 진(辰)시에 태어났거나, 경신(庚辛)일생이 축(丑)시에 태어났으면 해당한다. 신왕(身旺)한데 묘고(墓庫)를 형(刑)이나 충(沖)하여 열면 매우 좋으나 신약(身弱)하면 재앙이 속출한다. 시모격(時暮格)이라고 무조건 좋다고 단언하지 말고 사주 전체와 희신(喜神)과 용신(用神)을 잘 살피면서 간명해야 한다.

시상상관(時上傷官)

시주(時柱)의 천간(天干)에 상관(傷官)이 있는 것을 말한다.

시종득소(始終得所)

시작하는 곳과 끝나는 곳이 같다는 말이다.

시주(時柱)

태어난 시의 천간(天干)과 지지(地支)를 말한다. 상(象)은 열매(實), 방위는 서쪽, 육친은 자식·부하직원, 가택에서는 울타리 밖의 정원으로 본다.

시지(時支)

태어난 시의 지지(地支)를 말한다.

식상(食傷)

식신(食神)과 상관(傷官)을 합쳐서 부르는 말이다. 식신(食神)은 의식주·건강·수명 등을 상징하고, 상관(傷官)은 글자 그대로 관성(官星)을 상하게 하는 것이니 관성(官星)을 극(剋)하는 것을 말한다. 육친으로는 조모·장모·손자 등에 해당한다.

식신(食神)

십신(十神) 중의 하나. 일간(日干)과 음양(陰陽)이 같고, 일간(日干)이 생(生)하는 것을 말한다. 식신(食神)은 재물을 생(生)하는 근원이며 인체를 기르는 신(神)인데, 양일간(陽日干)은 양(陽)을 생(生)하고, 음일간(陰日干)은 음(陰)을 생(生)한다. 편관(偏官)이 일간(日干)을 극(剋)하면 장수할 수 없는데 식신(食神)이 편관(偏官)을 극(剋)하여 일간(日干)을 보호하니 수성(壽星)이라고도 한다. 식신(食神)은 음식·의지·연변술 등을 상징하고, 여자에게는 자녀에 해당하고, 남자에게는 장모·조모에 해당한다.

식신격(食神格)

사주의 격(格) 중 하나. 식신(食神)이 월지(月支)에 암장(暗藏)되었는데 천간(天干)에도 투출(透出)하면 성립한다. 식신격(食神格)이 일간(日干)과 식신(食神)이 모두 강한데 재성(財星)을 만나거나 재성운(財星運)을 만나면 크게 발전한다. 비록 대운(大運)에서 칠살(七殺)을 만나도 식신(食神)으로 제거하면 흉하지 않다. 식신격(食神格)은 신약(身弱)한 것을 가장 두려워한다.

신강(身强)

신왕(身旺)과 같은 뜻으로 일간(日干)이 강한 것을 말한다. 사주에 방조(幇助)하는 신(神)이 많으면 신강(身强)으로 보고, 극설(剋泄)하는 신(神)이 많으면 신약(身弱)으로 본다. 그러나 인수(印綬)가 많으면 신강(身强), 비겁(比劫)이 많으면 신왕(身旺)으로 구분하기도 한다.

신금(辛金)

오행(五行)으로는 금(金), 음양(陰陽)으로는 음(陰), 상(象)으로는 주옥(珠玉)·연철(鉛鐵)·산석(山石), 방위로는 서쪽, 색으로는 흰색, 계절로는 가을, 오상(五常)으로는 의(義), 오장(五臟)으로는 폐, 오미(五味)로는 매운맛, 육신(六神)으로는 백호에 해당한다. 성격은 의(義)를 따르며 이상이 높다.

신금(申金)

신(申)은 오행(五行)으로는 금(金)에 해당하니 돌이나 쇠의 성질이 있고, 음양(陰陽)으로는 양(陽)에 해당하고, 일년 중에서는 7월을 관장하고, 띠로는 원숭이에 해당한다.

신쇠관왕(身衰官旺)

관살(官殺)이 많아 신(身)이 쇠약하다는 뜻이다.

신불가과(臣不可過)

신(神)이 너무 많으면 좋지 않다는 뜻이다.

신약(身弱)

일간(日干)이 약한 것을 말한다. 일간(日干)을 방조(幇助)하는 신(神)이 많으면 신강(身强)으로 보고, 일간(日干)을 극설(剋泄)하는 신(神)이 많으면 신약(身弱)으로 본다.

신왕(身旺)

신강(身强)과 같은 뜻으로 방조(幇助)하는 신(神)인 인성(印星)과 비겁(比劫)이 많은데 인성(印星)보다 비겁(比劫)이 많다는 말이다.

신왕관쇠(身旺官衰)

일간(日干)은 강하고 관성(官星)은 쇠약하는 뜻이다.

신왕관왕(身旺官旺)

일간(日干)과 관성(官星)이 모두 왕성한 것으로 귀격을 이룬다.

신왕재왕(身旺財旺)

일간(日干)과 재성(財星)이 모두 왕성한 것을 말한다.

신자진삼합(申子辰三合)

지지삼합(地支三合) 중의 하나. 지지(地支)에서 신자진(申子辰)이 모두 만나면 합(合)을 이루는데 오행(五行)은 수(水)로 변한다. 이 중에서 신자(申子)·자진(子辰)·신진(申辰) 등 두 글자만 만나도 합(合)이 되는데 이것을 반합(半合)이라고 한다. 사주에 삼합(三合)이 있으면 폭넓은 인생을 살며 사교에 능하다.

신자진합수(申子辰合水)

신자진(申子辰) 삼합(三合)과 같은 뜻.

신자합(申子合)

신자진(申子辰) 중에서 신(申)과 자(子)만 만나 합(合)을 이루는 반합(半合)이다. 신자진(申子辰) 삼합(三合)처럼 오행(五行)이 수(水)로 변하나 작용력은 떨어진다.

신진합(申辰合)

신자진(申子辰) 중에서 신(申)과 진(辰)만 만나 합(合)을 이루는 반합(半合)이다. 신자진(申子辰) 삼합(三合)처럼 오행(五行)이 수(水)로 변하나 작용력은 떨어진다.

신청수기(神淸秀氣)

신강(身强)하여 정신이 깨끗하고 용신(用神)이 빼어나다는 말이다.

실령(失令)

인비(印比)월에 태어나면 왕상(旺相)으로 득령(得令)했다고 하나 재관식(財官食)월에 태어나면 휴수사(休囚死)로 실령(失令)했다고 한다. 갑을(甲乙)일생이 진사오미신유술축(辰巳午未申酉戌丑)월에 태어났거나, 병정(丙丁)일생이 진미신유술해자축(辰未申酉戌亥子丑)월에 태어났거나, 무기(戊己)일생이 인묘해자신유(寅卯亥子申酉)월에 태어났거나, 경신(庚辛)일생이 인묘사오해자(寅卯巳午亥子)월에 태어났거나, 임계(壬癸)일생이 인묘사오진술축미(寅卯巳午辰戌丑未)월에 태어났으면 해당한다.

십간(十干)

천간(天干)과 같은 뜻.

십신(十神)

비견(比肩)·겁재(劫財)·식신(食神)·상관(傷官)·편재(偏財)·정재(正財)·편관(偏官)·정관(正官)·편인(偏印)·정인(正印) 10가지를 말한다. 혈육을 비롯하여 주변 사람들과의 관계를 보므로 육친(六親)이라고도 한다.

십이신살(十二神殺)

마전신살(馬箭神殺)이라고도 하는데 겁살(劫殺)·재살(災殺)·천살(天殺)·지살(地殺)·년살(年殺)·월살(月殺)·망신살(亡身殺)·장성살(將星殺)·반안살(攀鞍殺)·역마살(驛馬殺)·육해살(六害殺)·화개살(華蓋殺) 12가지를 말한다. 인오술(寅午戌)년생은 해(亥)에서 겁기(劫起)하여 순행하고, 사유축(巳酉丑)년생은 인

(寅)에서 겁기(劫起)하여 순행하고, 신자진(申子辰)년생은 사(巳)에서 겁기(劫起)하여 순행하고, 해묘미(亥卯未生)년생은 신(申)에서 겁기(劫起)하여 순행한다.

십이운성(十二運星)

포태법(胞胎法)이라고도 한다. 인생을 태(胎)·양(養)·장생(長生)·목욕(沐浴)·관대(冠帶)·건록(建祿)·제왕(帝旺)·쇠(衰)·병(病)·사(死)·묘(墓)·절(絶)의 12단계로 나누어 길흉을 판단하는 방법이다. 불교의 윤회사상이나 12인연법과 같다.

십이지(十二支)

지(支)·지지(地支)·십이지지(十二地支)라고도 하는데, 자(子)·축(丑)·인(寅)·묘(卯)·진(辰)·사(巳)·오(午)·미(未)·신(申)·유(酉)·술(戌)·해(亥) 12가지를 말한다. 동물로도 표현하는데 자(子)는 쥐, 축(丑)은 소, 인(寅)은 호랑이, 묘(卯)는 토끼, 진(辰)은 용, 사(巳)는 뱀, 오(午)는 말, 미(未)는 양, 신(申)은 원숭이, 유(酉)는 닭, 술(戌)은 개, 해(亥)는 돼지에 해당한다.

십이지지(十二地支)

십이지(十二支)와 같은 뜻.

십이천성(十二天星)

당사주(唐四柱)에서 사용하는 것으로 천귀성(天貴星)·천액성(天厄星)·천권성(天權星)·천파성(天破星)·천간성(天奸星)·천문성(天文星)·천복성(天福星)·천역성(天驛星)·천고성(天孤星)·천인성(天刃星)·천예성(天藝星)·천수성(天壽星) 12가지를 말한다. 구성하는 방법은 십이지(十二支)에 십이천성(十二天星)을 붙인다. 따라서 자(子)는 천귀성(天貴星), 축(丑)은 천액성(天厄星), 인(寅) 은 천권성(天權星), 묘(卯)는 천파성(天破星), 진(辰)은 천간성(天奸星), 사(巳)는 천문성(天文星), 오(午)는 천복성(天福星), 미(未) 는 천역성(天驛星), 신(申)은 천고성(天孤星), 유(酉)는 천인성(天刃星), 술(戌)은 천예성(天藝星), 해(亥)는 천수성(天壽星)에 해당한다.

아

아능생모(兒能生母)

나에 해당하는 식신(食神)이나 상관(傷官)으로 적인 관살(官殺)을 격퇴시킨다는 뜻이다.

아우생아(兒又生兒)

나의 자녀가 자녀를 낳는다는 뜻으로 식신생재(食神生財)를 말한다. 일간(日干)이 뿌리가 없어 의지할 곳이 없을 때 식상(食傷)과 재성(財星)을 희신(喜神)과 용신(用神)으로 쓰는데, 재성(財星)을 극(剋)하는 비겁(比劫)과 식상(食傷)을 극(剋)하는 인수(印綬)가 병(病)이 되는 것을 말한다. 이런 사주는 재성(財星)으로 용신(用神)을 삼아야 한다.

암록(暗祿)

평생 금전이 궁하지 않고 어떤 어려움에 처해도 뜻밖의 후원자를 만난다는 길성(吉星)이다. 그러나 암록(暗綠)이 형충파해(刑沖破害)되면 길작용을 하지 못한다. 갑(甲)일생이 지지(地支)에 해(亥)가 있거나, 을(乙)일생이 지지(地支)에 술(戌)이 있거나, 병(丙)이나 무(戊)일생이 지지(地支)에 신(申)이 있거나, 정(丁)이나 기(己)일생이 지지(地支)에 미(未)가 있거나, 경(庚)일생이 지지(地支)에 사(巳)가 있거나, 신(辛)일생이 지지(地支)에 진(辰)이 있거나, 임(壬)일생이 지지(地支)에 인(寅)이 있거나, 계(癸)일생이 지지(地支)에 축(丑)이 있으면 해당한다.

암부중첩(暗夫重疊)
지장간(支藏干)에 관살(官殺)이 많은 것을 말한다.

암장(暗藏)
지지(地支)에 숨어 있는 것을 말한다.

암중투부(暗中套夫)
남의 남자를 몰래 빼앗는다는 뜻이다.

암합(暗合)
어두운 곳에서 몰래 합(合)을 한다는 뜻이다. 정해(丁亥)·무자(戊子)·신사(辛巳)·임오(壬午)·계사(癸巳) 등은 동주(同柱)에서 이루어지고, 자술(子戌)·축인(丑寅)·묘신(卯申)·오해(午亥)·인미(寅未) 등은 지장간(支藏干)에서 이루어진다.

애가증진(愛假憎眞)
가신(假神)을 좋아하고 진신(眞神)을 미워한다는 뜻이다.

야자시(夜子時)

자(子)시는 23시~1시에 해당하여 전 날과 다음 날로 이어지므로 어느 날의 자(子)시인지를 따져야 한다. 원칙상 낮은 해가 떠서 지기 전까지이고 밤은 해가 져서 뜨기 전까지이지만 편리상 오전을 낮, 오후를 밤으로 보아 자(子)시를 구분한다. 따라서 야자시(夜子時)는 23시부터 24시까지를 말한다.

약신(藥神)

병(病)을 제거하는 신(神). 예를 들어 신약(身弱)하여 인성(印星)에 의존하는데 그 인성(印星)을 해치는 재성(財星)이 있으면 그 재성(財星)이 병(病)인데, 이 때 비견(比肩)이나 겁재(劫財)가 재성(財星)을 제거하면 그 비견(比肩)이나 겁재(劫財)가 약신(藥神)이다. 병(病)이 있는데 약운(藥運)을 만나면 크게 발전한다.

양(養)

십이운성(十二運星) 중의 하나. 태아가 모태에서 보호를 받으며 성장하는 상태를 말한다. 해당하면 누구에게도 간섭받지 않고 계획을 체계적으로 세울 수 있다.

양금(陽金)

양(陽)에 속하는 금(金). 천간(天干)에서는 경(庚), 지지(地支)에서는 신(申), 괘(卦)에서는 건(乾), 숫자에서는 9를 말한다.

양금지토(養金之土)

금(金)을 길러주는 토(土). 즉 경신금(庚辛金)의 양궁(養宮)이 되는 축진토(丑辰土)를 말한다.

양남음녀(陽男陰女)

양(陽)년인 갑병무경임(甲丙戊庚壬)년생 남명과 음(陰)년인 을정기신계(乙丁己辛癸)년생 여명을 말한다.

양목(陽木)

양(陽)에 속하는 목(木). 천간(天干)에서는 갑(甲), 지지(地支)에서는 인(寅), 괘(卦)에서는 진(震), 숫자에서는 3을 말한다.

양수(陽水)

양(陽)에 속하는 수(水). 천간(天干)에서는 임(壬), 지지(地支)에서는 자(子), 괘(卦)에서는 감(坎), 숫자에서는 1을 말한다.

양신성상격(兩神成象格)

종격(從格) 중의 하나. 일간(日干)을 중심으로 목화(木火)·화토(火土)·토금(土金)·금수(金水)·수목(水木) 등과 같이 서로 상생(相生)하는 2개의 오행(五行)이 있으면 성립한다. 이런 사주는 상생(相生)하는 오행(五行)이 용신(用神)이다. 예를 들어 화토(火土) 양신성상격(兩神成象格)이면 화토(火土)가 용신(用神)이다. 그러나 목토(木土)·토수(土水)·수화(水火)·화금(火金)·금목(金木) 등과 같이 상극(相剋)으로 구성되면 통관용신(通關用神)을 따라야 하는데, 이 때는 두 오행(五行)을 연결시켜주는 오행(五行)이 용신(用神)이 된다.

양인(羊刃)

양인(羊刃)은 잔인한 칼날이나 창날을 의미하니 혹독·횡포·살상·혁명 등이 따른다는 살(殺)인데, 양간(陽干)에만 적용되기 때문에 붙은 이름이다. 녹전일위(祿前一位)를 원칙으로 하는 것과 겁재(劫財)를 겸하는 것 2가지가 있다. 오행생극(五行生剋)의 원리로 볼 때는 양간(陽干)에만 적용하고, 신살(神殺)의 원리로 볼 때는 녹전일위(祿前一位)이면 무조건 양인(羊刃)으로 본다. 양인(羊刃)의 힘이 강하면 평생 투쟁을 면하지 못하나 양인(羊刃)이 용신(用神)이 되거나 살인상정(殺刃相停) 같은 귀격을 이루면 오히려 출세가 따른다.

양인가살격(羊刃假殺格)

사주의 격(格) 중 하나. 월지(月支)에 양인(羊刃)이 있고 천간(天干)에 편관(偏官)이 있어 강력한 나의 기운을 누르면 성립한다. 이런 사주는 군인·경찰·법관·체육인 등 무관 계통에서 출세하는 경우가 많다.

양인격(羊刃格)

사주의 격(格) 중 하나. 갑(甲)일 묘(卯)월생이거나, 경(庚)일 유(酉)월생이거나, 임(壬)일 자(子)월생이면 해당한다. 병(丙)일과 무(戊)일 오(午)월생은 오(午) 중에 기토(己土)가 있으므로 양인격(羊刃格)이 아니라 상관격(傷官格)이나 인수격(印綬格)으로 본다.

양일간(陽日干)

일간(日干)을 음양(陰陽)으로 구분하는 것. 갑(甲)·병(丙)·무

(戊)·경(庚)·임(壬)은 양(陽)이므로 양일간(陽日干)이라 하고, 을(乙)·정(丁)·기(己)·신(辛)·계(癸)는 음((陰)이므로 음일간(陰日干)이라 한다.

양토(陽土)

양(陽)에 속하는 토(土). 천간(天干)에서는 무(戊), 지지(地支)에서는 진(辰)·술(戌), 괘(卦)에서는 곤(坤), 숫자에서는 5에 해당한다.

양화(陽火)

양(陽)에 속하는 화(火). 천간(天干)에서는 병(丙), 지지(地支)에서는 사(巳), 괘(卦)에서는 이(離), 숫자에서는 7에 해당한다.

역마(驛馬)

십이신살(十二神殺) 중의 하나. 해당하면 돌아다니기를 좋아하고 임기응변에 능하며 재능이 뛰어나다. 그러나 이사를 자주 하거나 자리 변동이 많고 집을 떠나는 일이 많다. 년(年)이나 일(日)을 기준으로 본다. 년지(年支)나 일지(日支)에 신자진(申子辰)이 있는데 사주에서 인(寅)을 만나거나, 년지(年支)나 일지(日支)에 사유축(巳酉丑)이 있는데 사주에서 해(亥)를 만나거나, 년지(年支)나 일지(日支)에 인오술(寅午戌)이 있는데 사주에서 신(申)을 만나거나, 년지(年支)나 일지(日支)에 해묘미(亥卯未)가 있는데 사주에서 사(巳)를 만나면 해당한다. 만일 재성(財星)이 역마(驛馬)에 해당하면 재물이 쉽게 들어오며 어진 아내를 만나고, 역마(驛馬)가 공망(空亡)되면 빈 수레와 같아 바빠도 실속이 없어 가난하고, 역마(驛馬)가 충(沖)되면 항상 분주하며 수고롭다. 여행·무역·외교·운수·신문·방송·통신·광고업 등으로 나가면 좋다.

역생법(逆生法)

목생화(木生火)로 목(木)은 화(火)를 생(生)하지만 동목(冬木)은 추워 얼어 죽는다. 그러나 화(火)를 만나면 해동되어 생기를 얻으니 목(木)이 화(火)를 생(生)하는 것이 아니라 역으로 화(火)가 목(木)을 생(生)하는 화생목(火生木)이 되는 것을 말한다.

역학(易學)

주역(周易)의 원리나 주역(周易)과 관계되는 것을 다루는 학문. 일반적으로 주역(周易)·음양오행(陰陽五行)·육갑법(六甲法) 등을 말한다.

역행(逆行)

십이지(十二支)가 시계 반대 방향으로 가는 것을 말한다.

염상격(炎上格)

사주의 격(格) 중 하나. 병정(丙丁)일생이 인사오술(寅巳午戌)월에 태어났는데 지지(地支)가 모두 사오미(巳午未)나 인오술(寅午戌)이고, 임자해자(壬子亥子)의 관살(官殺)이 없으면 성립한다. 4~5월 여름 태생은 더욱 귀하게 된다. 염상격(炎上格)은 목화(木火)가 희신(喜神)과 용신(用神)이니 목화운(木火運)을 만나면 크게 발전하고, 토운(土運)도 왕성한 화(火)를 설기(泄氣)하니 좋다. 그러나 금운(金運)은 쟁재(爭財)가 되어 패망한다. 만일 토(土)가 용신(用神)이면 식신생재(食神生財)가 되어 만사가 형통하나 토(土)가 용신(用神)인데 목운(木運)을 만나면 만사가 이루어지지 않는다.

오묘파(午卯破)
지지육파(地支六破) 중의 하나. 지지(地支)에서 오(午)와 묘(卯)가 만나면 서로 파괴한다는 뜻이다.

오미불변(午未不變)
지지육합(地支六合) 중의 하나. 지지(地支)에서 오(午)와 미(未)가 만나면 합(合)이 되는 것을 말하는데 오행(五行)은 변하지 않는다.

오미합(午未合)
오미불변(午未不變)과 같은 뜻.

오술합(午戌合)
인오술(寅午戌) 중에서 오(午)와 술(戌)만 만나 합(合)을 이루는 반합(半合)이다. 인오술(寅午戌) 삼합(三合)처럼 오행(五行)이 화(火)로 변하나 작용력은 떨어진다.

오행(五行)
목화토금수(木火土金水)를 합쳐서 부르는 말이다.

오행상극(五行相剋)
상극(相剋)과 같은 뜻.

오행상생(五行相生)
상생(相生)과 같은 뜻.

오화(午火)

오(午)는 오행(五行)으로는 화(火)에 해당하므로 불의 성질이 있고, 음양(陰陽)으로는 음(陰)에 해당하고, 일년 중에서는 5월을 관장하고, 띠로는 말에 해당한다.

오형오(午刑午)

자형(自刑) 중의 하나. 지지(地支)에서 같은 글자인 오(午)와 오(午)가 만나 서로 형(刑)하는 것을 말한다. 불과 불이 만나면 불길이 솟아오르니 불을 조심해야 하고, 정열을 뜻하니 호색으로 인한 성병이나 패가망신을 조심해야 한다.

왕극조(旺極助)

일주(日柱)가 매우 왕성하면 순수하게 왕성한 것을 따라 도와주는 것으로 용신(用神)을 정한다는 뜻이다.

왕기역세(旺忌逆勢)

왕성한 것을 거역하면 해롭다는 말이다.

왕신발(旺神發)

왕성한 신(神)이 노한다는 말이다.

왕신충쇠(旺神沖衰)

왕성한 신(神)이 쇠약한 신(神)을 충극(沖剋)한다는 뜻이다.

왕희순세(旺喜順勢)

왕성한 것은 왕성한 세력을 따라가야 좋다는 뜻이다.

우합(隅合)

사방의 모퉁이라 하여 우합(隅合)이라고 하는데 동서남북 사이의 합(合)을 말한다. 동북간(東北間)은 축인방(丑寅方)이니 축인(丑寅)이 우합(隅合)이고, 동남간(東南間)은 진사방(辰巳方)이니 진사(辰巳)가 우합(隅合)이고, 서남간(西南間)은 미신방(未申方)이니 미신(未申)이 우합(隅合)이고, 서북간(西北間)은 술해방(戌亥方)이니 술해(戌亥)가 우합(隅合)이 된다. 우합(隅合)은 지장간(支藏干)에서 암합(暗合)하므로 작용력이 강하며 사계를 연결한다. 사주에 우합(隅合)이 있으면 조직력이 강하고 중계역할을 잘 하니 외교관이나 중개업으로 나가면 좋다.

유술해(酉戌害)

지지육해(地支六害) 중의 하나. 지지(地支)에서 유(酉)와 술(戌)이 만나면 해로운 작용을 한다는 말이다. 육해(六害)는 오랫동안 낳는다는 흉살(凶殺)이니 육친을 함께 살피면서 간명해야 한다.

유정무정(有情無情)

유정(有情)이란 일간(日干)과 용신(用神)이 가까이 있는 것을 말하고, 무정(無情)이란 일간(日干)과 용신(用神)이 멀리 있는 것을 말한다. 유정(有情)한 사주는 정신이 맑아 만사가 형통하나 무정(無情)한 사주는 만사에 굴곡이 많다. 좋은 사주는 용신(用神)이 왕성하면서 일주(日柱)와 가까이 있는 것이다.

유합(類合)

삼합(三合) 중에서 두 글자가 만나 합(合)을 이루는 것을 반합(半

合) 또는 준삼합(準三合)이라고 하듯이 방합(方合)이나 방국(方局)에서 두 글자가 만나는 것을 유합(類合)이라고 한다. 그리고 반합(半合)에 12가지가 있는 것처럼 유합(類合)도 인묘(寅卯)·묘진(卯辰)·인진(寅辰), 사오(巳午)·오미(午未)·사미(巳未), 신유(申酉)·유술(酉戌)·신술(申戌)·해자(亥子)·자축(子丑)·해축(亥丑) 12가지가 있다. 유합(類合)도 같은 종류의 합(合)으로 작용력이 강한데, 해당하면 아집과 독선이 강하여 다른 사람들과 잘 융화하지 못한다.

육신(六神)

청룡(靑龍)·주작(朱雀)·구진(句陳)·백호(白虎)·현무(玄武)·등사(騰蛇) 6가지 신(神)을 말한다. 청룡(靑龍)은 갑을(甲乙)일을 주관하고, 주작(朱雀)은 병정(丙丁)일을 주관하고, 구진(句陳)은 술(戌)일을 주관하고, 백호(白虎)는 경신(庚辛)일을 주관하고, 현무(玄武)는 임계(壬癸)일을 주관하고, 등사(騰蛇)는 기(己)일을 주관한다.

윤하격(潤下格)

사주의 격(格) 중 하나. 임계(壬癸)일생이 해자축진(亥子丑辰)월에 태어났는데 지지(地支)에 해자축(亥子丑) 북방(北方)이나 신자진(申子辰) 수국(水局)을 이루고, 무기술미(戊己戌未)의 관살(官殺)이 없으면 성립한다. 이런 사주는 목(木)이 용신(用神)이고 금(金)이 희신(喜神)이니 목(木)을 만나면 왕성한 수(水)를 설기(泄氣)하니 길하다. 그러나 토관(土官)을 만나면 왕성한 수(水)를 거스르니 불길하고, 화재(火財)를 만나면 많은 수(水)와 쟁재(爭財)가 되어 불길하다. 윤하격(潤下格)은 목(木)이 용신(用神)이면 식신생재(食神生財)가 되어 길하다. 성격은 단정하며 인의를 중히 여기고, 일생 큰 재난없이 다복하게 잘 산다.

외격(外格)

내격(內格) 외에 외부에서 이루어지는 특별한 격국(格局)을 말한다. 내격(內格) 8가지를 포함하여 72가지가 있는데, 보통 종(從)하여 이루어지는 종살격(從殺格) · 종재격(從財格) · 종아격(從兒格) · 종강격(從强格) · 종왕격(從旺格) 등이 있다.

용신(用神)

사주에서 가장 필요한 오행(五行)으로 길흉화복과 흥망성쇠를 예측하는 관건이 된다. 일간(日干)을 기준으로 다른 오행(五行)과의 생극제화(生剋制和)의 관계를 분석하고, 사주의 격국(格局)을 정하여 그릇의 대소와 빈부귀천을 분석한다. 사주는 너무 강해도 좋지 않고 너무 약해도 좋지 않다. 사주가 약하면 일간(日干)을 도와주는 것이 용신(用神)이고, 사주가 강하면 일간(日干)을 극설(剋泄)하는 것이 용신(用神)이고, 사주가 한냉하면 따뜻하게 해주는 것이 용신(用神)이고, 사주가 건조하면 윤습하게 해주는 것이 용신(用神)이다.

우수(雨水)

24절기 가운데 2번째 절기. 음력으로는 1월 17일에 들고, 양력으로는 2월 19~20일에 든다. 우수(雨水)란 봄비가 내린다는 뜻으로 봄

기운이 다가와 눈이 녹고 만물이 살아나기 시작하는 때이다.

원신투출(元神透出)
월지(月支)의 본신(本神)이 천간(天干)에 있는 것을 말한다.

원원유장(源遠流長)
사주에서 필요한 신(神)의 근원이 멀리서 전해온다는 뜻이다.

원진살(怨嗔殺)
원진(元辰)이라고도 하는데 부모・형제・부부 등이 까닭없이 서로
미워하고, 이별・수술・감금・고독 등이 따르며, 억울한 일을 당한
다는 흉살(凶殺)이다. 자미(子未)・축오(丑午)・인유(寅酉)・묘신
(卯申)・진해(辰亥)・사술(巳戌) 원진(怨嗔)이 있다.

월간(月干)
태어난 달의 천간(天干)을 말한다. 천간(天干)은 지지(地支)의 싹
이 되고, 지지(地支)는 천간(天干)의 뿌리가 된다.

월령(月令)
월지(月支)와 같은 뜻.

월살(月殺)
십이신살(十二神殺) 중의 하나. 모든 것이 고갈된다는 흉살(凶殺)
로 고초살(枯焦殺)・풍파살(風波殺)・유첩살(有妾殺)이라고도 한
다. 이 날은 씨를 심어도 싹이 나지 않고, 닭이 달걀을 품어도 병아
리를 깨지 못한다 하여 택일법(擇日法)에서도 피한다.

월주(月柱)

태어난 달의 천간(天干)과 지지(地支)를 말한다. 상(象)은 묘(苗), 방위는 동쪽, 육친은 부모와 형제, 사회에서는 직속상관, 가택에서는 후원으로 본다.

월지(月支)

월주(月柱)의 지지(地支)를 말하는데 정월은 인(寅), 2월은 묘(卯), 3월은 진(辰), 4월은 사(巳), 5월은 오(午), 6월은 미(未), 7월은 신(申), 8월은 유(酉), 9월은 술(戌), 10월은 해(亥), 11월은 자(子), 12월은 축(丑)에 해당한다. 월지(月支)는 항상 일정하나 월간(月干)은 년월(年月)에 따라 달라진다.

유금(酉金)

유(酉)는 오행(五行)으로는 금(金)에 해당하니 돌이나 쇠의 성질이 있고, 음양(陰陽)으로는 음(陰)에 해당하고, 일년 중에서는 8월을 관장하고, 띠로는 닭에 해당한다.

유두(流頭)

세시명절 중의 하나. 음력으로는 6월 15일에 든다. 동류두목욕(東流頭沐浴)의 준말로 신라시대 때부터 내려오는 풍속이다. 부녀자들은 이 날 동쪽으로 흐르는 물을 찾아가 머리를 감으면 액을 면하고 여름에 더위를 타지 않는다고 한다. 또 친한 벗들을 만나 즐기고, 과일이나 참외 등을 조상에게 바친다.

유정견합(有情牽合)

정이 있으면 이끌어 합(合)을 한다는 말이다.

유축합(酉丑合)

사유축(巳酉丑) 중에서 유(酉)와 축(丑)만 만나 합(合)을 이루는 반합(半合)이다. 사유축(巳酉丑) 삼합(三合)처럼 오행(五行)이 금(金)으로 변하나 작용력은 떨어진다.

유형유(酉刑酉)

자형(自刑) 중의 하나. 지지(地支)에서 같은 글자인 유(酉)와 유(酉)가 만나 서로 형(刑)하는 것을 말한다. 칼에 해당하는 금(金)이 많으니 몸에 흉터가 따르고, 특히 병(丙)이나 정(丁)일생 남명은 아내가 불구인 경우가 많다.

육갑추건격(六甲趨乾格)

사주의 격(格) 중 하나. 육갑(六甲)이란 갑자(甲子)·갑술(甲戌)·갑신(甲申)·갑진(甲辰)·갑인(甲寅) 6가지 갑(甲)을 말하는데 이 육갑(六甲)일생이 해(亥)시에 태어났으면 해당한다. 육갑(六甲)일생이 지지(地支)에 해(亥)가 많으면 자연히 부귀를 이루나 사(巳)가 많으면 격(格)이 깨져 그렇지 않다.

육십갑자(六十甲子)

천간(天干)의 첫 글자인 갑(甲)과 지지(地支)의 첫 글자인 자(子)가 한 주(柱)를 이루어 갑자(甲子)·을축(乙丑)·병인(丙寅)·정묘(丁卯) 식으로 순행하면 60개의 주(柱)가 만들어지는데 이것을 육십갑자(六十甲子)라고 한다.

육을서귀격(六乙鼠貴格)

사주의 격(格) 중 하나. 육을(六乙)이란 을해(乙亥)·을미(乙未)·을사(乙巳)·을축(乙丑)·을유(乙酉)·을묘(乙卯) 6가지 을(乙)을 말하는데, 이 육을(六乙)일생이 병자(丙子)시에 태어났으면 해당한다. 이 중에서 을해(乙亥)·을미(乙未)·을사(乙巳)일생은 진(眞)이라 하고, 을축(乙丑)·을유(乙酉)·을묘(乙卯)일생은 부진(不眞)이라고 한다. 사주에 관살(官殺)이 없어야 하고, 대운(大運)과 세운(歲運)에서 경신신유(庚辛申酉)의 관살(官殺)을 만나면 대흉하고, 사주나 대운(大運)이나 세운(歲運)에서 오(午)를 만나면 흉하고, 형충파해(刑沖破害)되면 흉하다.

육음조양격(六陰朝陽格)

사주의 격(格) 중 하나. 육신(六辛)이란 신해(辛亥)·신유(辛酉)·신축(辛丑)·신사(辛巳)·신미(辛未)·신묘(辛卯) 6가지 신(辛)을 말하는데 이 육신(六辛)일생이 무자(戊子)시에 태어났으면 성립한다. 이 중에서 신해(辛亥)·신유(辛酉)·신축(辛丑)은 진(眞)이라 하고, 신사(辛巳)·신미(辛未)·신묘(辛卯)는 부진(不眞)이라 한다.

육임추간격(六壬趨艮格)

사주의 격(格) 중 하나. 육임(六壬)이란 임신(壬申)·임오(壬午)·임진(壬辰)·임인(壬寅)·임자(壬子)·임술(壬戌) 6가지 임(壬)을 말하는데 육임(六壬)일생이 인(寅)시에 태어났으면 성립한다.

육충(六沖)

지지충(地支沖)과 같은 뜻.

육친(六親)

십신(十神)과 같은 뜻.

육파(六破)

지지육파(地支六破)와 같은 뜻.

육합(六合)

지지육합(地支六合)과 같은 뜻.

육해(六害)

지지육해(地支六害)와 같은 뜻.

육해살(六害殺)

십이신살(十二神殺) 중의 하나. 역마(驛馬)의 앞 글자로 마굿간인 마랑(馬廊)이라고도 한다. 역마(驛馬)와 같이 있으면 매어 있는 말이니 원행을 하지 못하므로 긴 병에 걸리는 것으로 해석하여 흉살(凶殺)로 본다. 사주에 육해살(六害殺)이 있으면 골육이 무정하니 타향으로 떠나는 것을 암시한다.

윤하격(潤下格)

사주의 격(格) 중 하나. 임계(壬癸)일 해자축(亥子丑)월생이고, 지지(地支)에 신자진(申子辰) 수국(水局)이 있고, 무기(戊己)나 술미(戌未)의 관극(官剋)을 받지 않으면 성립한다. 천간(天干)에 경신(庚申)이 있어 도와주면 길하다.

을경합(乙庚合)

천간합(天干合) 중의 하나. 천간(天干)에서 을(乙)과 경(庚)이 만나면 합(合)을 이루는 것을 말하는데 오행(五行)은 금(金)으로 변한다.

을경합화금(乙庚合化金)

을경합(乙庚合)과 같은 뜻.

을목(乙木)

을(乙)은 오행(五行)으로는 목(木)에 해당하니 나무의 성질이 있고, 음양(陰陽)으로는 음(陰)에 해당한다. 감각이 섬세하며 멋을 추구하고, 문학이나 예술에 재능이 많은데 특히 손재주가 좋다.

을신충(乙辛沖)

천간충(天干沖) 중의 하나. 천간(天干)에서 을(乙)과 신(辛)이 만나면 서로 대립하며 부딪힌다는 뜻이다. 충(沖)은 상극(相剋) 관계를 말하니 다툼·충돌·사고·배반·이별 등을 암시한다.

음격(淫格)

음탕하며 방탕하다는 사주로 본신(本身)이 득지(得地)하고 부성(夫星)이 명암교집(明暗交集)이 되면 해당한다. 즉 일주(日柱)가 왕성한데 사주에 관살(官殺)이 혼잡한 것을 말한다.

음금(陰金)

음(陰)에 속하는 금(金). 천간(天干)에서는 신(辛), 지지(地支)에서는 유(酉), 괘(卦)에서는 태(兌), 숫자에서는 4에 해당한다.

음목(陰木)

음(陰)에 속하는 목(木). 천간(天干)에서는 을(乙), 지지(地支)에서는 묘(卯), 괘(卦)에서는 손(巽), 숫자에서는 8에 해당한다.

음수(陰水)

음(陰)에 속하는 수(水). 천간(天干)에서는 계(癸), 지지(地支)에서는 자(子), 괘(卦)에서는 감(坎), 숫자에서는 6에 해당한다.

음일간(陰日干)

일간(日干)을 음양(陰陽)으로 구분하는 것. 을(乙)·정(丁)·기(己)·신(辛)·계(癸)는 음((陰)이므로 음일간(陰日干)이라 하고, 갑(甲)·병(丙)·무(戊)·경(庚)·임(壬)은 양(陽)이므로 양일간(陽日干)이라 한다.

음착양차살(陰錯陽差殺)

외가나 처가가 망하고, 외삼촌이나 처남이 고독해진다는 흉살(凶殺)이다. 모두 12가지인데 정미(丁未)·정축(丁丑)·신묘(辛卯)·신유(辛酉)·계사(癸巳)·계해(癸亥)일생은 음착(陰錯)에 해당하고, 병자(丙子)·병오(丙午)·무인(戊寅)·무신(戊申)·임진(壬辰)·임술(壬戌)일생은 양차(陽差)에 해당한다.

음토(陰土)

음(陰)에 속하는 토(土). 천간(天干)에서는 기(己), 지지(地支)에서는 축(丑)·미(未), 괘(卦)에서는 곤(坤)·건(乾), 숫자에서는 10을 말한다.

음화(陰火)

음(陰)에 속하는 화(火). 천간(天干)에서는 정(丁), 지지(地支)에서는 오(午), 괘(卦)에서는 이(離)·건(乾), 숫자에서는 2를 말한다.

의처살(疑妻殺)

여명에게만 해당하는데 남편의 의심을 받는다는 흉살(凶殺)이다. 을사(乙巳)·정해(丁亥)·기해(己亥)·신사(辛巳)·계사(癸巳)일 생이면 해당한다.

이덕(二德)

재성(財星)과 관성(官星)을 말한다.

24절기

1년을 24가지의 절(節)과 기(氣)로 나눈 것이다. 한 달이 시작되는 날을 절(節)이라 하고 그 달의 중간을 기(氣)라고 하니 일년에는 24절기가 있다. 사주를 세울 때는 월(月)이 아니라 이 절기를 기준으로 한다. 태양이 하루에 1도씩 동쪽에서 서쪽으로 이동하면 365.2422일이 걸리는데 이것을 1년이라 하고, 1년은 12달이다.

정월은 인(寅)월, 절(節)은 입춘(立春), 기(氣)는 우수(雨水)이다.
2월은 묘(卯)월, 절(節)은 경칩(驚蟄), 기(氣)는 춘분(春分)이다.
3월은 진(辰)월, 절(節)은 청명(淸明), 기(氣)는 곡우(穀雨)이다.
4월은 사(巳)월, 절(節)은 입하(立夏), 기(氣)는 소만(小滿)이다.
5월은 오(午)월, 절(節)은 망종(芒種), 기(氣)는 하지(夏至)이다.
6월은 미(未)월, 절(節)은 소서(小署), 기(氣)는 대서(大署)이다.

7월은 신(申)월, 절(節)은 입추(立秋), 기(氣)는 처서(處暑)이다.

8월은 유(酉)월, 절(節)은 백로(白露), 기(氣)는 추분(秋分)이다.

9월은 술(戌)월, 절(節)은 한로(寒露), 기(氣)는 상강(霜降)이다.

10월은 해(亥)월, 절(節)은 입동(立冬), 기(氣)는 소설(小雪)이다.

11월은 자(子)월, 절(節)은 대서(大署), 기(氣)는 동지(冬至)이다.

12월은 축(丑)월, 절(節)은 소한(小寒), 기(氣)는 대한(大寒)이다.

이지(二至)

동지(冬至)와 하지(夏至)를 합쳐서 부르는 말이다.

이인동심(二人同心)

사주에서 두 글자가 서로 돕는다는 말이다.

인목(寅木)

인(寅)은 오행(五行)으로는 목(木)에 해당하니 나무의 성질이 있고, 음양(陰陽)으로는 양(陽)에 해당하고, 일년 중에서는 1월을 관장하고, 띠로는 범에 해당한다.

인사신(寅巳申) 삼형(三刑)

지지삼형(地支三刑) 중의 하나. 지지(地支)에서 인사신(寅巳申)이 모두 만나 서로 형(刑)하는 것을 말한다. 인사신(寅巳申)은 오행(五行)의 녹지(祿地)이므로 자기 세력만 믿고 함부로 행동하다 화를 당한다고 하여 지세지형(持勢之刑)이라고도 한다. 장생(長生)·건록(建祿)·제왕(帝旺) 등의 길성(吉星)과 동주(同柱)하면 만사가 순조로우나 사(死)·절(絕) 등의 흉살(凶殺)과 동주(同柱)하면 남자는 교활하고 여자는 고독한 명이 된다.

인사해(寅巳害)

지지육해(地支六害) 중의 하나. 지지(地支)에서 인(寅)과 사(巳)가 만나면 해로운 작용을 한다는 말이다. 육해(六害)는 오랫동안 앓는다는 흉살(凶殺)이니 육친을 함께 살피면서 간명해야 한다.

인성(印星)

정인(正印)과 편인(偏印)을 합쳐서 부르는 말이다. 인성(印星)은 일간(日干)을 생(生)해주는 육친이다. 인장과 시발점을 상징한다.

인성격(印星格)

인성(印星)이 월지(月支)에 암장(暗藏)되었는데 천간(天干)에도 투출(透出)하면 성립한다. 인성격(印星格)은 문장이나 교육 계통으로 출세할 수 있다. 인성격(印星格)이 가장 꺼리는 것은 인성(印星)을 극제(剋制)하는 재성(財星)이고, 정인(正印)이나 편인(偏印)이 많으면 부모와 인연이 없어 고향을 일찍 떠나고 만년이 외롭다.

인수(印綬)

십신(十神) 중의 하나. 정인(正印) 또는 부모신·공부신이라고도 하는데 일간(日干)과 음양(陰陽)이 다르고, 일간(日干)을 생(生)하는 것을 말한다. 인수(印綬)를 극제(剋制)하는 재성(財星)을 가장 꺼린다. 사주가 약한 사람은 인수(印綬)가 가장 필요하다. 인수(印綬)는 상관·문서·인장·인정·신망을 상징한다. 육친으로는 어머니에 해당하고, 남명은 장인에 해당한다.

인수격(印綬格)

정인격(正印格)과 같은 뜻.

인술합(寅戌合)

인오술(寅午戌) 중에서 인(寅)과 술(戌)만 만나 합(合)을 이루는 반합(半合)이다. 인오술(寅午戌) 삼합(三合)처럼 오행(五行)이 화(火)로 변하나 작용력은 떨어진다.

인신충(寅申沖)

지지충(地支沖) 중의 하나. 지지(地支)에서 인(寅)과 신(申)이 만나면 서로 대립하며 부딪힌다는 뜻으로 충돌·다툼·사고·배반·이별 등을 암시한다.

인오술(寅午戌) 삼합(三合)

지지삼합(地支三合) 중의 하나. 지지(地支)에서 인오술(寅午戌)이 만나 합(合)을 이루는 것을 말하는데 오행은 화(火)로 변한다. 해당하면 사교에 능하다.

인오술합화(寅午戌合火)

인오술(寅午戌) 삼합(三合)과 같은 뜻.

인오합(寅午合)

인오술(寅午戌) 중에서 인(寅)과 오(午)만 만나 합(合)을 이루는 반합(半合)이다. 인오술(寅午戌) 삼합(三合)처럼 오행(五行)이 화(火)로 변하나 작용력은 떨어진다.

인해파(寅亥破)

지지육파(地支六破) 중의 하나. 지지(地支)에서 인(寅)과 해(亥)가 만나면 서로 파괴한다는 뜻이다.

인해합(寅亥合)

지지육합(地支六合) 중의 하나. 지지(地支)에서 인(寅)과 해(亥)가 만나면 합(合)이 되는 것을 말하는데 오행(五行)은 목(木)으로 변한다.

인해합목(寅亥合木)

인해합(寅亥合)과 같은 뜻.

일간(日干)

일주(日柱)의 천간(天干). 나에 해당하므로 사주에서 가장 중요하다.

일귀격(日貴格)

외격(外格) 중의 하나. 일지(日支)에 천을귀인(天乙貴人)이 있는 것을 말한다. 정유(丁酉)·정해(丁亥)·계묘(癸卯)·계사(癸巳)일 생이면 해당하는데 형충파해(刑沖破害)나 공망(空亡)되면 격(格) 이 깨진다. 일귀격(日貴格)은 남명은 행복이 따르나 여명은 불행이 따른다. 어떠한 격(格)이라도 용신운(用神運)·희신운(喜神運)·구 신운(救神運)을 만나면 만사가 형통하나 기신운(忌神運)이나 구신 운(仇神運)을 만나면 만사가 막힌다.

일기위근(一氣爲根)

사주가 1가지 오행으로 통일되어 있다는 뜻이다.

일덕격(日德格)

사주의 격(格) 중 하나. 갑인(甲寅) · 병진(丙辰) · 무진(戊辰) · 경진(庚辰) · 임술(壬戌)일생이면 성립한다. 형충파해(刑沖破害)와 관살(官殺)의 재왕(財旺)이 가임회합(加臨會合)하는 것과 공망(空亡)을 꺼린다. 희신운(喜神運) · 용신운(用神運) · 구신운(救神運)을 만나면 만사가 형통하나 기신운(忌神運)이나 구신운(仇神運)을 만나면 만사가 막힌다.

일덕수기격(日德秀氣格)

사주의 격(格) 중 하나. 천간(天干)에 을목(乙木)이 3개 있고 지지(地支)에 사유축(巳酉丑)이 모두 있으면 성립한다. 병자(丙子) · 임자(壬子) · 신유(辛酉) · 정유(丁酉)일생을 말하는데 사주나 운에서 충극(沖剋)되면 매우 흉하다.

일락서산(日落西山)

병일간(丙日干)이 신유(申酉)월에 태어났다는 말이다.

일장당관(一將當關)

어떤 무리가 나를 괴롭히며 해치려고 하는데 제압하여 주는 것을 말한다.

일주(日主)

일간(日干)과 같은 뜻.

일주(日柱)

태어난 날의 천간(天干)과 지지(地支)를 말한다. 상(象)은 꽃(花),

방위는 남쪽, 육친은 부부, 가택에서는 방에 해당한다.

일지(日支)

일주(日柱)의 지지(地支)를 말한다.

일행득기격(一行得氣格)

사주의 격(格) 중 하나. 곡직인수격(曲直仁壽格)·염상격(炎上格)·가색격(稼穡格)·종혁격(從革格)·윤하격(潤下格)처럼 1가지 오행(五行)으로만 이루어진 격(格)을 말한다. 권세가 한 곳에 모인 형상이니 희기(喜忌)의 기준은 태왕(太旺)이나 극왕(極旺) 사주에 준한다.

임관(臨官)

건록(建祿)과 같은 뜻.

임기용배(壬騎龍背)

임(壬)이 진(辰) 위에 앉아 있다는 뜻으로 임진(壬辰)일생을 말한다. 사주에서 진(辰)을 많이 만나면 귀격을 이루고, 인(寅)을 많이 만나면 부격을 이룬다.

임수(壬水)

임(壬)은 오행(五行)으로는 수(水)에 해당하니 물의 성질이 있고, 음양(陰陽)으로는 양(陽)에 해당한다. 도량이 넓고 융통성이 있으며, 지혜와 인정이 많고, 남들과 잘 어울린다. 그러나 인내심이 약한 편이다.

입동(立冬)

24절기 중에서 19번째 절기. 음력으로는 10월 13일에 들고, 양력으로는 11월 7~8일에 든다. 입동(立冬)이란 겨울이 시작된다는 뜻으로 논밭에 보리씨를 뿌리는 때이다. 이 날부터 10월 월건(月建)을 쓴다.

입추(立秋)

24절기 중에서 13번째 절기. 음력으로는 7월 9일에 들고, 양력으로는 8월 8~9일에 든다. 입추(立秋)란 가을이 시작된다는 뜻으로 이 날부터 7월 월건(月建)을 쓴다.

입춘(立春)

24절기 중에서 1번째 절기. 음력으로는 1월 2일에 들고, 양력으로는 2월 4~5일에 든다. 입춘(立春)이란 봄이 시작된다는 뜻으로 이 날부터 정월의 월건(月建)을 쓴다. 세시풍속에서는 입춘첩(立春帖)을 써서 입춘(立春) 시간에 맞추어 벽·기둥·대문 등에 붙인다.

입하(立夏)

24절기 중에서 7번째 절기. 음력으로는 4월 4일에 들고, 양력으로는 5월 6~7일에 든다. 입하(立夏)란 여름이 시작된다는 뜻으로 이 날부터 4월 월건(月建)을 쓴다.

자

자매강강(姉妹强强)

여명에 비견(比肩)과 겁재(劫財)가 많은 것을 말한다.

자묘형(子卯刑)

지지삼형(地支三刑) 중의 하나. 지지(地支)에서 자(子)와 묘(卯)가 만나면 서로 형(刑)하는 것을 말한다. 자(子)는 수(水)에 속하고 묘(卯)는 목(木)에 속하여 수생목(水生木)을 하나 자녀가 어머니를 해한다고 하여 무례지형(無禮之刑)이라고도 한다. 사주에 자묘형(子卯刑)이 있으면 성격이 강하며 신장과 방광이 약하고 한 번은 성병에 걸린다고 한다. 여기다 실격(失格)이 되면 성격이 횡폭하며 예의가 없고, 육친과 불화하며 이혼할 확률이 높다.

자미해(子未害)

지지육해(地支六害) 중의 하나. 지지(地支)에서 자(子)와 미(未)가 만나면 해로운 작용을 한다는 말이다. 육해(六害)는 오랫동안 앓는다는 흉살(凶殺)이니 육친을 함께 살피면서 간명해야 한다.

자수(子水)

자(子)는 오행(五行)으로는 수(水)에 해당하니 물의 성질이 있고, 음양(陰陽)으로는 음(陰)에 해당하고, 일년 중에서는 11월을 관장하고, 띠로는 쥐에 해당한다.

자오충(子午沖)

지지충(地支沖) 중의 하나. 지지(地支)에서 자(子)와 오(午)가 만나면 서로 대립하며 부딪힌다는 뜻으로 충돌·다툼·사고·배반·이별 등을 암시한다.

자요사격(子遙巳格)

사주의 격(格) 중 하나. 갑자(甲子)일 갑자(甲子)시생을 말하는데 사주에 경신신유축오(庚辛申酉丑午)가 없고 신왕(身旺)하면 크게 발전한다.

자유파(子酉破)

지지육파(地支六破) 중의 하나. 지지(地支)에서 자(子)와 유(酉)가 만나면 서로 파괴한다는 뜻이다.

자진합(子辰合)

신자진(申子辰) 중에서 자(子)와 진(辰)만 만나 합(合)을 이루는 반합(半合)이다. 신자진(申子辰) 삼합(三合)처럼 오행(五行)이 수(水)로 변하나 작용력은 떨어진다.

자축합(子丑合)

지지육합(地支六合) 중의 하나. 지지(地支)에서 자(子)와 축(丑)이 만나면 합(合)을 이루는 것을 말하는데 오행(五行)은 토(土)로 변한다.

자축합토(子丑合土)

자축합(子丑合)과 같은 뜻.

자형(自刑)

지지(地支)에서 같은 글자끼리 만나 형(刑)하는 것을 말하는데 진 형진(辰刑辰)·오형오(午刑午)·유형유(酉刑酉)·해형해(亥刑亥) 가 있다. 해당하면 비관적이며 독립심이 약하다.

장생(長生)

십이운성(十二運星) 중의 하나. 사람에 비유하면 이제 막 세상에 태어나는 시기이고, 식물에 비유하면 싹이 땅을 뚫고 올라오는 형 상이다. 따라서 점차 발전해가는 과정으로 어려움은 있으나 결과는 좋다. 해당하면 온건하며 영민하고, 예술성과 창의력이 있고, 복록 이 많아 성공도 빠르다.

장성살(將星殺)

십이신살(十二神殺) 중의 하나. 출세·문무·벼슬·권세를 암시한 다. 장성살(將星殺)이 있는데 사주에 편관(偏官)이나 양인(羊刃)이 있으면 살생권을 잡고, 재성(財星)과 동주(同柱)하면 국가의 재정 을 장악한다. 여명의 일지(日支)에 있으면 남편을 갈아치워 독신인 경우가 많으므로 독신살(獨身殺)이라고도 한다.

재관쌍미격(財官雙美格)

사주의 격(格) 중 하나. 정재(正財)와 정관(正官)이 한 곳에 임하 여 아름답다는 뜻이다. 계사(癸巳)일생과 임오(壬午)일생이면 해당 하는데 유년(流年)에서 희신운(喜神運)이나 용신운(用神運)을 만 나면 귀격을 이루나 기신운(忌神運)을 만나면 만사가 막힌다.

재다신약(財多身弱)

사주에 재성(財星)이 많아 일간(日干)이 약해진 것을 말한다.

재명유기(財命有氣)

재성(財星)과 일주(日柱)에 모두 기운이 있다는 말이다.

재살(災殺)

십이신살(十二神殺) 중의 하나. 수옥살(囚獄殺)이라고도 하는데 송사·납치·감금·포로·재난 등이 따른다는 흉살(凶殺)이다.

재성(財星)

정재(正財)와 편재(偏財)를 합쳐서 부르는 말. 일간(日干)이 극(剋)하는 오행(五行)인데 처성(妻星)이라고도 한다.

재인불애(財印不碍)

인수(印綬)와 재성(財星)이 모두 있어 문제가 없다는 말이다.

재자약살(財滋弱殺)

신왕관약(身旺官弱) 사주가 관살(官殺)을 용(用)하는데 관살(官殺)이 미약하여 재성(財星)의 도움을 받아 관살(官殺)의 임무를 감당하게 하는 것을 말한다.

적수오건(滴水熬乾)

한방울의 물이 심한 가뭄을 만나 말라버렸다는 뜻이다.

전록격(專祿格)

사주의 격(格) 중 하나. 일간(日干)에 정록(正祿)이 있는 것을 말하는데 갑인(甲寅)·을묘(乙卯)·경신(庚申)·신유(辛酉)일생이면 해당한다. 이런 사주는 부귀격을 이루나 사주나 세운(歲運)에서 관살(官殺)이나 형충파해(刑沖破害)를 만나면 흉하다.

전실(塡實)

어떤 오행(五行)이 없어야 귀하게 되는데 사주에 그 오행(五行)이 있는 것을 말한다. 예를 들어 허충(虛沖)이란 사주에 없는 오행(五行)을 불러 충(沖)시켜 부귀의 길로 유도하는 것인데, 그 오행(五行)이 있으면 전실(塡實)로 진충(眞沖)이 되어 허충(虛沖)이 이루어질 수 없어 실속이 없어진다.

전이불항(戰而不降)

칠살(七殺)과의 싸움에서 절대 항복하지 않는다는 뜻이다.

전인후종(前引後從)

앞에서 끌어주고 뒤에서 따른다는 말이다.

전재격(專財格)

사주의 격(格) 중 하나. 재성(財星)이 시간(時干)에만 있는 사주를 말한다. 재(財)를 마(馬)라고도 하므로 재마(財馬) 또는 시마격(時馬格)이라고도 한다. 갑을(甲乙)일생이 진술축미사(辰戌丑未巳)시에 태어났거나, 병정(丙丁)일생이 신유(申酉)시에 태어났거나, 무기(戊己)일생이 해자(亥子)시에 태어났거나, 경신(庚辛)일생이 인묘(寅卯)시에 태어났거나, 임계(壬癸)일생이 사오(巳午)시에 태어났으면 해당한다. 이 중에서 갑(甲)일생에 무진(戊辰)시나 기사(己

巳)시, 무(戊)일생에 임자(壬子)시나 계해(癸亥)시, 임(壬)일생에 병오(丙午)시, 계(癸)일생에 정사(丁巳)시는 시상(時上)에 재성(財星)이 수기(秀氣)되어 금옥이 만당한다. 그러나 사주나 운에서 비겁(比劫)이 재성(財星)을 극(剋)하면 재산실패·시비·송사 등이 따른다.

절(絕)

십이운성(十二運星) 중의 하나. 한 세대의 기운이 끊기고 다음 세대로 이어지는 것과 같은 상태를 말한다. 절처봉생(絕處逢生)이란 말이 있으니 끊어지는 것은 곧 다른 생(生)을 만나는 것과 같다.

절로공망(截路空亡)

평생 어려움에 부딪혀 중단하기 쉽다는 흉살(凶殺)이다. 갑기(甲己)일생이 임신(壬申)이나 계유(癸酉)시에 태어났거나, 을경(乙庚)일생이 임오(壬午)나 계미(癸未)시에 태어났거나, 병신(丙辛)일생이 임진(壬辰)이나 계사(癸巳)시에 태어났거나, 정임(丁壬)일생이 임인(壬寅)이나 계묘(癸卯)시에 태어났거나, 무계(戊癸)일생이 임자(壬子)나 계축(癸丑)시에 태어났으면 해당한다.

정관(正官)

십신(十神) 중의 하나. 일간(日干)과 음양(陰陽)이 다르고, 일간(日干)을 극(剋)하는 것을 말한다. 음금(陰金)이 양목(陽木)을 극(剋)하는 것인데 이는 음금(陰金)이 전정 가위가 되어 양목(陽木)인 나무를 다듬어주는 것과 같은 이치이므로 극(剋)을 하여도 피해가 없고 오히려 좋은 작용을 한다. 정관(正官)은 나라를 다스리는 국법과 같고 가정을 다스리는 가법과 같다. 정관(正官)은 귀한 신(申)이므로 형충파해(刑沖破害)를 크게 꺼린다. 남명은 자녀와 명예에 해당하고, 여명은 남편에 해당한다.

정관격(正官格)

사주의 격(格) 중 하나. 정관(正官)이 월지(月支)에 암장(暗藏)되었는데 천간(天干)에도 투출(透出)하면 성립한다. 정관격(正官格)은 형충파해(刑沖破害)를 매우 꺼리는데 사주에 식신(食神)이나 상관(傷官)이 많으면 가난한 명이 된다. 정관격(正官格)은 신강(身强)하고 정인(正印)이 있으면 국가의 관리나 교육자로 승승장구하여 귀격을 이룬다. 그러나 관성(官星)은 있는데 인성(印星)이 없으면 명예를 얻기 힘들고, 임수(壬水)는 있는데 관성(官星)이 없으면 입신출세가 늦어진다.

정란우격(井欄又格)

사주의 격(格) 중 하나. 정란우(井欄又)는 우물의 물을 말하니 정란우격(井欄又格)은 지하수를 다스려 격(格)을 이루었다는 뜻이다. 다시 말해 신자진(申子辰) 수국(水局)을 정란(井欄)이라고 한다. 경금(庚金)일생이 신자진(申子辰)을 만나면 신금(申金)은 인목(寅木)을 충출(沖出)시키고, 자수(子水)는 오화(午火)를 충출(沖出)시키고, 진토(辰土)는 술토(戌土)를 충출(沖出)시키므로 신자진(申子辰)은 인오술(寅午戌)을 충출(沖出)시킬 수 있는 것이다. 이 때 인(寅) 중의 갑목(甲木)은 경금(庚金)의 재성(財星)이 되고, 오(午) 중의 정화(丁火)는 경금(庚金)의 관성(官星)이 되고, 술(戌) 중의 무토(戊土)는 경금(庚金)의 인수(印綬)가 된다. 따라서 인오술(寅午戌)은 재성(財星)·관성(官星)·인수(印綬)의 작용을 하여 인묘운(寅卯運)을 만나면 귀격을 이룬다.

정신기(精神氣)

정(精)은 인수(印綬)를 말하고, 신(神)은 일간(日干)을 극(剋)하는 관성(官星)을 말하고, 기(氣)는 일간(日干)과 동기(同氣)인 비겁(比劫)을 말한다. 정신기(精神氣)가 균형있게 배합이 잘 되어야 사주가 중화되어 부귀를 누릴 수 있다.

정신포만(精神飽滿)

사주의 생기가 내 몸으로 집중되어 있다는 뜻이다. 내 몸인 일간(日干)이 쇠약하거나 병이 들면 정신도 혼미해지고, 건강하면 정신도 건전해지니 일간(日干)이 건강한 것을 정신포만(精神飽滿)이라고 한다. 이런 사주는 지도급 인물이 될 수 있다.

정계충(丁癸沖)

천간충(天干沖) 중의 하나. 천간(天干)에서 정(丁)과 계(癸)가 만나면 서로 대립하며 부딪힌다는 뜻이다. 충(沖)은 상극(相剋) 관계를 말하니 다툼·충돌·사고·배반·이별 등을 암시한다.

정임합(丁壬合)

천간합(天干合) 중의 하나. 천간(天干)에서 정(丁)과 임(壬)이 만나면 합(合)을 이루는 것을 말하는데 오행은 목(木)으로 변한다. 해당하면 요염·호색·달변가로 경계해야 할 인물이다.

정임합화목(丁壬合化木)

정임합(丁壬合)과 같은 뜻.

정재용인격(正財用印格)

사주의 격(格) 중 하나. 일간(日干)이 약한데 식상(食傷)이나 재성(財星)이 많아 인성(印星)으로 용신(用神)을 삼는 것을 말한다. 비겁(比劫)이 희신(喜神), 인성(印星)이 용신(用神), 식상(食傷)·재성(財星)·관성(官星)이 기신(忌神)이다. 따라서 인성운(印星運)이나 비겁운(比劫運)을 만나면 만사가 형통하나 재성운(財星運)·관성운(官星運)·식상운(食傷運)을 만나면 만사가 막힌다.

정재용재격(正財用財格)

사주의 격(格) 중 하나. 일간(日干)이 왕성한데 인성(印星)이나 비겁(比劫)이 많으면 관성(官星)을 용신(用神)으로 삼아야 하는데 관성(官星)이 없어 재성(財星)으로 용신(用神)을 삼는 것을 말한다. 식상(食傷)이 희신(喜神), 재성(財星)이 용신(用神), 관성(官星)·인성(印星)·비겁(比劫)이 기신(忌神)이다. 따라서 식상운(食傷運)이나 재성운(財星運)을 만나면 만사가 형통하나 관성운(官星運)·인성운(印星運)·비겁운(比劫運)을 만나면 만사가 막힌다.

정인(正印)

인수(印綬)와 같은 뜻.

정인격(正印格)

사주의 격(格) 중 하나. 정인(正印)이 월지(月支)에 암장(暗藏)되었는데 천간(天干)에도 투출(透出)하면 성립한다. 해당하면 성격이 고귀하며 점잖고, 부모덕이 있고, 학술에 능통하고, 조용하며 온화한 것을 좋아한다. 학문·예능·종교 계통에 소질이 있고, 재물에 집착하지 않는 편이고, 건강하며 자존심이 강하나 의타심이 많은 편이다. 직업은 교육·정치·국문학·저술가 등이 적합하다.

정재(正財)

십신(十神) 중의 하나. 일간(日干)과 음양(陰陽)이 다르고, 일간(日干)이 극(剋)하는 것을 말한다. 정재(正財)는 정당한 재물로 내가 노력해서 들어오는 봉급과 같아 보수적이며 융통성이 부족하다. 재성(財星)은 정관(正官)을 생(生)하며 재물을 기르는 신(神)이므로 중요하다. 신강(身强)하면 심신이 건전하고 가정생활이 원만하며 재물을 마음대로 부릴 수 있다. 그러나 신약(身弱)하면 활동력이 약하여 돈을 벌지도 관리하지도 못하고 오히려 재물 때문에 화를 당할 수 있다. 남명은 아내에 해당하고, 여명은 시부모에 해당한다.

정재격(正財格)

사주의 격(格) 중 하나. 정재(正財)가 월지(月支)에 암장(暗藏)되었는데 천간(天干)에도 투출(透出)하면 성립한다. 해당하면 성격이 완만하며 보수적이고, 근면·성실·검소하며 가정에 충실하고, 돈을 아껴쓰나 인색한 편이고, 조상의 유업이나 전답을 물려받아 가업을 이어 나간다. 정재격(正財格)이 신왕(身旺)하면 자수성가한다.

정편재격(正偏財格)

사주의 격(格) 중 하나. 정재격(正財格)과 편재격(偏財格)을 합쳐서 부르는 말이다. 재성(財星)이 월지(月支)에 암장(暗藏)되었는데 천간(天干)에도 투출(透出)하면 성립한다. 신왕(身旺)하면 식신(食神)과 상관(傷官)이 좋으나 재성(財星)을 극(剋)하는 겁재(劫財)와 형충(刑沖)을 만나면 흉하다.

정화(丁火)

정(丁)은 오행(五行)으로는 화(火)에 해당하니 불의 성질이 있고, 음양(陰陽)으로는 음(陰)에 해당한다. 해당하면 예민하며 날카롭고, 남에게 헌신적이며 정밀한 분야에 재주가 있다. 그러나 성격이 다소 급한 편이다.

제거기병(除去其病)

병(病)을 제거한다는 말이다.

제살태과(制殺太過)

살(殺)은 나를 극(剋)하는 것이므로 마땅히 제도해야 하나 지나치게 제도한다는 뜻이다.

제왕(帝旺)

십이운성(十二運星) 중의 하나. 체력과 지력이 최고에 이르러 매우 왕성한 상태를 말한다. 해당하면 군왕과 같은 지배력과 불굴의 투지가 있고, 남에게 간섭받는 것을 싫어한다. 대체로 좋은 작용을 하나 극에 달한 뒤에는 쇠퇴할 징조가 있으니 경거망동이나 오만함을 삼가하는 것이 좋다.

조객살(弔客殺)

세운(歲運)의 지지(地支)로 보는데 해당하면 친척 중에 망자가 생기고 가정이 불안정하며 질병이 따른다. 자(子)일생이 지지(地支)에 술(戌)이 있거나, 축(丑)일생이 지지(地支)에 해(亥)가 있거나, 인(寅)일생이 지지(地支)에 자(子)가 있거나, 묘(卯)일생이 지지(地支)에 축(丑)이 있거나, 진(辰)일생이 지지(地支)에 인(寅)이 있거나, 사(巳)일생이 지지(地支)에 묘(卯)가 있거나, 오(午)일생이 지지(地支)에 진(辰)이 있거나, 미(未)일생이 지지(地支)에 사(巳)가 있거나, 신(申)일생이 지지(地支)에 오(午)가 있거나, 유(酉)일생이 지지(地支)에 미(未)가 있거나, 술(戌)일생이 지지(地支)에 신(申)이 있거나, 해(亥)일생이 지지(地支)에 유(酉)가 있으면 해당한다.

조상(照象)

병(丙)일생이 년월일(年月日)에 사오미(巳午未)가 있는데 시상(時上)에 묘목(卯木) 인성(印星)이 1개 있으면 목화(木火)가 서로 도와 좋은 명이 된다는 말이다. 예를 들어 임계(壬癸)일생이 년월일(年月日)에 신자진(申子辰)이 있고, 시상(時上)에 금(金)이 1개 있으면 금수(金水)가 서로 도와 대길한 사주가 된다. 금(金)이 년간(年干)에 있어도 좋은 명으로 본다.

조토(燥土)

마른 흙, 즉 술토(戌土)와 미토(未土)를 말한다.

조후(調候)

사주가 춥거나 덥거나 건조하거나 습할 때 조절해주는 것을 말한다. 사주가 잘 중화되면 금상첨화가 되나 그렇지 않으면 운명에 많은 작용을 한다. 조후(調候)하는 방법은 2가지가 있다. 하나는 너무 덥거나 건조한 사주를 물로 윤택하게 만드는 것이고, 또 하나는 너무 춥거나 습한 사주를 태양으로 따뜻하게 만드는 것이다.

종강격(從强格)

종격(從格) 중의 하나. 일간(日干)이 너무 강하고, 사주가 일간(日干)을 도와주는 오행(五行)으로만 구성되고, 비겁(比劫)보다 인성(印星)이 많고, 재성(財星)과 관성(官星)이 1개도 없으면 성립한다. 비겁운(比劫運)·건록운(建祿運)·양인운(羊刃運)·인성운(印星運)이 가장 좋고, 관성운(官星運)은 살인상생(殺印相生)이 되니 흉하지는 않고, 식상운(食傷運)은 강한 인성(印星)과 충극(沖剋)되니 흉하다.

종격(從格)

강한 것을 따라 격(格)을 이루는 사주. 종강격(從强格)·종관살격(從官殺格)·종살격(從殺格)·종세격(從勢格)·종아격(從兒格)·종왕격(從旺格)·종재격(從財格)·종혁격(從革格)·종화격(從化格) 등이 있다.

종관살격(從官殺格)

종격(從格) 중의 하나. 일간(日干)이 매우 약하고, 지지(地支)에 뿌리가 전혀 없고, 일간(日干) 외에는 사주가 거의 관살(官殺)로만 구성되면 성립한다. 이런 사주는 인성(印星)·비겁(比劫)·건록(建祿)·양인(羊刃)의 도움이 없고, 재성(財星)이 관살(官殺)을 생(生)해주면 좋다. 만약 식상(食傷)이 있으면 격(格)이 깨진다. 음일간(陰日干)은 생(生)하는 것이 하나쯤 있어도 쉽게 종(從)하지만 양일간(陽日干)은 생(生)하는 것이 하나만 있어도 종(從)하지 않는다. 대운(大運)은 재성운(財星運)과 관성운(官星運)이 좋고, 식상운(食傷運)은 흉하나 사주에 재성(財星)이 있으면 꺼리지 않는다. 인성운(印星運)·비겁운(比劫運)·건록운(建祿運)·양인운(羊刃運)은 관살(官殺)을 설(泄)하고 일간(日干)을 돕고 재성(財星)을 극(剋)하니 매우 흉하다.

종살격(從殺格)

종격(從格) 중의 하나. 관살(官殺)이 왕성하여 일간(日干)이 약하고, 인성(印星)과 비겁(比劫)이 없고, 일간(日干)이 뿌리가 없고, 사주 전체가 관살(官殺)로 구성되면 성립한다. 갑을(甲乙)일생이 지지(地支)에 신유술(申酉戌)이나 사유축(巳酉丑)이 모두 있거나, 병정(丙丁)일생이 지지(地支)에 해자축(亥子丑)이나 신자진(申子辰)이 모두 있거나, 무기(戊己)일생이 지지(地支)에 인묘진(寅卯辰)이나 해묘미(亥卯未)가 모두 있거나, 경신(庚辛)일생이 지지(地支)에 사오미(巳午未)나 인오술(寅午戌)이 모두 있거나, 임계(壬癸)일생이 지지(地支)에 무기술미(戊己戌未)가 모두 있으면 해당한다. 종살격(從殺格)은 관살(官殺)이 용신(用神)이고, 재성(財星)이 희신(喜神)이다. 인성(印星)은 관살(官殺)을 설기(泄氣)하므로 꺼리고, 비겁(比劫)도 살(殺)을 막으므로 흉하다. 재성운(財星運)과 관성운

(官星運)은 길하나 인성운(印星運)·비겁운(比劫運)·식상운(食傷運)은 흉하다.

종상(從象)

종격(從格) 중의 하나. 일간(日干)이 뿌리가 없어 강한 것을 따라 격(格)을 취하는 사주를 말한다.

종세격(從勢格)

종격(從格) 중의 하나. 재성(財星)이나 식상(食傷) 중에서 더 강한 세력을 따르는 것을 말하는데 일간(日干)이 뿌리가 없고, 인성(印星)·비겁(比劫)·건록(建祿)·양인(羊刃)이 힘이 없고, 관살(官殺)이나 식상(食傷)이 강하면 성립한다. 재성운(財星運)·관성운(官星運)·식상운(食傷運)은 길하나 비겁운(比劫運)·건록운(建祿運)·양인운(羊刃運)은 매우 흉하다.

종아격(從兒格)

종격(從格) 중의 하나. 일간(日干)이 매우 약하고, 사주에 인성(印星)이나 관성(官星)이 전혀 없고, 사주 전체가 식상(食傷)으로만 구성되면 성립한다. 용신(用神)은 식신(食神)과 상관(傷官)이고, 기신(忌神)은 인성(印星)과 관살(官殺)이다. 이런 사주는 특별한 재능이 있으나 교만하며 남에게 지는 것을 싫어한다.

종왕격(從旺格)

종격(從格) 중의 하나. 사주의 전부나 대부분이 인성(印星)과 비겁(比劫)으로 구성되었는데 인성(印星)보다 비겁(比劫)이 많으면 성립한다. 그러나 관살(官殺)이 있으면 격(格)이 깨진다. 비겁(比劫)이 용신(用神)이고, 인성(印星)이 희신(喜神)이다. 따라서 인성운(印星運)이나 비겁운(比劫運)을 만나면 크게 성공하나 재성운(財星運)이나 관성운(官星運)을 만나면 크게 실패한다.

종재격(從財格)

종격(從格) 중의 하나. 일간(日干)이 약한데 재(財)월생이고, 지지(地支)가 모두 재지(財支)이거나 재국(財局)을 이루고, 천간(天干)에는 재성(財星)을 생(生)하는 것만 있고 일간(日干)을 돕는 인성(印星)이나 비겁(比劫)이 1개도 없으면 성립한다. 재성(財星)이 용신(用神), 식상(食傷)이 희신(喜神), 인성(印星)과 비겁(比劫)이 기신(忌神), 관살(官殺)은 방해되지 않는다. 따라서 재성운(財星運)·관성운(官星運)·식상운(食傷運)은 길하나 인성운(印星運)과 비겁운(比劫運)은 불길하다. 종재격(從財格)은 남달리 의협심이 많은 편이다.

종지진가(從之眞假)

종격(從格)에는 진종(眞從)과 가종(假從)이 있다는 말이다.

종혁격(從革格)

종격(從格) 중의 하나. 경신(庚申)일 신유술(申酉戌)월생이고, 지지(地支)에 신유술(申酉戌)이나 사유축(巳酉丑)이 있고, 사주에 금(金)을 극(剋)하는 병정오화(丙丁午火)가 없으면 성립한다. 사화(巳火)는 유축(酉丑)이 있으면 금(金)으로 변하므로 금일간(金日干)이 사주 대부분이 금(金)이 되어 금(金)이 매우 왕성하여 다른 세력으로 억제하지 못하니 금(金)을 종(從)한다. 금(金)이란 서방의 숙살지기(肅殺之氣)이며 검극(劍戟)을 상징하고, 검극(劍戟)은 살벌한 관계가 되므로 창칼을 한 번 번쩍이면 혁명이 이루어지고 정변이 단행되므로 종혁격(從革格)이라 하는 것이다. 이런 사주는 정의롭고 의리가 강하며 약한 사람을 도와준다.

종화격(從化格)

종격(從格) 중의 하나. 화격(化格)에도 종격(從格)과 마찬가지로 진화(眞化)와 가화(假化)가 있다. 진화(眞化)는 방해하는 것이 없어 순수하게 이루어진 것이고, 가화(假化)는 쟁합(爭合)이나 투합(妬合) 등으로 방해가 되거나 그 화신(化神)을 극(剋)하는 오행(五行)이 있는 것을 말한다. 천간(天干)에서 합(合)하는 것끼리 만나면 자연히 합화(合化)가 되지만 그렇다고 무조건 화격(化格)이 되는 것이 아니라 그럴만한 조건을 갖추어야 한다. 합신(合神)은 갑기합(甲己合)·을경합(乙庚合)·병신합(丙辛合)·정임합(丁壬合)·무계합(戊癸合) 등의 합(合)을 말하고, 화신(化神)은 합(合)하여 다른 오행(五行)으로 변하는 것을 말한다. 종화격(從化格)이 되려면 반드시 일간(日干)과 합(合)하는 것이 월일시간(月日時干)에 있어야 하고, 그 합화(合化)된 오행(五行)월에 출생하여 사주에 화신(化神)과 같은 오행(五行)이 많아야 한다. 예를 들어 갑일간(甲日干)의 합(合)은 기(己)인데 기토(己土)가 월간(月干)이나 시간(時干)에 있으면 갑기(甲己)가 합(合)한 화신(化神)은 토(土)가 되고, 월령(月令)에 진술축미토(辰戌丑未)가 있고, 다른 주(柱)에 무진술축미토(戊辰戌丑未土)가 많으면 성립한다.

좌우협기(左右協氣)

나를 도와주는 기운이 좌우에 있다는 뜻이다.

주자시(晝子時)

명자시(明子時)와 같은 뜻.

주작(朱雀)

육신(六神) 중의 하나. 병정(丙丁)일을 주관하고, 화(火) 방위인 남쪽을 지킨다.

중양절(重陽節)

세시풍속 중의 하나. 음력 9월 9일에 들어 중구(重九)라고도 하는데 양수(陽數)인 9가 겹쳐 중양(重陽)이라고 하는 것이다. 일년 중홀수인 양(陽)이 2번 겹치는 날에는 복이 들어온다고 하여 1월 1일(설), 5월 5일(단오), 7월 7일(칠석) 등과 함께 명절로 지내왔다.

중천수(中天數)

선천수(先天數)가 태호복희(太昊伏羲) 시대의 것이라면 중천수(中天數)와 후천수(後天數)는 주(周)나라 문왕(文王) 시대의 것이다. 이 모두는 천간(天干)과 지지(地支)에 각각 배정한 수를 말하는데다음과 같다. 갑기진술축미(甲己辰戌丑未)는 11, 을경신유(乙庚申酉)는 10, 병신해자(丙辛亥子)는 9, 정임인묘(丁壬寅卯)는 8, 무계사오(戊癸巳午)는 7에 해당한다.

지(支)

십이지(十二支)와 같은 뜻.

지살(地殺)

십이신살(十二神殺) 중의 하나. 역마(驛馬)처럼 돌아다니기를 좋아하며 바쁘게 살아간다. 지살(地殺)을 충(沖)하는 것이 역마(驛馬)이다. 년(年)이나 일(日)을 기준으로 보는데 년지(年支)나 일지(日支)에 인오술(寅午戌)이 있으면 인(寅)이 지살(地殺)이 된다. 다시 말해 사유축(巳酉丑)에서는 사(巳), 신자진(申子辰)에서는 신(申), 해묘미(亥卯未)에서는 해(亥)가 지살(地殺)이 된다. 해당하면 원행·객지생활·이사·직장변동등이 많이 따른다.

지삼합(支三合)

지지삼합(地支三合)과 같은 뜻.

지세지형(持勢之刑)

인사신(寅巳申) 삼형(三刑)과 같은 뜻.

지장간(支藏干)

지지(地支)에 천간(天干)을 간직하고 있다는 뜻이다.

지지(地支)

십이지(十二支)와 같은 뜻.

지지반합(地支半合)

반합(半合)과 같은 뜻.

지지삼합(地支三合)

삼합(三合) 또는 지삼합(支三合)이라고도 하는데 지지(地支)에서 3가지 오행(五行)이 만나 합(合)을 이루는 것을 말한다. 신자진(申

子辰)·인오술(寅午戌)·사유축(巳酉丑)·해묘미(亥卯未) 삼합(三合)이 있는데 천간(天干)의 합(合)보다 힘이 더 강하다. 십이지(十二支)에는 각각 고유의 오행(五行)이 있으나 삼합(三合)을 이루면 변한다. 신자진(申子辰)이 삼합(三合)을 이루면 수(水)로 변하고, 인오술(寅午戌)이 삼합(三合)을 이루면 화(火)로 변하고, 사유축(巳酉丑)이 삼합(三合)을 이루면 금(金)으로 변하고, 해묘미(亥卯未)가 삼합(三合)을 이루면 목(木)으로 변한다. 나에게 필요한 오행(五行)으로 변하면 길작용을 하지만 나쁜 영향을 주는 오행(五行)으로 변하면 흉작용을 한다.

지지삼형(地支三刑)

지형(支刑)·지지형(地支刑)·삼형(三刑)이라고도 한다. 지지(地支)에서 오행(五行)이 만나 형(刑)이 되는 것을 말하는데 인사신(寅巳申) 삼형(三刑)·축술미(丑戌未) 삼형(三刑)·자묘형(子卯刑)·자형(自刑)이 있다. 해당하면 정신력과 의리가 강하고 정의로우며 애국심이 많다. 그러나 고집이 세고 냉정하며 자기 주장을 굽히지 않고, 몸에 흉터가 있거나 수술이 따르고 항상 동분서주 바쁘다. 법관·군인·경찰·의사·간호사 사주에 많은 편이다. 『음부경(陰符經)』에서는 '해(害)는 은혜에서 생기고, 삼형(三刑)은 삼합(三合)에서 생긴다'고 하였다.

지지상충(地支相沖)

지지충(地支沖)과 같은 뜻.

지지연여(地支連茹)

지지(地支)가 나무 뿌리가 뻗어나가는 것과 같다는 말이다.

지지오행(地支五行)

십이지(十二支)인 자축인묘진사오미신유술해(子丑寅卯辰巳午未申
酉戌亥)를 목화토금수(木火土金水)로 구분한 것을 말한다. 인묘(寅
卯)는 목(木), 사오(巳午)는 화(火), 진술축미(辰戌丑未)는 토(土),
신유(申酉)는 금(金), 해자(亥子)는 수(水)에 속한다.

지지육파(地支六破)

파(破) 또는 육파(六破)라고도 하는데 지지(地支)에서 두 글자가
만나면 서로 파괴하는 것을 말한다. 자유파(子酉破) · 사신파(巳申
破) · 축진파(丑辰破) · 오묘파(午卯破) · 인해파(寅亥破) · 미술파
(未戌破) 6가지이므로 육파(六破)라고 하는 것이다. 유년(流年)에
서 년지(年支)를 파(破)하면 낙직이나 관청구설이 따르고, 일지(日
支)를 파(破)하면 부부이별수가 따른다. 궁합이나 동업도 같은 이
치로 본다. 길신(吉神)을 파(破)하면 흉하나 흉신(凶神)을 파(破)
하면 길하다. 육친을 함께 살피면서 간명해야 한다.

지지육합(地支六合)

지지(地支)에서 두 글자가 만나 합(合)을 이루는 것으로 지지합(地
支合) 또는 육합(地支六合)이라고도 한다. 자축합(子丑合) · 인해합
(寅亥合) · 묘술합(卯戌合) · 진유합(辰酉合) · 사신합(巳申合) · 오
미합(午未合) 6가지이므로 육합(六合)이라고 하는 것이다. 육합(六
合)이 이루어지면 다른 오행(五行)으로 변한다. 자(子)와 축(丑)이

만나면 토(土)가 되고, 인(寅)과 해(亥)가 만나면 목(木)이 되고, 묘(卯)와 술(戌)이 만나면 화(火)가 되고, 진(辰)과 유(酉)가 만나면 금(金)이 되고, 사(巳)와 신(申)이 만나면 수(水)가 된다. 그러나 오(午)와 미(未)가 만나면 합(合)만 되고 오행(五行)은 변하지 않는다. 따라서 사주를 간명할 때는 합(合)으로 인하여 변한 오행(五行)도 강약을 따져야 하는데 근합(近合)은 강하고 원합(遠合)은 약하다. 그러나 충(沖)이 되면 합(合)이 깨지므로 합(合)으로 보지 않는다. 사주에 합(合)이 많으면 남녀를 막론하고 이성문제로 재산을 탕진한다.

지지육해(地支六害)

해(害) 또는 육해(六害)라고도 하는데 지지(地支)에서 두 글자가 만나면 해로운 작용을 한다는 뜻이다. 자미해(子未害)·인사해(寅巳害)·묘진해(卯辰害)·축오해(丑午害)·해신해(亥申害)·유술해(酉戌害) 6가지이므로 육해(六害)라고 하는 것이다. 해당하면 성격이 급하며 비밀이 많다. 여명은 산액과 각종 질병을 조심해야 하고, 해당하는 육친에게도 질병·자연재해·관재 등이 따른다.

지지장간(地支藏干)

지장간(支藏干)과 같은 뜻.

지지충(地支沖)

지충(支沖)·지지상충(地支相沖)·육충(六沖)이라고도 한다. 지지(地支)에서 두 글자가 만나면 서로 충(沖)하는 것으로 자오충(子午沖)·축미충(丑未沖)·인신충(寅申沖)·묘유충(卯酉沖)·진술충

(辰戌沖) · 사해충(巳亥沖) 6가지가 있다. 해당하면 배반 · 감금 · 감호 · 수술 · 불구 · 이별 · 독수공방 · 무자식 등을 암시한다.

지지합(地支合)

지지(地支)에서 이루어지는 합(合). 삼합(三合) · 육합(六合) · 방합(方合) · 우합(隅合) · 유합(類合) · 준삼합(準三合) · 암합(暗合) 등이 있다.

지지형(地支刑)

지지삼형(地支三刑)과 같은 뜻.

지지회방(地支會方)

방국(方局)과 같은 뜻.

지진일기(支辰一氣)

지지(地支)의 오행(五行)이 모두 같은 것을 말한다. 천간(天干)의 오행(五行)이 모두 같은 것은 천원일기(天元一氣)라고 한다.

지충(支沖)

지지충(地支沖)과 같은 뜻.

지형(支刑)

지지삼형(地支三刑)과 같은 뜻.

직난관살(直難關殺)

12세 전에 도끼 · 낫 · 칼 등에 다친다는 흉살(凶殺)이다. 인묘(寅卯)월생이 지지(地支)에 오(午)가 있거나, 사오(巳午)월생이 지지(地支)에 미(未)가 있거나, 오미(午未)월생이 지지(地支)에 묘술

(卯戌)이 있거나, 신유(申酉)월생이 지지(地支)에 사(巳)나 신(申)이 있거나, 술해(戌亥)월생이 지지(地支)에 인(寅)이나 묘(卯)가 있거나, 자축(子丑)월생이 지지(地支)에 진(辰)이나 유(酉)가 있으면 해당한다.

진가상관(眞假傷官)
진상관(眞傷官)과 가상관(假傷官)을 합쳐서 부르는 말이다.

진기왕래(眞氣往來)
나에게 가장 중요한 기(氣)와 다른 중요한 기(氣)가 일(日)과 시(時)에 바뀌어 있다는 뜻이다.

진법무민(盡法無民)
많은 관살(官殺)이 극제(剋制)되어 세력을 잃어 따르는 자가 없다는 뜻이다.

진상관격(眞傷官格)
사주의 격(格) 중 하나. 월령(月令)에 상관(傷官)이 있어 격(格)을 이루는 것을 말한다.

진술충(辰戌沖)
지지충(地支沖) 중의 하나. 지지(地支)에서 진(辰)과 술(戌)이 만나면 서로 대립하며 부딪힌다는 뜻이다. 축미충(丑未沖)과 함께 붕충(朋沖)이라고도 하는데 지장간(支藏干)에서 여기(餘氣)와 중기(中氣)가 충(沖)하여 서로 싸우는 것이다. 배반·감금·감호·수술·불구·이별·독수공방·무자식 등을 암시한다.

진신(進神)

만사가 계획대로 잘 된다는 길성(吉星)이다. 인묘진(寅卯辰)월생이 갑자(甲子)일에 태어났거나, 사오미(巳午未)월생이 갑오(甲午)일에 태어났거나, 신유술(申酉戌)월생이 기묘(己卯)일에 태어났거나, 해자축(亥子丑)월생이 기유(己酉)일에 태어났으면 해당한다.

진유합(辰酉合)

지지육합(地支六合) 중의 하나. 지지(地支)에서 진(辰)과 유(酉)가 만나면 합(合)이 되는 것을 말하는데 오행(五行)은 금(金)으로 변한다.

진유합금(辰酉合金)

진유합(辰酉合)과 같은 뜻.

진토(辰土)

진(辰)은 오행(五行)으로는 토(土)에 해당하니 흙의 성질이 있고, 음양(陰陽)으로는 양(陽)에 해당하고, 일년 중에서는 3월을 관장하고, 띠로는 용에 해당한다. 술미토(戌未土)는 조토(燥土)이고, 진토(辰土)는 습토(濕土)이다.

진형진(辰刑辰)

자형(自刑) 중의 하나. 지지(地支)에서 같은 글자인 진(辰)과 진(辰)이 만나 서로 형(刑)하는 것을 말한다. 해당하면 독립심과 인내심이 약하다.

진화(眞化)

화신(化神)이 생왕(生旺)을 받는 것을 말한다.

진화격(眞化格)

사주의 격(格) 중 하나. 화신(化神)이 아무 방해없이 진(眞)으로 변하는 것을 말한다. 대개 화신(化神)이 생왕(生旺)을 받으면 진화(眞化)라 하고, 화신(化神)이 극제(剋制)를 받으면 가화(假化) 또는 합이불화(合而不化)라고 하는데, 이것도 시후(時候)와 사주의 상황에 따라 달라져 운에서 결정된다. 진화격(眞化格)은 다시 화신유여(化神有餘)와 화신부족(化神不足)을 가려야 한다. 화신유여(化神有餘)이면 설기(泄氣)하는 운이 길하고, 화신부족(化神不足)이면 방조(幇助)하는 운이 길하다고 본다.

차

창격(娼格)

사주의 격(格) 중 하나. 신왕(身旺)한데 관성(官星)이 절지(絶地)에 있거나, 관살(官殺)은 쇠약한데 식상(食傷)이 왕성하거나, 관살(官殺)이 없거나 혼잡한 사주를 말한다. 이런 여명은 남편을 극(剋)하는 명이 되어 창기·비구니·비첩 등이 된다.

처궁(妻宮)

아내를 보는 자리로 일지(日支)를 말한다. 육친으로는 정재(正財)에 해당하고, 편재(偏財)는 첩에 해당한다.

처서(處暑)

24절기 중에서 14번째 절기. 음력으로는 7월 24일에 들고, 양력으로는 8월 23~24일에 든다. 이 때부터 더위가 한 고비 꺾이며 초목은 매우 성하고, 그 해의 농사가 풍년인지 아닌지를 알 수 있다.

처성(妻星)

정재(正財)와 편재(偏財)를 말한다. 정재(正財)는 정실로 보고, 편재(偏財)는 후실·첩·애인 등으로 본다.

처우생아(妻又生兒)

종재격(從財格) 사주에서 재성(財星)이 살(殺)을 생(生)하는 것을 말하는데 관살(官殺)로 용신(用神)을 삼는다.

천간(天干)

간(干) 또는 십간(十干)이라고도 하는데 갑(甲)·을(乙)·병(丙)·무(戊)·기(己)·경(庚)·신(辛)·임(壬)·계(癸)를 말한다. 천간(天干)은 위에 있어 하늘을 상징하므로 붙은 이름이고, 십간(十干)은 모두 10가지이므로 붙은 이름이다. 이 중에서 갑경무경임(甲丙戊庚壬)은 양(陽)에 해당하고, 을정기신계(乙丁己辛癸)는 음(陰)에 해당한다.

천간극(天干剋)

천간(天干)끼리 극(剋)하는 것으로 간극(天剋)이라고도 한다. 무(戊)와 갑(甲), 경(庚)과 병(丙), 임(壬)과 무(戊), 을(乙)과 기(己), 신(辛)과 정(丁), 기(己)와 계(癸)는 서로 극(剋)한다.

천간성(天奸星)

당사주법(唐四柱法)의 십이천성(十二天星) 중에서 5번째. 해당하면 지혜와 재주가 많아 어려운 일을 당해도 잘 극복하고, 권세와 부를 누린다.

천간오행(天干五行)

천간(天干)인 갑을병정무기경신임계(甲乙丙丁戊己庚辛壬癸)를 오행으로 구분한 것을 말한다. 갑을(甲乙)은 목(木), 병정(丙丁)은 화(火), 무기(戊己)는 토(土), 경신(庚辛)은 금(金), 임계(壬癸)는 수(水)에 속한다.

천간지지(天干地支)

천간(天干)과 지지(地支)를 합쳐서 부르는 말. 간지(干支)라고도 한다.

천간충(天干沖)

천간(天干)끼리 충(沖)하는 것으로 간충(干沖)이라고도 하고, 천간(天干)에서 7번째를 만나면 충(沖)한다고 하여 칠충(七沖)이라고도 한다. 양일간(陽日干)은 양일간(陽日干)끼리, 음일간(陰日干)은 음일간(陰日干)끼리 충(沖)한다. 충(沖)이란 서로 부딪히며 대립하는 것이니 한쪽은 큰 손상을 입게 된다. 천간충(天干沖)에는 갑경충(甲庚沖)·을신충(乙辛沖)·병임충(丙壬沖)·정계충(丁癸沖) 4가지가 있다. 갑(甲)과 경(庚)이 충(沖)하면 갑목(甲木)이 부러지고, 을(乙)과 신(辛)이 충(沖)하면 을목(乙木)이 잘리고, 병(丙)과 임(壬)이 충(沖)하면 병화(丙火)가 꺼지고, 정(丁)과 계(癸)가 충(沖)

하면 정화(丁火)가 꺼진다.

천간합(天干合)

천간(天干)끼리 합(合)하는 것으로 간합(干合)이라고도 하고, 천간
(天干)에서 6번째를 만나면 합(合)한다고 하여 육합(六合)이라고도
한다. 부부의 정합으로 음(陰)과 양(陽)의 합(合)이다. 천간합(天干
合)에는 갑기합(甲己合)·을경합(乙庚合)·병신합(丙辛合)·정임
합(丁壬合)·무계합(戊癸合) 5가지가 있다.

천고성(天孤星)

당사주법(唐四柱法)의 십이천성(十二天星) 중에서 9번째. 해당하면
용모와 자태가 빼어나나 의지할 데가 없어 고독하다.

천관귀인(天官貴人)

관직에 오른다는 길성(吉星)으로 복덕과 인망을 구비하여 운세가
점차 발전한다. 그러나 사주에 형충(刑沖)·원진(怨嗔)·양인(羊
刃) 등이 있으면 천관귀인(天官貴人)이 노하여 불행이 닥친다. 갑
(甲)일생이 지지(地支)에 유(酉)가 있거나, 을(乙)일생이 지지(地
支)에 신(申)이 있거나, 병(丙)일생이 지지(地支)에 자(子)가 있거
나, 정(丁)일생이 지지(地支)에 해(亥)가 있거나, 무(戊)일생이 지
지(地支)에 묘(卯)가 있거나, 기(己)일생이 지지(地支)에 인(寅)이
있거나, 경(庚)일생이 지지(地支)에 오(午)가 있거나, 신(辛)일생이
지지(地支)에 사(巳)가 있거나, 임(壬)일생이 지지(地支)에 축(丑)
이나 미(未)가 있거나, 계(癸)일생이 지지(地支)에 진(辰)이나 술
(戌)이 있으면 해당한다.

천관지축(天關地軸)

사주에 건(乾) 술해(戌亥)와 곤(坤) 미신(未申)이 모두 있다는 말이다.

천권성(天權星)

당사주법(唐四柱法)의 십이천성(十二天星) 중에서 3번째. 해당하면 총명하며 용기가 빼어나 문무를 겸비하고, 권력과 덕망을 있어 만인의 존경을 받는다.

천귀성(天貴星)

당사주법(唐四柱法)의 십이천성(十二天星) 중에서 1번째. 해당하면 부귀가 부족함이 없고 가정이나 권속이 모두 정정하니 더 바랄 것이 없으나 심신이 허약한 편이다.

천덕(天德)

남에게 알려지지 않은 덕이 있고, 어려움에 처하면 누군가의 도움을 받는다는 길성(吉星)이다. 을해(乙亥)·병술(丙戌)·신사(辛巳)·임진(壬辰)일생이면 해당한다.

천덕귀인(天德貴人)

선조의 덕과 천우신조의 혜택이 많아 모든 재앙이 소멸된다는 길성(吉星)이다. 사주에 정월생은 정(丁), 2월생은 신(申), 3월생은 임(壬), 4월생은 신(辛), 5월생은 해(亥), 6월생은 갑(甲), 7월생은 계(癸), 8월생은 인(寅), 9월생은 병(丙), 10월생은 을(乙), 11월생은 사(巳), 12월생은 경(庚)이 있으면 성립한다.

천덕합(天德合)

천덕귀인(天德貴人)과 같이 선조의 덕과 천우신조의 혜택이 많아 모든 재앙이 소멸된다는 길성(吉星)이다. 천덕귀인(天德貴人)이 닿는 곳과 간합(干合) 또는 육합(六合)이 되는 곳이다. 인(寅)월생은 임(壬), 묘(卯)월생은 사(巳), 진(辰)월생은 정(丁), 사(巳)월생은 병(丙), 오(午)월생은 인(寅), 미(未)월생은 기(己), 신(申)월생은 무(戊), 유(酉)월생은 해(亥), 술(戌)월생은 신(辛), 해(亥)월생은 경(庚), 자(子)월생은 신(申), 축(丑)월생은 을(乙)이 천덕합(天德合)이 된다.

천동지동(天同支同)

일주(日柱)의 천간(天干)과 지지(地支)가 같은 것을 말한다. 해당하면 시비·쟁송·유혹·변동 등이 따르며, 하던 일을 정리하고 새로운 일을 시작한다.

천동지충(天同支沖)

일주(日柱)와 천간(天干)이 같고 지지(地支)가 충(沖)되는 것을 말한다. 유년(流年)에서 만나면 배우자와 동상이몽이 되어 배우자가 변심할 수 있다.

천라지망살(天羅地網殺)

억압·감금·구속·관재구설·시비쟁송이 따른다는 흉살이다. 병오(丙午)일생이 술해(戌亥)를 만나면 천라(天羅)가 되고, 임계(壬癸)일생이 진사(辰巳)를 만나면 지망(地網)이 되는데, 일지(日支)에 진(辰)이나 술(戌)이 있어도 천라지망(天羅地網)이 된다. 사주에 지망(地網)이 있으면 법관·경찰·교도관·약사·간호사 등으로 나가면 길하다. 여명은 남편과의 인연이 박하고 자식복이 없다.

천명(賤命)

천한 명을 말하는데 부목지상(浮木之象)이 되면 평생 천대를 받으며 떠돌아다닌다. 비겁(比劫)이 많고 관성(官星)이 약한데 재성(財星)이 없거나, 신약(身弱)한데 재성(財星)과 관성(官星)이 왕성하면 성립한다.

천문성(天文星)

당사주법(唐四柱法)의 십이천성(十二天星) 중에서 6번째. 해당하면 용모가 단정하며 학문으로 명성을 얻고 출세하나 어려움이 따르고, 학문으로 나가지 않으면 상업에 종사하는 경우가 많다.

천복귀인(天福貴人)

평생 복이 넉넉하며 반드시 우두머리가 되어 존경을 받는다는 길성(吉星)이다. 갑(甲)일생이 지지(地支)에 미(未)가 있거나, 을(乙)일생이 지지(地支)에 진(辰)이 있거나, 병(丙)일생이 지지(地支)에 사(巳)가 있거나, 정(丁)일생이 지지(地支)에 유(酉)가 있거나, 무(戊)일생이 지지(地支)에 술(戌)이 있거나, 기(己)일생이 지지(地支)에 묘(卯)가 있거나, 경(庚)일생이 지지(地支)에 해(亥)가 있거나, 신(辛)일생이 지지(地支)에 신(申)이 있거나, 임(壬)일생이 지지(地支)에 인(寅)이 있거나, 계(癸)일생이 지지(地支)에 오(午)가 있으면 해당한다.

천복성(天福星)

당사주법(唐四柱法)의 십이천성(十二天星) 중에서 7번째. 해당하면 착하고 언행이 반듯하여 귀인의 도움을 많이 받는다.

천복지재(天覆地載)

천간(天干)에서는 덮어주고 지지(地支)에는 뿌리가 있다는 뜻이다.

천사(天赦)

큰 병이나 재난을 만나도 곧 사면되고 복과 귀를 누린다는 길성(吉星)이다. 인묘진(寅卯辰)월생이 무인(戊寅)일에 태어났거나, 사오미(巳午未)월생이 갑오(甲午)일에 태어났거나, 신유술(申酉戌)월생이 무신(戊申)일에 태어났거나, 해자축(亥子丑)월생이 갑자(甲子)일에 태어났으면 성립한다.

천살(天殺)

십이신살(十二神殺) 중의 하나. 뜻밖의 천재를 당한다는 흉살(凶殺)이다. 해당하면 가뭄이나 장마 피해를 보고, 말못할 사연으로 하늘을 보며 탄식하고, 인덕이 없다.

천수성(天壽星)

당사주법(唐四柱法)의 십이천성(十二天星) 중에서 12번째. 해당하면 천성이 정직하며 공과 사가 분명하고 만인의 존경을 받는다.

천액성(天厄星)

당사주법(唐四柱法)의 십이천성(十二天星) 중에서 2번째. 해당하면 꾀를 부리거나 거짓되지 않고 노력하는 형이다. 그러나 부모덕이 많지 않고 질병으로 고생하기 쉽다.

천역성(天驛星)

당사주법(唐四柱法)의 십이천성(十二天星) 중에서 8번째. 해당하면 사방을 두루 돌아다니면 출세하고 부귀를 이루나 고생이 많다.

천예성(天藝星)

당사주법(唐四柱法)의 십이천성(十二天星) 중에서 11번째. 해당하면 재주가 출중하며 문무를 겸비하고, 비록 어렵더라도 중년에는 성공할 수 있다.

천원일기(天元一氣)

천간(天干)의 오행(五行)이 모두 같은 것을 말한다. 지지(地支)의 오행(五行)이 모두 같은 것은 지진일기(支辰一氣)라고 한다.

천을귀인(天乙貴人)

총명하며 지혜가 있고 만사에 길하다는 길성(吉星)이다. 그러나 천을귀인(天乙貴人)이 형충파해(刑沖破害)나 공망(空亡)되면 평생 고생이 많다. 천을귀인(天乙貴人)에는 양귀인(陽貴人)과 음귀인(陰貴人)이 있는데 방위와 시간을 잡을 때 귀인방(貴人方)과 귀인시(貴人時)를 많이 쓴다. 갑(甲)일생에게 지지(地支)의 미(未)는 양귀인(陽貴人)이고 축(丑)은 음귀인(陰貴人)이다. 을(乙)일생에게 지지(地支)의 신(申)은 양귀인(陽貴人)이고 자(子)는 음귀인(陰貴人)이다. 병(丙)일생에게 지지(地支)의 유(酉)는 양귀인(陽貴人)이고 해(亥)는 음귀인(陰貴人)이다. 정(丁)일생에게 지지(地支)의 해

(亥)는 양귀인(陽貴人)이고, 유(酉)는 음귀인(陰貴人)이다. 무(戊)일생에게 지지(地支)의 축(丑)은 양귀인(陽貴人)이고 유(酉)는 음귀인(陰貴人)이다. 무(戊)일생에게 지지(地支)의 축(丑)은 양귀인(陽貴人)이고 미(未)는 음귀인(陰貴人)이다. 기(己)일생에게 지지(地支)의 자(子)는 양귀인(陽貴人)이고 신(申)은 음귀인(陰貴人)이다. 경(庚)일생에게 지지(地支)의 축(丑)은 양귀인(陽貴人)이고 미(未)는 음귀인(陰貴人)이다. 신(辛)일생에게 지지(地支)의 인(寅)은 양귀인(陽貴人)이고 오(午)는 음귀인(陰貴人)이다. 임(壬)일생에게 지지(地支)의 묘(卯)는 양귀인(陽貴人)이고 사(巳)는 음귀인(陰貴人)이다. 계(癸)일생에게 지지(地支)의 사(巳)는 양귀인(陽貴人)이고 묘(卯)는 음귀인(陰貴人)이다.

천의성(天醫星)

인명을 구한다는 길성(吉星)으로 활인성(活人星)이라고도 한다. 해당하면 의사·간호사·약사·역술인 등으로 나가면 길하다. 인(寅)월생이 지지(地支)에 축(丑)이 있거나, 묘(卯)월생이 지지(地支)에 인(寅)이 있거나, 진(辰)월생이 지지(地支)에 묘(卯)가 있거나, 사(巳)월생이 지지(地支)에 진(辰)이 있거나, 오(午)월생이 지지(地支)에 사(巳)가 있거나, 미(未)월생이 지지(地支)에 오(午)가 있거나, 신(申)월생이 지지(地支)에 미(未)가 있거나, 유(酉)월생이 지지(地支)에 신(申)이 있거나, 술(戌)월생이 지지(地支)에 유(酉)가 있거나, 해(亥)월생이 지지(地支)에 술(戌)이 있거나, 자(子)월생이 지지(地支)에 해(亥)가 있거나, 축(丑)월생이 지지(地支)에 자(子)가 있으면 성립한다.

천인성(天忍星)

당사주법(唐四柱法)의 십이천성(十二天星) 중에서 10번째. 해당하면 성품이 호탕하여 크게 실패해도 한 잔 술로 털어버리고, 고향을 떠나 새롭게 시작하면 성공할 수 있다.

천전(天轉)

일정한 직업에 종사하기 어렵고, 자연재해도 많이 따른다는 흉살(凶殺)이다. 인묘진(寅卯辰)월생이 을묘(乙卯)일에 태어났거나, 사오미(巳午未)월생이 병오(丙午)일에 태어났거나, 신유술(申酉戌)월생이 신유(辛酉)일에 태어났거나, 해자축(亥子丑)월생이 임자(壬子)일에 태어났으면 성립한다.

천주귀인(天廚貴人)

식복이 많고 잘 산다는 길성(吉星)으로 식상(食傷)이 지지(地支)에 암장(暗藏)되어 있는 것을 말한다. 갑병(甲丙)일생이 지지(地支)에 사(巳)가 있거나, 을정(乙丁)일생이 지지(地支)에 오(午)가 있거나, 무(戊)일생이 지지(地支)에 신(申)이 있거나, 기(己)일생이 지지(地支)에 유(酉)가 있거나, 경(庚)일생이 지지(地支)에 해(亥)가 있거나, 임(壬)일생이 지지(地支)에 인(寅)이 있거나, 계(癸)일생이 지지(地支)에 묘(卯)가 있으면 성립한다. 그러나 천주귀인(天廚貴人)이 형충파해(刑沖破害)되면 식복이 반감된다.

천지교태(天地交泰)

천간(天干)과 지지(地支)의 기운이 크게 합(合)한다는 말이다.

천지덕합(天地德合)

천간(天干)에도 합(合)이 있고 지지(地支)에도 합(合)이 있다는 말이다.

천충지충(天沖支沖)

일주(日柱)의 천간(天干)과 지지(地支)가 모두 충(沖)하는 것을 말한다. 해당하면 만사가 중단되고 신상에 변동이 생기며 노상에서 봉변을 당할 수 있다.

천파성(天破星)

당사주법(唐四柱法)의 십이천성(十二天星) 중에서 4번째. 해당하면 온순하며 호기심과 일에 대한 욕심이 많다. 말이 적고 우직해 보이지만 재치가 있어 다른 사람들과 잘 어울린다.

천한지동(天寒地凍)

천간(天干)은 차고 지지(地支)는 얼었다는 말이다.

천합지합(天合地合)

일주(日柱)의 천간(天干)과 지지(地支)가 모두 합(合)하는 것을 말한다. 년운(年運)에서 만나면 눈을 뜨고도 도둑을 맞는 격이니 일확천금을 기대하지 말아야 한다. 그러나 미혼자는 이 운에서 결혼하고, 독신자도 재혼할 수 있다.

천희신(天喜神)

아무리 흉한 일이라도 저절로 좋아져 환희에 넘친다는 길성(吉星)이다. 인(寅)월생이 일지(日支)나 시지(時支)에 미(未)가 있거나,

묘(卯)월생이 일지(日支)나 시지(時支)에 오(午)가 있거나, 진(辰)월생이 일지(日支)나 시지(時支)에 사(巳)가 있거나, 사(巳)월생이 일지(日支)나 시지(時支)에 진(辰)이 있거나, 오(午)월생이 일지(日支)나 시지(時支)에 묘(卯)가 있거나, 미(未)월생이 일지(日支)나 시지(時支)에 인(寅)이 있거나, 신(申)월생이 일지(日支)나 시지(時支)에 축(丑)이 있거나, 유(酉)월생이 일지(日支)나 시지(時支)에 자(子)가 있거나, 술(戌)월생이 일지(日支)나 시지(時支)에 해(亥)가 있거나, 해(亥)월생이 일지(日支)나 시지(時支)에 술(戌)이 있거나, 자(子)월생이나 축(丑)월생이 일지(日支)나 시지(時支)에 유(酉)나 신(申)이 있으면 해당한다.

청격(淸格)

깨끗하며 맑고 관살(官殺)이 혼잡되지 않은 여명을 말한다. 부성(夫星)이 득지(得地)하고, 재성(財星)이 관성(官星)을 생(生)하고, 인수(印綬)가 일주(日柱)를 생조(生助)하고, 한 점의 혼탁함이 없으면 성립한다. 이런 사주는 청귀한 명이 된다.

청명(淸明)

24절기 가운데 5번째 절기. 음력으로는 3월절이며 이 날부터 3월의 월건(月建)이 시작된다. 양력으로는 해마다 4월 4~5일경에 든다. 이 무렵이면 완전히 따뜻해지고 온갖 꽃이 아름답게 핀다.

체용(體用)

사주에는 체(體)와 용(用)이 있는데 체(體)는 격국(格局)을 말하고, 용(用)은 사주에서 가장 필요한 용신(用神)을 말한다. 용신(用

神)이 분명하고 힘이 있으면 진신(眞神)이라 하고, 힘이 없고 분명하지 않으면 가신(假神)이라 한다.

체전지상(體全之象)

수(水) 하나가 3개의 경신금(庚申)을 만나는 것을 말한다. 이 때 무토(戊土)와 갑목(甲木)이 없으면 수(水)의 근원인 금(金)을 전용하여 운이 순세로 가면 부귀가 번개처럼 빨리 찾아온다.

최강지명(最强之命)

득령(得令)·득지(得地)·득세(得勢)를 모두 갖춘 명을 말한다. 이런 사주는 왕희순세(旺喜順勢)로 인비(印比)나 식상(食傷)이 용신(用神)이다.

최약지명(最弱之命)

실령(失令)·실지(失地)·실세(失勢)를 모두 갖춘 명을 말한다. 이런 사주는 태쇠의상(太衰宜傷)으로 재성(財星)·관성(官星)·식상(食傷)이 용신(用神)이다.

추분(秋分)

24절기 중에서 16번째 절기. 음력으로는 8월 26일에 들고, 양력으로는 9월 20일경에 든다. 가을의 한가운데로 이 때부터 낮과 밤의 길이가 같아진다.

추수통원(秋水通源)

가을의 물이 뿌리에 통한다는 말이다.

축미충(丑未沖)

지지충(地支沖) 중의 하나. 지지(地支)에서 축(丑)과 미(未)가 만나면 서로 대립하며 부딪힌다는 뜻이다. 진술충(辰戌沖)과 함께 붕충(朋沖)이라고도 하는데 지장간(支藏干)에서 여기(餘氣)와 중기(中氣)가 충(沖)하여 서로 싸우는 것이다. 해당하면 배반·감금·감호·수술·불구·이별·독수공방·무자식 등이 따른다.

축수양목(蓄水陽木)

물을 간직하여 나무를 기른다는 뜻으로 축(丑) 중의 계수(癸水)와 진(辰) 중의 계수(癸水)를 말한다.

축술미(丑戌未) 삼형(三刑)

지지삼형(地支三刑) 중의 하나. 지지(地支)에서 축술미(丑戌未)가 모두 만나 서로 형(刑)하는 것을 말한다. 형제끼리 다투며 은혜를 모른다고 하여 무은지형(無恩之刑)이라고도 한다. 해당하면 성격이 냉정하고 은인과 친구를 해치며 위장병과 피부병이 따른다. 여기다 사주에 사절(死絶)까지 있으면 은혜를 원수로 갚고 부정을 예사로 저지른다. 특히 여명은 산액이 따른다.

축오해(丑午害)

지지육해(地支六害) 중의 하나. 지지(地支)에서 축(丑)과 오(午)가 만나면 해로운 작용을 한다는 말이다. 육해(六害)는 오랫동안 앓는다는 흉살(凶殺)이니 육친을 함께 살피면서 간명해야 한다.

축요사격(丑遙巳格)

사주의 격(格) 중 하나. 계축(癸丑)이나 신축(辛丑)일생이 지지(地支)에서 축(丑)을 많이 만나면 이루어지는데, 신(辛)일생과 계(癸)일생의 축(丑)이 사(巳)를 요합(遙合)하면 격(格)이 성립한다고 하여 축요사격(丑遙巳格)이라고 하는 것이다. 전실(塡實)이 되는 사(巳)와 반합(半合)하는 자(子)가 세시(歲時)에 있으면 허명과 허리에 허덕인다.

축진파(丑辰破)

지지육파(地支六破) 중의 하나. 지지(地支)에서 축(丑)과 진(辰)이 만나면 서로 파괴한다는 뜻이다.

축토(丑土)

축(丑)은 오행(五行)으로는 토(土)에 해당하니 흙의 성질이 있고, 음양(陰陽)으로는 음(陰)에 해당하고, 일년 중에서는 12월을 관장하고, 띠로는 소에 해당한다.

춘분(春分)

24절기 중에서 4번째 절기. 음력으로는 2월 17일에 들고, 양력으로는 3월 21~22일에 든다. 이 날은 밤과 낮의 길이가 같다.

춘양조열(春陽燥烈)

봄철에 화(火)가 강렬하니 건조하다는 뜻이다.

충(沖)

상충(相沖)이라고도 하는데 성질이 상반되어 서로 대립하며 부딪히는 것을 말한다. 예를 들면 동과 서, 남과 북, 물과 불, 나무와 쇠는 충(沖)의 관계이다. 충(沖)은 모든 살(殺) 중에서 가장 흉한 작용을 하는데 해당하면 불안정하고 육친과 인연이 박하고 병약하거나 단명하는 등 만사에 어려움이 많다. 충(沖)에는 천간(天干)에서 일어나는 천간충(天干沖)과 지지(地支)에서 일어나는 지지충(地支沖)이 있다.

충극(沖剋)
충(沖)과 극(剋)을 합쳐서 부르는 말이다.

충출(沖出)
지장간(支藏干)에 숨어 있는 것을 충(沖)하여 밖으로 나오게 하는 것을 말한다.

충파((沖破)
충(沖)과 파(破)를 합쳐서 부르는 말이다.

칠살(七殺)
편관(偏官)과 같은 뜻으로 일간(日干)을 극(剋)하고 음양(陰陽)이 같은 것을 말한다. 칠살(七殺)은 나를 공격하므로 좋지 않은 것 같지만 위대한 인물들의 명조를 보면 칠살격(七殺格)이 많다.

칠충(七沖)
천간충(天干沖)과 같은 뜻.

타

탁격(濁格)

사주의 격(格)이 탁하다는 뜻으로 오행(五行)이 실위(失位)하고, 수토(水土)가 서로 싸우고, 정부(正夫)인 정관(正官)은 없는데 편부(偏夫)인 편관(偏官)만 잡다하고, 관살(官殺)이 혼잡하고, 재성(財星)·관성(官星)·인수(印綬)·식신(食神)은 없는데 비견(比肩)과 겁재(劫財)만이 난무하는 것을 말한다. 이런 여명은 창기·비첩·음란한 명이 된다.

탐재괴인(貪財壞印)

인수(印綬)가 재성(財星)을 탐내 파괴하는 것을 말한다.

탕화살(湯火殺)

불이나 끓는 물에 데거나 화재를 당하거나 탄환에 부상을 입거나 음독한다는 흉살(凶殺)이다. 인(寅)일생이 지지(地支)에 사(巳)나 신(申)이 있거나, 오(午)일생이 지지(地支)에 오(午)나 진(辰)이나 축(丑)이 있거나, 축(丑)일생이 지지(地支)에 오(午)나 술(戌)이나 미(未)가 있으면 성립한다.

태(胎)

십이운성(十二運星) 중의 하나. 태아가 어머니의 뱃속에 잉태되는 것과 같은 상태를 말한다. 천지만물이 음양(陰陽)이 상교하여 새 생명이 생기는 것처럼 편안하므로 안정적이며 희망적이고 윗사람의 인정을 받는다. 길흉은 어머니에 의하여 결정되니 사주의 좋고

나쁨에 따라 달라진다.

태극(太極)

만물의 근본이자 시작이고, 무(無)에서 유(有)로 변하기 이전의 상태를 말한다. 주역(周易)에서 가장 많이 활용하는데 일양(一陽)과 일음(一陰)으로 구성된다. 예를 들면 일양(一陽)은 위에 있는 효(爻)를 말하고, 일음(一陰)은 밑에 있는 효(爻)를 말하는데, 위에 있는 것은 태양(太陽)이라 하고, 아래에 있는 것은 태음(太陰)이라 한다. 그 다음은 사상(四象)인데 사상(四象)은 춘하추동(春夏秋冬)을 말하고, 그 다음은 팔괘(八卦)인데 팔괘(八卦)는 건(乾)·태(兌)·이(離)·진(震)·손(巽)·감(坎)·간(艮)·곤(坤) 8가지를 말한다.

태극귀인(太極貴人)

부귀와 공명을 이룬다는 길성(吉星)이다. 자오(子午)년생이 갑을(甲乙)일에 태어났거나, 묘유(卯酉)년생이 병정(丙丁)일에 태어났거나, 진술축미(辰戌丑未)년생이 무기(戊己)일에 태어났거나, 인해(寅亥)년생이 경신(庚申)일에 태어났거나, 사신(巳申)년생이 임계(壬癸)일에 태어났으면 성립한다.

태백살(太白殺)

남녀 모두 고독·빈천·단명·잔병으로 고생한다는 흉살(凶殺)이다. 년지(年支)를 기준으로 월지(月支)를 본다. 자(子)년생이 월지(月支)에 사(巳)가 있거나, 축(丑)년생이 월지(月支)에 축(丑)이 있거나, 인(寅)년생이 월지(月支)에 유(酉)가 있거나, 묘(卯)년생이

월지(月支)에 사(巳)가 있거나, 진(辰)년생이 월지(月支)에 축(丑)
이 있거나, 사(巳)년생이 월지(月支)에 유(酉)가 있거나, 오(午)년
생이 월지(月支)에 사(巳)가 있거나, 미(未)년생이 월지(月支)에
축(丑)이 있거나, 신(申)년생이 월지(月支)에 유(酉)가 있거나, 유
(酉)년생이 월지(月支)에 사(巳)가 있거나, 술(戌)년생이 월지(月
支)에 축(丑)이 있거나, 해(亥)년생이 월지(月支)에 유(酉)가 있으
면 해당한다.

태쇠의상(太衰宜傷)

최약지명(最弱之命)으로 구제할 수 없으면 인성(印星)이나 비겁
(比劫)으로 방조(幇助)하지 않고 관성(官星)으로 상(傷)하게 하는
것을 말한다.

토극수(土剋水)

오행상극(五行相剋) 중의 하나. 토수상극(土水相剋)이라고도 하는
데 토(土)는 수(水)를 극(剋)한다는 말이다. 물은 흙을 만나면 흐
르지 못하기 때문이다.

토다금매(土多金埋)

토(土)는 금(金)을 생(生)하나 토(土)가 많으면 금(金)이 흙에 묻
힌다는 뜻이다. 이 때는 금(金)의 재성(財星)인 목(木)으로 토(土)
를 다스리면 금(金)이 다시 살아날 수 있다.

토다목절(土多木折)

목(木)은 능히 토(土)를 극(剋)할 수 있으나 땅이 단단하면 뿌리가

부러진다는 말이다. 이 때는 목(木)의 비견(比肩)이나 인수(印綬)로 토(土)를 다스려야 한다.

토다화회(土多火晦)

화(火)는 능히 토(土)를 생(生)할 수 있으나 토(土)가 많으면 꺼진다는 말이다. 이 때는 인성(印星)인 목(木)으로 토(土)를 억제하여 화(火)를 살려야 한다.

토생금(土生金)

오행상생(五行相生) 중의 하나. 토금상생(土金相生)이라고도 하는데 토(土)는 금(金)을 생(生)한다는 말이다.

통관(通關)

두 오행(五行)이 상극(相剋)되어 막혀 있을 때 중간에서 통하게 해주는 것을 말한다.

통근(通根)

뿌리가 있다는 뜻으로 지장간(支藏干)에 같은 기운이 있는 것을 말한다.

투간(透干)

지장간(支藏干)에 있는 오행(五行)이 천간(天干)에도 있는 것을 말한다.

투출(透出)

투간(透干)과 같은 뜻.

파

파(破)

지지육파(地支六破)와 같은 뜻.

파격(破格)

어떤 격(格)을 이루는데 부합되지 않거나 해치는 것이 있어 격(格)이 성립하지 않는 것을 말한다.

파록(破祿)

빈천하게 살아간다는 흉살(凶殺)이다. 건록(健祿)을 충(沖)하여 녹(祿)을 깨트리는 것을 말하는데 성격은 정관(正官)과 비슷하다. 갑신(甲申)·을유(乙酉)·경인(庚寅)·신묘(辛卯)일생이면 해당한다.

파조공망(破祖空亡)

조상의 업을 깨트린다는 흉살(凶殺)이다. 갑을(甲乙)일생이 지지(地支)에 오(午)가 있거나, 병정(丙丁)일생이 지지(地支)에 신(申)이 있거나, 무기(戊己)일생이 지지(地支)에 술(戌)이 있거나, 경신(庚辛)일생이 지지(地支)에 자(子)가 있거나, 임계(壬癸)일생이 지지(地支)에 인(寅)이 있으면 해당한다.

파료상관(破了傷官)

상관(傷官)이 손상되었다는 말이다.

파자살(破字殺)

빈천하며 흉한 운을 만나면 몇 번이고 파산한다는 최고의 흉살(凶

殺)이다. 갑자(甲子) · 갑술(甲戌) · 갑신(甲申) · 갑오(甲午) · 갑진
(甲辰) · 갑인(甲寅) · 을미(乙未) · 병신(丙申) · 정유(丁酉) · 정미
(丁未) · 무신(戊申) · 기유(己酉) · 기미(己未) · 경신(庚申) · 신미
(辛未) · 임신(壬申) · 계유(癸酉) · 계미(癸未) · 계사(癸巳) · 계묘
(癸卯) · 계축(癸丑) · 계해(癸亥)일생이면 해당한다.

팔자(八字)

사주의 년주(年柱) · 월주(月柱) · 일주(日柱) · 시주(時柱)의 글자
가 모두 8개이므로 붙은 이름이다.

팔전(八專)

전록(專祿)이라고도 하는데 신왕운(身旺運)을 만나면 갑자기 행운
이 찾아온다. 그러나 사주나 운에서 관살(官殺)이나 형충파해(刑沖
破害)를 만나면 화환이 백출하고, 평생 하는 일이 시작은 좋으나
결과가 좋지 않고, 괴로움과 빈곤이 태산과 같다. 갑인(甲寅) · 을묘
(乙卯) · 경신(庚申) · 신유(辛酉)일생이면 해당한다.

편관(偏官)

십신(十神) 중의 하나. 일간(日干)과 음양(陰陽)이 같고, 일간(日
干)을 극(剋)하는 것으로 나를 괴롭히는 신(神)이다. 적당히 통제
하면 이로우나 그렇지 않으면 반항하며 괴롭힌다. 신약(身弱)한데
편관운(偏官運)을 만나면 흉하나 편관(偏官)은 무관 · 권력 등을
상징하므로 신강(身强)하여 식신(食神)이 편관(偏官)을 극제(剋制)
하면 권력을 잡기도 한다. 남명은 자녀에 해당하고, 여명은 남편의
형제 · 형부 · 제부 등에 해당한다.

편관격(偏官格)

사주의 격(格) 중 하나. 편관(偏官)이 월지(月支)에 암장(暗藏)되었는데 천간(天干)에도 투출(透出)하면 성립한다. 편관(偏官)을 극(剋)하는 식신(食神)이나 편관(偏官)을 변하게 하는 인성(印星)이 있으면 유용한 신(神)이 된다. 만일 식신(食神)이 없으면 편관(偏官)은 칠살(七殺) 역할을 한다. 편관격(偏官格)은 신강(身强)해야 편관(偏官)을 제압하여 귀격을 이룬다.

편인(偏印)

십신(十神) 중의 하나. 일간(日干)을 생(生)하고, 일간(日干)과 음양(陰陽)이 다른 것을 말하는데 효신살(梟神殺) 또는 도식(倒食)이라고도 한다. 추리론법(推理論法)으로는 정인(正印)과 같으나 편중된 학문이나 기예로 장구성과 발전성이 없어 허리허명과 유명무실이 되기 쉽다. 육친으로는 이모·계모·조부에 해당한다.

편인격(偏印格)

사주의 격(格) 중 하나. 인성(印星)이 월지(月支)에 암장(暗藏)되었는데 천간(天干)에도 투출(透出)한 것을 말하는데, 다른 주(柱)에 정인(正印)과 편인(偏印)이 혼잡되지 않아야 성립한다. 해당하면 겉으로는 군자처럼 보이나 약속을 잘 지키지 않고, 무슨 일이든 시작은 잘 하나 결과가 좋지 않고, 수명과 복록이 약하고, 자존심이 강하며 눈치가 빠르고, 임기응변에는 능하나 실천하는 데는 허점이 많다. 이런 사주는 의약·역술·배우·요리·유흥·교육 계통으로 나가는 경우가 많다.

편재(偏財)

십신(十神) 중의 하나. 일간(日干)과 음양(陰陽)이 같고, 일간(日干)이 극(剋)하는 것을 말한다. 편재(偏財)는 대중의 재물이므로 노력해야 얻을 수 있다. 따라서 신강(身强)하면 재능이 우수하고 융통성이 많으며 자유자재로 활용하여 큰 재물을 얻을 수 있다. 육친으로는 아버지·애인·처남·숙부·고모에 해당하고, 여명은 시어머니에 해당한다.

편재격(偏財格)

사주의 격(格) 중 하나. 편재(偏財)가 월지(月支)에 암장(暗藏)되었는데 천간(天干)에도 투출(透出)하면 성립한다. 해당하면 융통성이 있으나 재물을 가볍게 여기고, 여자관계가 복잡하고, 고향을 떠나 타향에서 자수성가한다. 신약(身弱)하면 풍류를 좋아하나 재물이 모이지 않고, 가정을 돌보지 않고, 초조한 형상이다. 그러나 운을 만나면 발재가 빠르다. 편재격(偏財格)은 비견(比肩)을 두려워하고 정재격(正財格)은 겁재(劫財)를 두려워한다.

평두살(平頭殺)

혼담에 말썽이 많고 설사 성사되어도 파혼하는 경우가 많다는 흉살(凶殺)이다. 그러나 종교나 성직에는 독실한 뜻이 있다. 갑자(甲子)·갑진(甲辰)·갑인(甲寅)·병인(丙寅)·병술(丙戌)·병진(丙辰)일생이면 해당한다.

포태법(胞胎法)

십이운성(十二運星)과 같은 뜻.

폭패살(暴敗殺)

자신의 실력을 믿고 무리하다 몸을 망치고 직업에서도 실패한다는 흉살(凶殺)이다. 인묘진(寅卯辰)월생이 지지(地支)에 해(亥)나 미(未)나 술(戌)이 있거나, 사오미(巳午未)월생이 지지(地支)에 자(子)나 진(辰)이나 사(巳)가 있거나, 신유술(申酉戌)월생이 지지(地支)에 신(申)이나 유(酉)나 축(丑)이 있거나, 해자축(亥子丑)월생이 지지(地支)에 인(寅)이나 묘(卯)나 오(午)가 있으면 해당한다.

하

하지(夏至)

24절기 중에서 10번째 절기. 음력으로는 5월 21일에 들고, 양력으로는 6월 21~22일에 든다. 여름의 중간으로 일년 중에서 낮의 길이는 가장 길고 밤의 길이는 가장 짧다.

학당귀인(學堂貴人)

두뇌가 총명하여 학문이나 교직으로 나가면 좋다는 길성(吉星)이다. 십이운성(十二運星)으로는 일간(日干)에 장생(長生)이 드는 것을 말한다. 갑(甲)일생이 지지(地支)에 해(亥)가 있거나, 을(乙)일생이 지지(地支)에 오(午)가 있거나, 병(丙)이나 무(戊)일생이 지지(地支)에 인(寅)이 있거나, 정(丁)이나 기(己)일생이 지지(地支)에 유(酉)가 있거나, 경(庚)일생이 지지(地支)에 사(巳)가 있거나, 신(辛)일생이 지지(地支)에 자(子)가 있거나, 임(壬)일생이 지지(地支)에 신(申)이 있거나, 계(癸)일생이 지지(地支)에 묘(卯)가 있으면 해당한다.

한난조습(寒暖燥濕)

차고 덥고 건조하고 습하다는 뜻이다.

한로(寒露)

24절기 중에서 17번째 절기. 음력으로는 9월 13일에 들고, 양력으로는 10월 8일경에 든다. 한로(寒露)는 찬 이슬이 내린다는 뜻으로 이 때부터 공기가 점점 차가워진다. 세시명절인 중양절(重陽節)과 비슷하다.

한식(寒食)

세시명절 중의 하나. 동지(冬至)에서 105일째 되는 날이다. 이 날 나라에서는 종묘와 각 능원에 제향하고, 민간에서는 성묘한다.

한신(閑神)

무해무덕한 신(神)을 말한다.

합(合)

사주에서 오행이 만나 합(合)을 한다는 뜻이다. 합(合)에는 천간합(天干合)·지지합(地支合)·암합(暗合)·우합(隅合)·반합(半合)·유합(類合)·방합(方合)이 있다. 사주를 간명할 때는 합(合)으로 인하여 변한 오행(五行)도 강약을 따져야 하는데 근합(近合)은 강하고 원합(遠合)은 약하다. 그러나 충(沖)되면 합(合)이 깨지므로 합(合)으로 보지 않는다. 사주에 합(合)이 많으면 남녀를 막론하고 이성문제로 재산을 탕진한다.

합거관(合去官)

정관(正官)이 합(合)되어 다른 오행(五行)으로 변해서 정관(正官) 역할을 하지 못하는 것을 말한다.

합관유살(合官有殺)

정관(正官)은 합(合)되어 다른 오행(五行)으로 변하고 편관(偏官)만 남아 있는 것을 말한다.

합다합정(合多合情)

합(合)이 많으면 정도 많다는 뜻이다.

합신(合神)

합(合)하는 신(神)을 말한다.

합화(合化)

합(合)을 하여 변하는 것을 말한다.

합록격(合祿格)

사주의 격(格) 중 하나. 육무(六戊)일 경신(庚申)시, 육계(六癸)일 경신(庚申)시생이면 성립한다. 신궁(申宮) 경금(庚金)은 묘(卯) 중의 을목(乙木)을 움직이게 하는데 을목(乙木)은 무(戊)일의 정관(正官)이 되고, 묘(卯)는 정관(正官) 을목(乙木)의 녹(祿)이 되어 관록(官祿)이 된다. 육계(六癸)일 신(申)시생은 사신합(巳申合)으로 사(巳)를 움직이게 하여 사(巳) 중의 무토(戊土)가 계(癸)일의 정관(正官)이 되고, 사(巳)는 정관(正官) 무토(戊土)의 녹(祿)이 되므로 합록(合祿)이 된다.

합살유관(合殺留官)

편관(偏官)은 합(合)이 되어 다른 오행(五行)으로 변하고 정관(正官)만 남는 것을 말한다.

해(害)

지지육해(地支六害)와 같은 뜻.

해묘미(亥卯未) 삼합(三合)

지지삼합(地支三合) 중의 하나. 지지(地支)에서 해묘미(亥卯未)가 모두 만나 합(合)을 이루는 것을 말하는데 오행은 목(木)으로 변한다. 이 중에서 해묘(亥卯)·묘해(卯亥)·해미(亥未) 등 두 글자만 만나도 합(合)을 이루는데 이것을 반합(半合)이라고 한다. 사주에 삼합(三合)이 있으면 폭넓은 인생을 살며 사교술에 능하다.

해묘미합목(亥卯未合木)

해묘미(亥卯未) 삼합(三合)과 같은 뜻.

해묘합(亥卯合)

해묘미(亥卯未) 중에서 해(亥)와 묘(卯)만 만나 합(合)을 이루는 반합(半合)이다. 해묘미(亥卯未) 삼합(三合)처럼 오행(五行)이 목(木)으로 변하나 작용력은 떨어진다.

해미합(亥未合)

해묘미(亥卯未) 중에서 해(亥)와 미(未)만 만나 합(合)을 이루는 반합(半合)이다. 해묘미(亥卯未) 삼합(三合)처럼 오행(五行)이 목(木)으로 변하나 작용력은 떨어진다.

해수(亥水)

해(亥)는 오행(五行)으로는 수(水)에 해당하니 물의 성질이 있고, 체(體)는 음(陰)이며 용(用)은 장간(藏干)의 순양(純陽)을 따라 양(陽)이 된다. 일년 중에서는 10월을 관장하고, 띠로는 돼지에 해당한다.

해신해(亥申害)

지지육해(地支六害) 중의 하나. 지지(地支)에서 해(亥)와 신(申)이 만나면 해로운 작용을 한다는 말이다. 육해(六害)는 오랫동안 앓는다는 흉살(凶殺)이니 육친을 함께 살피면서 간명해야 한다.

해형해(亥刑亥)

자형(自刑) 중의 하나. 지지(地支)에서 같은 글자인 해(亥)와 해(亥)가 만나 서로 형(刑)하는 것을 말한다. 해당하면 물이 많으니 물을 조심하고, 주색으로 인한 패가망신을 조심하고, 인내심을 길러야 한다.

현무(玄武)

육신(六神) 중의 하나. 임계(壬癸)일을 주관하고, 수(水) 방위인 북쪽을 지킨다.

현무당권격(玄武當權格)

사주의 격(格) 중 하나. 현무(玄武)는 북방의 임계수(壬癸水)를 말하고, 당권(當權)은 관권과 금권을 모두 가졌다는 뜻이다. 만일 사주에 충파(沖波)가 없으면 왕실을 보좌하며 두각을 나타낸다. 임계

(壬癸)일생이 지지(地支)에 인오술(寅午戌)의 재성(財星)과 진술축미(辰戌丑未)의 관성(官星)을 모두 갖추면 성립한다.

혈지(血支)

교통사고나 부상 등 불의의 사고를 당한다는 흉살(凶殺)이다. 해당하면 위장병과 복부 건강에 신경써야 한다. 인(寅)월생이 지지(地支)에 술(戌)이 있거나, 묘(卯)월생이 지지(地支)에 해(亥)가 있거나, 진(辰)월생이 지지(地支)에 자(子)가 있거나, 사(巳)월생이 지지(地支)에 축(丑)이 있거나, 오(午)월생이 지지(地支)에 인(寅)이 있거나, 미(未)월생이 지지(地支)에 묘(卯)가 있거나, 신(申)월생이 지지(地支)에 진(辰)이 있거나, 유(酉)월생이 지지(地支)에 사(巳)가 있거나, 술(戌)월생이 지지(地支)에 오(午)가 있거나, 해(亥)월생이 지지(地支)에 미(未)가 있거나, 자(子)월생이 지지(地支)에 신(申)이 있거나, 축(丑)월생이 지지(地支)에 유(酉)가 있으면 해당한다.

협구공재격(夾丘供財格)

사주의 격(格) 중 하나. 공록(拱祿)이나 공귀격(拱貴格)과 비슷한데 공록격(拱祿格)은 일(日)과 시(時)에서 녹(祿)을 협공(挾供)하여 이룬 격(格)이고, 공귀격(拱貴格)은 일(日)과 시(時)에서 관귀(官貴)를 협공(挾供)하여 이룬 격(格)이고, 협구공재격(夾丘供財格)은 일(日)과 시(時)에서 재(財)를 협공(挾供)하여 이룬 격(格)이다. 격(格)이 순수하면 부귀를 누리나 흉운(凶運)을 만나면 빈곤해진다.

협록(夾祿)

보기와는 달리 복과 덕이 많고, 주위 사람의 도움을 많이 받고, 재산이 많아 편안하게 산다는 길성(吉星)이다. 갑(甲)일생이 지지(地支)에 축묘(丑卯)가 모두 있거나, 을(乙)일생이 지지(地支)에 인진(寅辰)이 모두 있거나, 병(丙)일생이 지지(地支)에 진오(辰午)가 모두 있거나, 정(丁)일생이 지지(地支)에 사미(巳未)가 모두 있거나, 무(戊)일생이 지지(地支)에 진오(辰午)가 모두 있거나, 기(己)일생이 지지(地支)에 사미(巳未)가 모두 있거나, 경(庚)일생이 지지(地支)에 미유(未酉)가 모두 있거나, 신(辛)일생이 지지(地支)에 신술(申戌)이 모두 있거나, 임(壬)일생이 지지(地支)에 술자(戌子)가 모두 있거나, 계(癸)일생이 지지(地支)에 해축(亥丑)이 모두 있으면 성립한다. 예를 들어 갑(甲)일생이 지지(地支)에 축묘(丑卯)가 있으면 해당하는데, 축묘(丑卯) 사이에 갑(甲)의 녹(祿)인 인(寅)이 숨어 있어 협록(夾祿)이라고 하는 것이다. 다른 일간(日干)도 이와 같이 본다.

형(形)

삼형(三刑)·상형(相刑)·자형(自刑) 등을 말하는데 형액을 암시한다. 해당하면 고집·독선·호언장담으로 인한 실패와 관액이 따르고, 성격이 포악하며 배신을 잘하고 사람을 이용하려고 한다. 그러나 형벌권이나 의술이 있으면 길하다.

형전형결(形全形缺)

형전(形全)은 오행(五行)이 완전한 것을 말하고, 형결(形缺)은 오행(五行)이 부족한 것을 말한다.

형합격(刑合格)

사주의 격(格) 중 하나. 육계(六癸)일 갑인(甲寅)시생이면 성립한
다. 계유(癸酉)일·계해(癸亥)일·계묘(癸卯)일은 진격(眞格)이고,
계사(癸巳)일·계미(癸未)일·계축(癸丑)일은 비진격(非眞格)으로
파격(破格)이 되어 좋지 않다. 계(癸)일 인(寅)시생이 아무 방해없
이 격(格)을 이루면 부귀를 누리나 관성(官星) 칠살(七殺)을 만나
면 재액이 따른다. 만일 사주에서 유축(酉丑)을 만나면 무관(戊官)
을 형출(刑出)하고 유축(酉丑) 인수(印綬)로 관인상생(官印相生)을
하여 영웅호걸이 된다.

호환재록(互換財祿)

재(財)와 녹(祿)이 바뀌어 있을 때 서로 바꾸어 쓴다는 말이다.

홍염살(紅艶殺)

해당하면 다정다감하며 주색과 풍류를 좋아하고, 여명은 밀통으로
사생아를 낳을 수도 있다. 갑(甲)일생이 지지(地支)에 신(申)이 있
거나, 을(乙)일생이 지지(地支)에 오(午)가 있거나, 병(丙)일생이
지지(地支)에 인(寅)이 있거나, 정(丁)일생이 지지(地支)에 미(未)
가 있거나, 무(戊)일생이 지지(地支)에 진(辰)이 있거나, 기(己)일
생이 지지(地支)에 진(辰)이 있거나, 경(庚)일생이 지지(地支)에
술(戌)이 있거나, 신(辛)일생이 지지(地支)에 유(酉)가 있거나, 임
(壬)일생이 지지(地支)에 자(子)가 있거나, 계(癸)일생이 지지(地
支)에 신(申)이 있으면 해당한다.

화개(華蓋)

십이신살(十二神殺) 중의 하나. 삼합(三合)의 끝자리로 진술축미(辰戌丑未)를 모두 말하는데, 사묘(四墓) 또는 사고(四庫)라고도 한다. 정통승도·종교인·수도인·학문·예능을 상징한다. 해당하면 예술에 소질이 있어 문장·지혜·정서가 발달하나 지나치면 수도인이 된다.

화격(和格)

화(和)는 화목하고 온화하다는 뜻이다. 신주(身主)가 약하고 부성(夫星)이 1개 있는데 사주에 형충파해(刑沖破害)가 없으면 관성(官星)이 상하지 않는다. 설령 관살(官殺)이 혼잡해도 합거살(合去殺)이나 합거관(合去官)으로 중화시키면 화격(和格)을 이루어 귀부인의 명이 된다.

화극금(火剋金)

오행상극(五行相剋) 중의 하나. 화금상극(火金相剋)이라고도 하는데 화(火)는 금(金)을 극(剋)한다는 말이다. 쇠는 불을 만나야 기물을 이루지만 녹아버리기 때문이다.

화다목분(火多木焚)

목(木)은 능히 화(火)를 생(生)하나 화(火)가 많으면 타버린다. 이때는 인성(印星)인 수(水)로 화(火)를 끄거나 재성(財星)인 토(土)로 화(火)를 설기(泄氣)하면 화(火)가 사그라져 목(木)이 다시 살아날 수 있다.

화다수갈(火多水渴)

수(水)는 능히 화(火)를 극(剋)할 수 있으나 화(火)가 많으면 수(水)가 고갈된다. 이 때는 수(水)로 수(水)를 강화시키면 화(火)가 꺼지므로 수(水)는 다시 생기를 얻어 화(火)를 다스릴 수 있다.

화다토조(火多土燥)

토(土)는 화(火)의 생(生)을 받으나 화(火)가 많으면 말라버린다. 이 때는 토(土)의 재성(財星)인 수(水)로 화(火)를 누르고 토(土)를 적시면 토(土)는 다시 살아날 수 있다. 이것은 상생(相生)이 아니라 역생(逆生)인 수생토(水生土)이다.

화상(化象)

일간(日干)이 근합(近合)을 하여 변한 오행(五行)이 월지(月支)와 같은 것을 말한다. 갑기(甲己)일생이 간합(干合)이 있는데 진술축미(辰戌丑未)월에 태어났거나, 을경(乙庚)일생이 간합(干合)이 있는데 신유(申酉)월에 태어났거나, 병신(丙辛)일생이 간합(干合)이 있는데 해자(亥子)월에 태어났거나, 정임(丁壬)일생이 간합(干合)이 있는데 인묘(寅卯)월에 태어났거나, 무계(戊癸)일생이 간합(干合)이 있는데 사오(巳午)월에 태어났으면 해당한다. 이 화상(化象)이 월(月)이나 시(時)에서 하나를 얻어 화상(化象)의 오행(五行)을 얻으면 진격(眞格)이 되는데 보기보다 부귀를 많이 누린다고 한다.

화생토(火生土)

오행상생(五行相生) 중의 하나. 화토상생(火土相生)이라고도 하는데 화(火)는 토(土)를 생(生)한다는 말이다. 불에 타고나면 재가

남고, 그 재는 흙이 되는 이치와 같다.

화신(化神)
합(合)하여 변하는 것을 말한다.

화신설수(化神泄秀)
합(合)으로 변한 신(神)이 다시 설(泄)하여 좋게 한다는 말이다.

화위설상(化爲泄傷)
일간(日干)과 합(合)하여 변한 오행(五行)이 다른 것을 많이 생(生)하여 지나치게 설(泄)되었다는 뜻이다.

화지진가(化之眞假)
화신(化神)이 아무 방해없이 진(眞)으로 변하거나 그 화신(化神)이 거짓으로 변하였는가의 진가를 가리는 것을 말한다.

황은대사(皇恩大赦)
중죄를 범해도 곧 사면된다는 길성(吉星)이다. 인(寅)월생이 지지(地支)에 술(戌)이 있거나, 묘(卯)월생이 지지(地支)에 축(丑)이 있거나, 진(辰)월생이 지지(地支)에 인(寅)이 있거나, 사(巳)월생이 지지(地支)에 사(巳)가 있거나, 오(午)월생이 지지(地支)에 유(酉)가 있거나, 미(未)월생이 지지(地支)에 묘(卯)가 있거나, 신(申)월생이 지지(地支)에 자(子)가 있거나, 유(酉)월생이 지지(地支)에 오(午)가 있거나, 술(戌)월생이 지지(地支)에 해(亥)가 있거나, 해(亥)월생이 지지(地支)에 진(辰)이 있거나, 자(子)월생이 지지(地支)에 신(申)이 있거나, 축(丑)월생이 지지(地支)에 미(未)가 있으면 해당한다.

회동제궐(會同帝闕)

나랏님이 사는 궁궐이라는 뜻으로 술해(戌亥)가 깊은 궁궐에 있는 것처럼 감추고 있다는 뜻이다.

회방(會方)

방국(方局)과 같은 뜻.

효신살(梟神殺)

어머니와 일찍 이별하거나 아버지에게 본처가 있다는 살(殺)이다. 갑자(甲子)·을해(乙亥)·병인(丙寅)·정묘(丁卯)·무오(戊午)·기사(己巳)·경진(庚辰)·경술(庚戌)·신미(辛未)·신축(辛丑)·임신(壬申)·계유(癸酉)일생이 일지(日支)에 인수(印綬)가 있으면 해당한다.

효자봉친(孝子奉親)

자손은 많은데 어머니는 쇠했다는 뜻. 자중모쇠(子重母衰)에 재성(財星)이 없어 모자가 정답게 살아간다는 말이다.

후천수(後天數)

선천수(先天數)가 태호복희(太昊伏羲) 시대의 것이라면 중천수(中天數)와 후천수(後天數)는 주(周)나라 문왕(文王) 시대의 것이다. 이 모두는 천간(天干)과 지지(地支)에 각각 배정한 수를 말하는데 다음과 같다. 갑인(甲寅)은 3, 을묘(乙卯)는 8, 병오(丙午)는 7, 정사(丁巳)는 2, 무진(戊辰)은 5, 기축미(己丑未)는 10, 경신(庚申)은 9,

신유(辛酉)는 4, 임자(壬子)는 1. 계해(癸亥)는 6에 해당한다.

흉성(凶星)

나쁜 작용을 하는 신(神). 반대는 길성(吉星)이다.

흉신(凶神)

흉성(凶星)과 같은 뜻.

희신(喜神)

용신(用神)을 도와주는 신(神)으로 약신(藥神)이라고도 한다.

| 제 II 부 |

명리숙어편

■ 가

가지상관(假之傷官) 재관위용(財官爲用)

가상관격(假傷官格)은 재성(財星)과 관성(官星)으로 용신(用神)을 삼아야 한다.

가신용사(假神用事) 녹록부생(碌祿浮生)

파격(破格)에 용신(用神)도 쓸 수 없으면 보잘것 없는 인생이 되어 떠돌아 다닌다.

간여지동(干與支同) 손재상처(損財傷妻)

일주(日柱)의 천간(天干)과 지지(地支)가 같으면 아내와 재물이 손상된다.

강자의제(强者宜制) 약자의보(弱者宜補)

강한 오행(五行)은 제도하는 것이 좋고, 약한 오행(五行)은 보충하는 것이 좋다.

격국기정(格局旣定) 용신가변(用神可變)

격국(格局)은 월지(月支)에 따라 결정되고, 용신(用神)은 사주의 강약과 한난조습(寒暖燥濕)에 따라 결정된다.

격국즉희(格局卽喜) 순발안평(順發安平)

격국(格局)이 좋으면 순조롭게 발전하며 편안하다.

공귀공록(拱貴拱祿) 최기진실(最忌瞋實)

공귀(拱貴)와 공록(拱祿)은 진실한 것을 가장 두려워한다.

관명고저(官名高低) 관인경중(官印輕重)

관직의 높고 낮음은 관성(官星)과 인성(印星)의 경중에 의한다.

관중무인(官重無印) 욕고무성(慾高無成)

관성(官星)이 중한데 인성(印星)이 없으면 높은 관직에 욕심은 있으나 출세하기는 어렵다.

귀록전록(歸祿專祿) 자수성가(自手成家)

귀록격(貴祿格)과 전록격(專祿格) 사주는 자수성가할 명이다.

금백수청(金白水淸) 총명과인(聰明過人)

금수상생(金水相生)으로 사주가 맑으면 남달리 총명하며 결백하다.

금왕득화(金旺得火) 방성기명(方成器皿)

금(金)이 왕성하면 화(火)를 만나야 기물을 이룰 수 있다.

금능생수(金能生水) 수다금침(水多金浸)

금(金)은 능히 수(水)를 생하나 수(水)가 넘치면 잠긴다.

금능극목(金能金木) 목견금결(木堅金缺)

금(金)은 능히 목(木)을 극(剋)하나 목(木)이 강하면 금(金)은 오히려 이지러진다.

금뢰생토(金賴生土) 토다금매(土多金埋)

금(金)은 토(土)에서 생출(生出)되나 토(土)가 많으면 빛을 보지 못한다.

금수상관(金水傷官) 선관후재(先官後財)

금수상관격(金水傷官格)은 화관(火官)을 용신(用神)으로 삼고, 목재(木財)를 희신(喜神)으로 삼아야 한다.

길신태로(吉神太露) 기쟁지풍(起爭之風)

길신(吉神)도 너무 많으면 싸움이 일어난다.

■ 나

남다양인(男多羊刃) 필시중혼(必是重婚)

남명이 양인살(羊刃殺)이 중첩되면 반드시 여러 번 혼인한다.

남범사패(男犯四敗) 굴곡파란(屈曲破瀾)

남명이 사패(四敗)에 휘말리면 파란곡절이 많다.

년월상충(年月相沖) 조출타향(早出他鄉)

년(年)이 월(月)을 충(沖)하면 고향을 일찍 떠난다.

년월희신(年月喜神) 선조유덕(先祖有德)

년(年)이나 월(月)에 희신(喜神)이 있으면 조상덕이 있다.

■ 다

단교관살(斷橋關殺) 수족이상(手足異常)

사주에 단교관살(斷橋關殺)이 있으면 손발에 이상이 생긴다.

대병득약(大病得藥) 대부대귀(大富大貴)

사주에 큰 병이 있는데 운에서 약을 만나면 대부대귀격을 이룬다.

덕승재자(德勝財者) 군자지풍(君子之風)

인성(印星)이 재성(財星)을 이기면 군자의 풍을 지닌다.

도식중중(倒食重重) 낙태빈번(落胎頻繁)

여명이 도식(倒食)이 많으면 낙태를 많이 한다.

득비이재(得比理財) 형제득력(兄弟得力)

비겁(比劫)이 재성(財星)을 다스리면 형제덕이 좋다.

■ 마

명관과마(明官跨馬) 유등부인(有等夫人)

여명에서 지지(地支)의 재마(財馬)가 천간(天干)의 관성(官星)을 잘 생(生)하는 것을 말한다.

명관과마(明官跨馬) 필왕부야(必旺夫也)

여명이 정관(正官)이 재성(財星) 위에 앉아 재성(財星)의 도움을 받으면 반드시 두각을 나타내는 남편을 만난다.

명암부집(明暗夫集) 난봉빈번(鸞鳳頻繁)

여명이 정편관(正偏官)이 명암으로 중첩되면 바람을 많이 피운다.

목화상관(木火傷官) 선인후관(先印後官)

목화상관(木火傷官)은 인성(印星)으로 용신(用神)을 삼고, 관성(官

星)으로 희신(喜神)을 삼아야 한다.

목화통명(木火通明) 고학박식(高學博識)

목화(木火)가 잘 통하는 명은 학문이 높고 박식하다.

■ 바

배록축마(背祿逐馬) 재명낙조(財名落照)

관귀(官鬼)가 수제(受制)되거나 절(絶)되고 재마(財馬)가 비겁(比劫)을 만나면 재물운이 사라진다.

배합간지(配合干支) 정인화복(定人禍福)

간지(干支)의 배합여부가 화복을 결정한다.

백호대살(白虎大殺) 혈광지신(血光之神)

사주에 백호대살(白虎大殺)이 있으면 해당하는 육친(六親)이 혈광사를 당한다.

부성입묘(夫星入墓) 원비이로(鴛飛異路)

여명이 세운(歲運)에서 부성(夫星)이 입묘(入墓)하거나 부성(夫星)이 절지(絶地)로 들어가면 배우자와 이별한다.

부자인연(父子因緣) 차연숙세(此緣宿世)

부자의 인연은 후생에서 숙세까지 이어진다.

부처인연(夫妻因緣) 숙세지래(宿世之來)

부부의 인연은 오랜 세월의 인연에서 오는 것이다.

빈부지원(貧富之源) 식재경중(食財輕重)

빈부는 식상(食傷)과 재성(財星)의 경중에 의한다.

■ 사

사주배정(四柱配定) 년근위본(年根爲本)

사주에서는 년주(年柱)가 근본이다.

살인상생(殺印相生) 구반은덕(仇反恩德)

무서운 살(殺)이 인성(印星)을 생(生)하면 인성(印星)이 나를 생
(生)하니 살(殺)은 은덕이 된다.

살인상생(殺印相生) 생살위권(生殺威權)

살인상생(殺印相生)이 있으면 생살을 다루는 직업에 종사한다.

삼원지리(三元之理) 만법지원(萬法之元)

천인지(天人地)의 이치는 모든 법의 근원이다.

상관견관(傷官見官) 관송다발(官訟多發)

상관(傷官)이 관성(官星)을 만나면 관재와 송사가 많이 따른다.

상관견관(傷官見官) 위화백단(爲禍百端)

상관(傷官)이 관성(官星)을 만나면 백 가지 화가 따른다.

상관무재(傷官無財) 수교필빈(雖巧必貧)

사주에 상관(傷官)이 있으나 재성(財星)이 없으면 비록 재주가 있
으나 반드시 가난하다.

상관무재(傷官無財) 후사종무(後嗣從無)

남명이 상관(傷官)이 왕성한데 통관(通關)시키는 재성(財星)이 없으면 후사를 이을 자식이 없다.

상관집도(傷官執刀) 장상공후(將相公候)

상관(傷官)이 양인(羊刃)에 해당하면 높은 벼슬에 오른다.

상관파관(傷官破官) 생자별부(生子別夫)

여명이 상관(傷官)이 관성(官星)을 파(破)하면 자식을 낳은 후 남편과 헤어진다.

상불견관성(傷不見官星) 유위정결(猶爲貞潔)

사주에 상관(傷官)이 있는데 관성(官星)이 없으면 오히려 정결하다.

상왕관약(傷旺官弱) 생자별부(生子別夫)

상관(傷官)이 왕성한데 관성(官星)이 약하면 아들을 낳은 후 남편과 헤어진다.

생방파충(生方破沖) 고장의개(庫藏宜開)

인신사해(寅申巳亥)는 충파(沖破)되면 흉하고, 진술축미(辰戌丑未)는 형(刑)으로 개고(開庫)되면 길하다.

선인후재(先印後財) 초곤후영(初困後榮)

인성운(印星運)을 먼저 만난 후 재성운(財星運)을 만나면 초년에 고생해도 나중에는 영화를 누린다.

선인후재(先財後印) 초영노패(初榮老敗)

재성운(財星運)을 먼저 만난 후 인성운(印星運)을 만나면 초년에는 영화로워도 노년에는 패한다.

선천하처(先天何處) 요지래처(要知來處)

전생을 알고 싶으면 현재 자신의 처지를 돌아보라.

쇠자충극(衰者沖剋) 발근지해(拔根之害)

쇠약한 신(神)을 충극(沖剋)하면 뿌리까지 뽑히는 큰 해를 당한다.

수능극화(水能剋火) 화염수열(火炎水熱)

수(水)는 능히 화(火)를 극(剋)하나 화(火)가 왕성하면 물이 끓는 법이다.

수능생목(水能生木) 목성수축(木星水縮)

수(水)는 능히 목(木)을 생(生)하나 목(木)이 왕성하면 물은 줄어든다.

수다부목(水多浮木) 평생부랑(平生浮浪)

사주에 수(水)가 많으면 부목(浮木)이 되어 평생 떠돌아 다닌다.

수목상관(水木傷官) 선재후비(先財後比)

사주에 수목상관(水木傷官)이 있으면 재성(財星)을 용신(用神)으로 삼고, 비겁(比劫)을 희신(喜神)으로 삼아야 한다.

수왕득토(水旺得土) 방성지소(方成池沼)

수(水)가 왕성하면 토(土)를 만나야 저수지와 댐을 건설하여 홍수를 막을 수 있다.

시상편재(時上偏財) 타향명리(他鄕名利)

시상편재격(時上偏財格) 사주는 타향에서 명리를 이룬다.

시주종실(時柱終實) 자손흥쇠(子孫興衰)

시주(時柱)는 종실(終實)을 나타내는 곳으로 자손의 흥망성쇠를 본다.

식상입묘(食傷入墓) 필외종명(必畏終命)

운에서 식상(食傷)이 입묘(入墓)하면 반드시 수명이 위태로워진다.

신강양인(身强羊刃) 손재극부(損財剋父)

신강(身强)한데 양인(羊刃)이 많으면 재물·아내·아버지를 극(剋)한다.

신약대관(身弱大官) 가외종명(可畏終命)

살왕신약(殺旺身弱) 사주는 요절하거나 단명한다.

신약재다(身弱財多) 필도재앙(必到災殃)

재다신약(財多身弱) 사주는 재물로 인한 재앙이 따른다.

신주요강(身主要强) 용물재관(用物財官)

신강(身强)해야 재성(財星)과 관성(官星)을 쓸 수 있다.

신주유약(身主柔弱) 용지인비(用之印比)

신약(身弱)하면 인성(印星)과 비겁(比劫)으로 용신(用神)을 삼는다.

■ 아

양간종기(陽干從氣) 부종세(不從勢)

양간(陽干)은 강하며 독립적이므로 다른 세력을 따르지 않는다.

양다고음(陽多孤陰) 처궁불리(妻宮不利)

남명이 양성(陽星)은 많은데 음성(陰星)이 약하면 처궁(妻宮)이 흉하다.

양목무근(陽木無根) 수다전귀(水多轉貴)

갑목(甲木)이 뿌리가 없는데 수(水)가 많으면 부목(浮木)이 되어 떠돌이 생활을 한다. 그러나 천운을 만나면 큰 인물이 될 수 있다.

양신상전(兩神相戰) 선요화전(先要和戰)

사주에서 두 신(神)이 싸울 때는 통관신(通關神)이 있어야 한다.

양인중첩(羊刃重疊) 필극처첩(必剋妻妾)

남명이 양인(羊刃)이 많으면 처첩을 극파(剋破)한다.

여범사패(女犯四敗) 음란고독(淫亂孤獨)

여명이 사패(四敗)에 휘말리면 음란하며 고독하다.

오기상생(五氣相生) 기성온화(其性溫和)

오행(五行)이 상생(相生)하면 성품이 온화하다.

오양종기(五陽從氣) 오음종세(五陰從勢)

오양(五陽)은 기(氣)를 따르고 오음(五陰)은 세(勢)를 따른다.

오행개양(五行皆陽) 병위최상(丙爲最上)

갑병무경임(甲丙戊庚壬) 중에서는 병(丙)이 가장 강하다.

오행개음(五行皆陰) 계위지상(癸爲至上)

을정기신계(乙丁己辛癸) 중에서는 계(癸)가 가장 강하다.

오행편전(五行偏全) 정이화복(定而禍福)

오행(五行)이 모두 있느냐 편중되어 있느냐가 화복을 결정한다.

원청유탁(源淸流濁) 선영후패(先榮後敗)

사주는 청하나 행운이 탁하면 처음에는 영화로워도 나중에는 패망한다.

원탁유청(源濁流淸) 선곤후영(先困後榮)

사주는 탁하나 행운이 청하면 처음에는 고생하더라도 나중에는 영화롭다.

월년상충(月年相沖) 직업풍파(職業風波)

월령(月令)이 년주(年柱)를 충(沖)하면 직업에 풍파가 많다.

월령건록(月令建祿) 다무조옥(多無祖屋)

건록격(建祿格) 사주는 조상이 아무리 부자라도 자신과 무관하다.

월주제망(月柱提網) 부형흥쇠(父兄興衰)

월주(月柱)는 제망(提網)으로 부모 형제의 흥망성쇠를 나타낸다.

왕자충쇠(旺者沖衰) 노발지화(怒發之禍)

왕성한 신(神)을 형충(刑沖)하면 큰 화를 당한다.

왕희순세(旺喜順勢) 왕기역세(旺忌逆勢)

왕성한 신(神)은 순응하는 것이 좋다. 만일 거역하면 불리한 일이 많다.

용신불용(用神不用) 선고후발(先苦後發)

용신(用神)이 명확하지 않으면 고생한 후 발전한다.

육해지살(六害之殺) 골육무정(骨肉無情)

사주에 육해살(六害殺)이 있으면 골육이 무정하며 인덕이 없다.

음간종세(陰干從勢) 부정의(不情義)

음간(陰干)은 유약하며 독립적이지 못하므로 다른 세력을 따른다.

음다고양(陰多孤陽) 부군불발(夫君不發)

여명이 음오행(陰五行)이 많은데 양오행(陽五行)이 약하면 남편이 발전하기 어렵다.

음목무근(陰木無根) 봉금발양(逢金發揚)

을목(乙木)이 뿌리가 없어 허약해도 경금(庚金)을 만나면 발전할 수 있다.

음양지법(陰陽之法) 낙서기원(洛書基源)

음양법(陰陽法)의 기원은 낙서(洛書)이다.

인도순응(人道順應) 무화평안(無禍平安)

도리에 순응하면 화를 당하지 않고 평안하게 살 수 있다.

인수태왕(印綬太旺) 견재위귀(見財爲貴)

인성(印星)이 너무 왕성하여 신강(身强)할 때는 재성(財星)으로 용신(用神)을 삼아야 귀격을 이룬다.

인시패역(人是悖逆) 백단화반(百端禍反)

도리에 어긋나면 화를 당하며 만사가 이루어지지 않는다.

인신사해(寅申巳亥) 사생지신(四生之神)

인신사해(寅申巳亥)는 각 계절의 사생지(四生地)이다.

인중무관(印重無官) 다학무성(多學無成)

인성(印星)이 많은데 관성(官星)이 없으면 공부를 많이 해도 성공하기 어렵다.

인중태과(印重太過) 빈한한유(貧寒寒儒)

사주에 인성(印星)이 너무 많으면 가난한 선비에 불과하다.

일견재관(一見財官) 자연성복(自然成福)

사주에 재성(財星)이나 관성(官星)이 1개만 있으면 자연히 복을 이룬다.

일시상충(日時相沖) 필시중혼(必是重婚)

일지(日支)와 시지(時支)가 충(沖)하면 혼인을 여러 번 한다.

일시희신(日時喜神) 처자발전(妻子發展)

일주(日柱)와 시주(時柱)에 희신(喜神)이 있으면 아내와 자식덕으로 발전한다.

일장당관(一將當關) 군사자복(群邪自伏)

사주에 떼를 지어 나를 괴롭히는 것이 있는데 어떤 건자가 나타나면 스스로 굴복한다.

일주지론(日柱之論) 부부간법(夫婦看法)

일주(日柱)로는 부부관계를 본다.

■ 자

자매강강(姉妹强强) 이녀동부(二女同夫)

여명이 비견(比肩)이나 겁재(劫財)가 많으면 두 여자가 한 남자를 섬긴다.

자오묘유(子午卯酉) 사패지신(四敗之神)

자오묘유(子午卯酉)는 각 계절의 사왕지(四旺地)로 도화살(桃花殺)·패살(敗殺)·장성살(將星殺)에 해당한다.

잡기재관(雜氣財官) 형충대호(刑沖大好)

잡기재관격(雜氣財官格) 사주는 형충(刑沖)되면 길하다.

재다신약(財多身弱) 부옥빈인(富屋貧人)

재다신약(財多身弱) 사주는 부잣집에 사는 가난한 사람이다.

재성파인(財星破印) 인재치화(因財致禍)

재성(財星)이 희용신(喜用神)인 인성(印星)을 파(破)하면 재물 때문에 큰 화를 당한다.

재승덕자(財勝德者) 다능지상(多能之象)

재성(財星)으로 인성(印星)을 억제하면 다재다능한 명이 된다.

제망묘고(提網墓庫) 소년불발(少年不發)

월령(月令)이 진술축미(辰戌丑未)의 묘고(墓庫)에 해당하면 초년 운이 불리하다.

제망사고(提網四庫) 위지잡기(謂之雜氣)

월지(月支)가 진술축미(辰戌丑未)의 사고(四庫)에 해당하면 잡기격(雜氣格)을 이룬다.

조후불급(調候不及) 고중지발(苦中之發)

사주가 조후(調候)되지 않으면 고생한 후 발전한다.

조후불급(調候不及) 무실무후(無實無後)

사주가 조후(調候)되지 않으면 실속도 후사도 없다.

조후순조(調候順調) 순성평안(順成平安)

사주가 순조롭게 조후(調候)되면 평안하다.

진술축미(辰戌丑未) 사고사묘(四庫四墓)

진술축미(辰戌丑未)는 사고(四庫)와 사묘(四墓)에 해당한다.

진신득용(眞神得用) 대부대귀(大富大貴)

진격(眞格)이 되어 용신(用神)이 왕성하면 대부대귀격을 이룬다.

진지상관(眞之傷官) 상진위귀(傷盡爲貴)

신약(身弱)한데 상관(傷官)이 왕성하면 상진(傷盡)해야 귀격을 이룬다.

진지상관(眞之傷官) 인비위용(印比爲用)

진상관격(眞傷官格) 사주는 인성(印星)과 비겁(比劫)으로 희용신(喜用神)을 삼아야 한다.

진지상관(眞之傷官) 파료대영(破了大榮)

진상관격(眞傷官格) 사주는 상관(傷官)을 파극(破剋)해야 큰 영화가 따른다.

■ 차

천관지축(天關地軸) 명동천하(名動天下)

사주에 건(乾) 술해(戌亥)와 곤(坤) 미신(未申)이 모두 있으면 천하에 명성을 떨친다.

천덕귀인(天德貴人) 천우신조(天佑神助)

사주에 천덕귀인(天德貴人)이 있으면 조상덕이 많다.

천지순응(天地順應) 정화평온(精和平溫)

천지에 순응하면 정화하고 평온하다.

천지패역(天地悖逆) 혼란화반(混亂禍反)

천지에 순응하지 않으면 혼란 속에 화를 당한다.

천호지합(天好地合) 지왕의정(地旺宜靜)

천간(天干)은 지지(地支)와 합(合)되면 길하고, 지지(地支)는 왕성하며 형충파해(刑沖破害)가 없으면 길하다.

청명논귀(淸明論貴) 탁명논부(濁命論富)

명이 청하면 귀격을 이루고, 탁하면 부격을 이룬다.

충이불의(沖而不宜) 혹시의처(或時宜處)

충(沖)은 좋지 않으나 때에 따라서는 좋게 작용할 때도 있다.

■ 타

타충시지(他沖時支) 자식무덕(子息無德)

자식궁인 시지(時支)를 다른 주(柱)가 충(沖)하면 자식덕이 없다.

타충일지(他沖日支) 필시중혼(必是重婚)

배우자궁인 일지(日支)를 다른 주(柱)가 충(沖)하면 혼인을 여러 번 한다.

탐재괴인(貪財壞印) 기명심위(其命甚危)

인수(印綬)가 재성(財星)을 탐내어 파괴하면 위험하다.

토금상관(土金傷官) 선인후재(先印後財)

토금상관격(土金傷官格) 사주가 신약(身弱)하면 인성(印星)으로 용신(用神)을 삼고, 신강(身强)하면 재성(財星)으로 용신(用神)을 삼아야 한다.

토다매금(土多埋金) 우둔지상(愚鈍之象)

사주에 토(土)가 많아 금(金)이 묻히면 우둔한 경향이 있다.

■ 파

파료상관(破了傷官) 수원손상(壽元損傷)

가상관격(假傷官格) 사주가 상관(傷官)을 파극(破剋)하면 수명에 손상을 입는다.

포태상타(胞胎常墮) 식왕신쇠(食旺身衰)

신약(身弱)한데 식상(食傷)이 왕성하면 낙태를 많이 한다.

■ 하

학당귀인(學堂貴人) 사유문장(師儒文章)

일간(日干)이 장생지(長生地)에 해당하면 총명하며 학문이 뛰어나다.

합다불기(合多不奇) 충다부정(沖多不定)

사주에 합(合)이 많으면 기이한 인물이 되지 못하고, 충(沖)이 많으면 시종일관하지 못한다.

합대충기(合待沖起) 충대합성(沖待合成)

합(合)은 충(沖)에서 이루어지고, 충(沖)은 합(合)에서 이루어진다.

합이의처(合而宜處) 혹유불의(或有不宜)

합(合)은 좋게 쓰이지만 때에 따라서는 좋지 않은 경우도 있다.

형전의손(形全宜損) 형결의보(形缺宜補)

오행(五行)이 완전하면 극설(剋泄)하고, 오행(五行)이 부족하면 방조(幫助)해야 한다.

형합지격(刑合之格) 무관가성(無官可成)

형합격(刑合格) 사주는 관성(官星)이 없어야 격(格)을 이룬다.

혼란편고(混亂偏枯) 성정승역(性情乘逆)

사주가 복잡하고 편고(偏枯)하면 성정이 역류하여 막힘이 많다.

화토상관(火土傷官) 상진최호(傷盡最好)

화토상관격(火土傷官格) 사주는 상진(傷盡)이 있어야 길하다.

후천하처(後天何處) 요지거처(要知去處)

미래를 알고 싶으면 현재 자신의 행동을 돌아보라.

흉신심장(凶神深藏) 호식지상(虎食之象)

흉신(凶神)이 깊이 숨어 있으면 호랑이가 잡아 먹으려고 숨어 있는 것과 같아 우환이 따른다.

희신불명(喜神不明) 선관태월(先觀胎月)

사주에 용신(用神)이 분명하지 않으면 태어난 달을 참조하라.

시결음미편

1. 시결음미

— 군겁쟁재(群劫爭財)는 손처파재(損妻破財)하고, 약유제겁(若有
制劫)은 반위성부(反爲成富)라.

— 득비이재(得比理財)는 형제득력(兄弟得力)이고, 운도파겁(運到
破劫)은 재앙필지(災殃必至)이다.

— 명관과마(明官跨馬)는 유등부인(有等夫人)이고, 부명자수(夫明
子秀)는 부영자귀(夫榮子貴)라.

— 부성입묘(夫星入墓)는 원앙이로(鴛鴦異路)하고, 남명여차(男命
如此)는 기자귀림(其子歸林)이라.

— 명암부집(明暗夫集)은 난봉빈번(鸞鳳頻繁)이고, 동가서가(東家
西家)는 희희낙락(喜喜樂樂)이라.

— 배록축마(背祿逐馬)는 재록낙조(財祿落照)이고, 인처유재(因妻
由財)는 기화비경(奇禍非輕)이라.

— 진상관격(眞傷官格)은 상진위귀(傷盡爲貴)이고, 행운인수(行運
印綬)는 복록자왕(福祿自旺)이다.

— 가상관격(假傷官格)은 상진위병(傷盡爲病)이고, 행운인수(行運
印綬)는 신명심위(身命甚危)라.

— 파료상관(破了傷官)은 수원손상(壽元損傷)이고, 진지상관(眞之
傷官)은 파료대영(破了大榮)이라.

— 진상관격(眞傷官格)은 인수운(印綬運)에 발전하고, 가상관격(假
傷官格)은 상관운(傷官運)에 발전한다.

— 진상관격(眞傷官格)은 역갈기진(力竭氣盡)으로 인수운(印綬運)

에 두각을 나타내고, 가상관격(假傷官格)은 기영역팽(氣盈力膨)으로 상관운(傷官運)에 이름을 떨친다.

— 진상관격(眞傷官格)은 인비위용(印比爲用)이고, 가상관격(假傷官格)은 재관위용(財官爲用)이라.

— 진상관격(眞傷官格)이 상관운(傷官運)을 만나면 설기(泄氣)가 심하니 수명을 보존하기 어렵고, 가상관격(假傷官格)이 인수운(印綬運)을 만나면 파료상관(破了傷官)이 되어 수명을 마친다.

— 진법무민(盡法無民)이면 황천지객(黃泉之客)이고, 기도강강(其度剛强)이면 난면순사(難免順死)라.

— 사주유병(四柱有病)은 부귀지본(富貴之本)이고, 제병위귀(除病爲貴)는 무제위빈(無除爲貧)이라.

— 사주유병(四柱無病)은 평상지인(平常之人)이고, 운행득병(運行得病)은 약석무효(藥石無效)라.

— 일장당관(一將當關)은 군사자복(群邪自伏)이고, 진압변강(鎭壓邊强)은 위풍당당(威風堂堂)이라.

— 술해(戌亥)는 천문(天門)이고 미신(未申)은 지축(地軸)이니 문축(門軸)이 모두 있으면 명동천하(名動天下)라.

— 인수쇠약(印綬衰弱)에 견재위구(見財危懼)인데 탐재괴인(貪財壞印)이면 기명심위(其命甚危)라.

— 인수태왕(印綬太旺)에 재견위귀(財見爲貴)인데 반흉위길(反凶爲吉)이면 부귀비상(富貴非常)이라.

— 살인상생(殺印相生)이면 구반은덕(仇反恩德)이고, 살인양왕(殺印兩旺)이면 정연부귀(定然富貴)라.

— 관살거유(官殺去留)이면 거화유복(去禍留福)이고, 인정불폭(仁
政不暴)이면 봉황내사(鳳凰來舍)로다.

— 신왕격(身旺格)이 관살병용(官殺幷用)이면 유품대귀(有品大貴)
수하신지(誰何信之).

— 거유서배(去留舒配)는 분쟁조정(紛爭調停)인데 명변중경(明辨
重輕)에 부귀자각(富貴自覺)이라.

— 자매강강(姉妹强强)은 이녀동부(二女同夫)이고, 부유별실(夫有
別室)은 동식서숙(東食西宿)이라.

— 모쇠자왕(母衰子旺)에 운행식상(運行食傷)이면 부자구무(夫子
俱無)하여 난계향화(難繼香火)나 운중구인(運中具印)이면 수
언무자(誰言無子)랴. 식왕신쇠(食旺身衰)·진상관(眞傷官)을 말
한다.

— 모자멸자(母子滅子)에 순모대영(順母大榮)인데 운행범모(運行
犯母)하면 형상파산(形傷破産)이라. 인수태왕(印綬太旺)에는 인
성(印星)이나 비겁(比劫)이 용신(用神)인데 재성운(財星運)을
만나면 형상파산(形傷破産)한다. 왕희순세(旺喜順勢).

— 아능생모(兒能生母)는 내적방어(來敵防禦)이고, 위중유구(危中
有救)는 천하태평(天下泰平)이라. 식신제살(食神制殺)이나 조후
(調候)로 동목(凍木)이 병화(丙火)를 만나는 것을 말한다.

— 사주유병(四柱有病)이면 막봉병운(莫逢病運)이고, 병중무구(病
重無救)이면 신등옥경(身登玉京)이라.

— 삼반물(三般物)은 삼기(三奇)인데 일주고강(日主高强)에 유품
대귀(有品大貴)라. 삼기(三奇)는 정인(正印)·정관(正官)·정재

(正財)를 말한다.

— 금침수저(金沈水底)이면 기금물용(其金勿用)이고, 용금추수(用金秋水)이면 혼비조천(魂飛朝天)이라.

— 진토봉목(辰土逢木)은 대목지토(帶木之土)이니 명변토목(明辯土木)에 조화무궁(造化無窮)이라.

— 양금지토(養金之土)이면 불외관살(不畏官殺)하고, 토다금매(土多金埋)이면 반희견재(反喜見財)라.

— 삼동견화(三冬見火)이면 동일가애(冬日可愛)이고, 유토미온(有土微溫)이면 시생만물(始生萬物)이라.

— 명봉괴물(命逢愧物)이면 제거위복(除去爲福)이고, 종지건자(從之健者)이면 대복감과(大福堪誇)라.

— 병약상제(病藥相濟)이면 대성약운(大成藥運)이고, 병운중래(病運重來)이면 신귀천세(身歸天世)라.

— 재자약살(財滋弱殺)이면 신왕위귀(身旺爲貴)이고, 신약성화(身弱成禍)이면 명변강약(明辨强弱)하라.

— 재명유기(財命有氣)이면 치부지인(治富之人)이고, 능임왕재(能任旺財)이면 명호억금(鳴乎億金)라.

— 금실(金實)이면 무성(無聲)이고, 득화(得火)이면 성기(成器)로 역귀(亦貴)하니 묘재오행(妙在五行)이라.

— 춘양조열(春陽燥烈)이면 습토수귀(濕土水貴)이고, 부득기성(不得其星)이면 공무백세(功無百歲)라. 춘양조열(春陽燥烈)은 화(火) 강하여 건조한 것을 뜻하는데 인묘진(寅卯辰)월을 말한다.

— 전인후종(前引後從)에 인원종근(引遠從近)이면 기지원대(其志

遠大)하여 대성부귀(大成富貴)한다.

— 가살위권(假殺爲權)이면 고작후은(高爵厚恩)하고 이력이덕(以力以德)으로 능복만인(能服萬人)이라. 가살위권(假殺爲權)은 살변권(殺變權)과 신강살천(身强殺淺)을 말한다.

— 관록분야(官祿分野)이면 명숭녹고(名崇祿高)이고, 귀자등과(貴子登科)이면 가문현혁(家門顯赫)이라. 일주(日柱)의 관성(官星)이 녹득(祿得)·득국(得局)·비요즉빈(非天則貧)이면 신쇠위귀(身衰爲鬼)라.

— 과어유정(過於有情)이면 지무원달(志無遠達)이고, 합화통기(合化通氣)이면 기지능운(其志凌雲)이라. 과어유정(過於有情)이란 합다유정(合多有情)을 말한다.

— 왕희순세(旺喜順勢)이면 재록(財祿)이 풍만하고, 왕기역세(旺忌逆勢)이면 복록이 저절로 물러난다.

— 호환재록(互換財祿)이면 쌍전부귀(雙全富貴)이고, 교역변천(交易變遷)이면 우위이명(尤爲利名)이라. 십간록(十干祿)을 서로 바꾸어 쓰는 것을 말한다. 예를 들어 경인(寅)일 갑신(甲申)시이면 년월일시(年月日時)에 모두 적용된다.

— 화위설상(化爲洩傷)이면 방조운길(幫助運吉)이고, 여무생조(如無生助)이면 공명불축(功名不逐)이라.

— 등라계갑(藤蘿繫甲)이면 견수위귀(見水爲貴)이고, 다봉임계(多逢壬癸)이면 화토우기(火土尤奇)라.

— 적수오건(滴水熬乾)이면 난위용수(難爲用水)이고, 불치오건(不治熬乾)이면 대발금수(大發金水)라. 적수오건(滴水熬乾)이면 수

(水)를 쓰지 못하고, 적수오건(滴水熬乾)이 아니면 금수운(金水運)에 크게 발전한다.

— 녹원호환(祿元互換)을 만나면 귀격을 이루는데 길신(吉神)이 임하면 낭묘지재(廊廟之材)라. 녹원호환(祿元互換)은 정관(正官)이 일시(日時)에 바뀌어 있는 것을 말한다. 예를 들면 병자(丙子)일 계사(癸巳)시, 무신(戊申)일 을묘(乙卯)시 등이다.

— 급신이지(及身而止)로 멈추면 큰 뜻을 완수해도 그 뜻을 펴보지 못한다.

— 거탁유청(去濁留淸)이면 필탈애진(必脫埃塵)이고, 개망낭진(改妄郎眞)이면 금자영신(金紫榮身)이라.

— 신약(身弱)하면 방신유정(幫身有情)인데 임재임관(臨官)에 녹중권고(祿重權高)라.

— 아우생아(兒又生兒)이면 상관생재(傷官生財)이고, 기재불상(其財不傷)이면 진기가성(振起家聲)이라.

— 제살태과(制殺太過)이면 구살등귀(救殺登貴)이고, 경가제살(更加制殺)이면 약석무효(藥石無效)라.

— 재관쌍미(財官雙美)이면 신강위귀(身强爲貴)이고, 춘하신약(春夏身弱)이면 번위하천(飜爲下賤)이라. 임오(壬午)와 계사(癸巳)일은 진(眞)이고, 을사(乙巳)와 기해(己亥)일은 부진(不眞)이다.

— 기입해궁(己入亥宮)이 견음목(見陰木)이면 종위손수(從爲損壽)라.

— 귀인두상(貴人頭上)에 대인전(帶刃箭)이면 관재횡액(官災橫厄) 감옥사라. 귀인(貴人) 간두(干頭)에 양인(羊刃)이나 겁재(劫財)가 있으면 해당한다.

― 정신포만(精神飽滿)이면 무탁이귀(無濁而貴)이고, 용신무손(用神無損)이면 극귀극부(極貴極富)라. 정신포만(精神飽滿)이란 사주의 기(氣)가 일간(日干)에 집중된 것을 말한다.

― 사주연여(四柱連茹)이면 생평낙자(生平樂自)이고, 부잡순수(不雜純粹)이면 부귀쌍전(富貴雙全)이라. 연여(連茹)는 지지(地支)가 계속 뻗어나가는 것으로 자축인묘진(子丑寅卯辰) 등을 말한다.

― 신청기수(身淸氣秀)이면 귀공지명(貴公之命)이고, 명중사림(名重士林)이면 유방청사(有芳靑史)라. 신청기수(身淸氣秀)는 일간(日干)이 고강(高强)하고 용신(用神)이 빼어난 것을 말한다.

― 화신설수(化神泄秀)이면 필성대기(必成大器)이고, 설상과분(泄傷過分)이면 방조지길(幇助之吉)이라.

― 살장관로(殺藏官露)에 신강관근(身强官根)이면 요현자의(腰懸紫衣)에 출입궁전(出入宮殿)이라.

― 기관팔방(氣貫八方)이면 사위순전(四位純全)이고, 인명득차(人命得此)이면 명관천하(名寬天下)라. 격국(格局)과 용신(用神)이 좋은 것을 말한다.

― 순환상생(循環相生)이면 생의불패(生意不悖)이고, 공명순축(功名順逐)이면 명전천추(名傳千秋)라.

― 천지덕합(天地德合)이면 인심귀아(人心歸我)이고, 부전이승(不戰而勝)이면 장상공후(將相公候)로다.

― 재관신왕(財官身旺)에 원신투출(元神透出)이면 녹중권고(祿重權高)에 진배용안(進拜龍顏)이라. 원신투출(元神透出)이란 예를 들어 인(寅)월생이 갑을목(甲乙木)이 투간(透干)한 것을 말한다.

— 진기왕래(眞氣往來)이면 상하정동(上下情同)이고, 필연귀현(必然貴顯)이면 명성혁혁(名聲赫赫)이다.

— 천한지동(天寒地凍)이면 난변해동(難辨解凍)이고 해칙발귀(解則發貴)이면 동칙난영(凍則難榮)이라.

— 모왕자고(母旺子孤)이면 설모대발(泄母大發)이고, 모정유변(母情有變)이면 수명영결(壽命永訣)이라. 가상관(假傷官)이 인수운(印綬運)을 만나면 반드시 멸한다.

— 추수통원(秋水通源)에 재관상왕(財官相旺)이면 공명현달(功名顯達)에 복택유장(福澤攸長)이라.

— 갑목맹아(甲木萌芽)이면 명변강약(明辨强弱)이고, 재관인결(財官印結)이면 녹형천종(祿亨千種)이라.

— 기취사주(氣聚四柱)이면 명찰거취(明察去就)이고, 조화다단(造化多端)이면 득기현귀(得氣顯貴)라. 사주의 정기가 모여 있는 것을 말한다.

— 살인상정(殺刃相停)이면 위지귀품(位之貴品)이고, 중화실도(中和失道)이면 염왕인징(閻王引徵)이라.

— 일락서산(日落西山)이면 상종반귀(相從反貴)이고, 여광반조(餘光返照)이면 명휘천추(名揮千秋)라. 일락서산(日落西山)은 병화(丙火)가 7~8월에 태어난 것을 말한다.

— 세상일간(歲傷日干)이면 유화필경(有禍必輕)이고, 일범세군(日犯歲君)이면 재앙필중(災殃必重)이라.

— 신불가과(臣不可過)이면 손하익상(損下益上)이고, 신순군안(臣順君安)이면 공명현혁(功名顯赫)이다. 그러나 쇠군위세(衰君威

勢)이면 신필항상(臣必抗上)하여 군신불화(君臣不和)로 난존군
자(難存君子)라. 관살(官殺)을 군(君)으로 수제자(受制者) 즉 기
신(己身)이 신(臣).

— 자오쌍포(子午雙包)이면 제왕소거(帝旺所居)이고, 귀성작용(貴
星作用)이면 신답왕정(身踏王庭)이라. 자오(子午)는 제좌(帝座)
와 단문(端門)으로 제왕(帝旺) 소거지위(所居之位).

— 전이불항(戰而不降)이면 입업건공(立業建功)이고, 살인균정(殺
刃均停)이면 명제안탑(名題雁塔)이라. 양인(羊刃)이 많아 신강
(身强)한 것을 말한다.

— 살(殺)은 위무지인(威武之人)으로 권(權)이고, 양인(羊刃)은 천
(天)의 자암성(紫暗星)으로 주직(誅職)을 관장하여 위무지기(威
武之器)로 인(刃)이다.

— 살왕(殺旺)에 복행살왕지경(復行殺旺之卿)이면 입업건공처(立
業建功處)에 불면사어(不免死於) 인제지하(刃制之下)라.

— 인다재행(刃多再行)에 양인지지(羊刃之地)이면 진록득재처(進
祿得財處)에 반드시 종어약석지간(從於藥石之間)이라.

— 살인균정(殺刃均停)에 명제안탑(名題雁塔)이면 권인상정(權刃
相停)에 전이불항(戰而不降)이라.

— 회동제궐(會同帝闕)에 길신부동(吉神附同)하나 출입궐문(出入
闕門)에 명수천고(名垂千古)라. 술해천문(戌亥天門) 길신내조
(吉神來助)이면 궐문출입(闕門出入)야.

— 수대근심(樹大根深)이면 풍역불항(風亦不抗)이고, 엽무화개(葉
茂花開)이면 장성대재(將星大材)라.

— 축수양목(蓄水陽木)이면 제살위귀(制殺爲貴)이고, 목극신(木剋身)이면 배수앙화(倍受殃禍)라.

— 상하정화(上下情和)이면 위열공경(位列公卿)이고, 상하무정(上下無情)이면 곤중우곤(困中又困)이라. 천간지지(天干地支)가 생극제화(生剋制和)로 서로 화목하게 협력한다는 뜻이다.

— 체전지상(體全之象)이 금수쌍청(金水雙淸)이면 순세행운(順勢行運)에 부귀여뢰(富貴如雷)라. 수(水) 1개가 경신(庚申)을 3번 만나는 것을 말한다.

— 신왕적살(身旺敵殺)이면 부귀자래(富貴自來)이나 그 살(殺)이 심약무조(甚弱無助)이면 불발(不發)이라. 신왕(身旺)하면 살(殺)을 겁내지 않는다는 뜻이다.

— 형전형결(形全形缺)이면 명변손보(明辯損補)이고, 손보유력(損補有力)이면 부귀비상(富貴非常)이다. 그러나 손보유해(損補有害)이면 재명난성(財名難成) 형처극자(形妻剋子)로 기고미휴(其苦未休)라.

— 진종격(眞從格)이면 귀격을 이루고, 쇠극가익(衰極加益)이면 기화불록(奇禍不祿)하고, 가종격(假從格)에 행가진운(行加眞運)이면 가화위진(假化爲眞)하여 역임부귀(亦臨富貴)라. 진종(眞從)과 가종(假從)을 말한다.

— 암요제궐(暗遙帝闕)에 귀성병립(貴星並立)이면 장악대권(掌握大權)에 통솔백관(統率百官)이라.

— 수화구통(水火溝通)이면 호걸위인(豪傑爲人)이고, 목화불통(木火不通)이면 생애궁색(生厓窮穡)이라. 수화구통(水火溝通)은 수

화기제(水火既濟)를 말하고, 수화불통(水火不通)은 수화미제(水火未濟)를 말한다.

— 천지교태(天地交泰)이면 화복다단(禍福多端)이고, 진성격국(眞成格局)이면 부귀무의(富貴無疑)라. 천기(天氣)와 지기(地氣)가 많이 모인 것, 즉 천근지투(天根支透)를 말한다.

— 왕지극자(旺之極者)이면 불가손(不可損)이고, 쇠지극자(衰之極者)이면 불가익(不可益)이라.

— 태왕희설(太旺喜泄)이면 왕극조(旺極助)이고, 태쇠의상(太衰宜象)이면 쇠극설(衰極泄)이라.

— 설지유익(泄之有益)이면 상지유해(傷之有害)라. 비겁(比劫) 때문에 신강(身强)하면 관살(官殺)로 극제(剋制)하는 것보다 식상(食傷)으로 설(泄)하는 것이 좋다.

— 득비이재(得比理財) 조지유해(助之有害) 방지유익(幫之有益)이다. 재다신약(財多身弱)에는 인수(印綬)로 보충하는 것보다 비겁(比劫)을 쓰는 것이 좋다.

— 관인상생(官印相生) 조지유공(助之有功) 방지유해(幫之有害)라. 관살(官殺) 때문에 신약(身弱)할 때는 비겁(比劫)으로 돕는 것보다 인수(印綬)로 관살(官殺)을 생화(生化)시켜 생조(生助)하는 것이 유리하다.

— 상지유익(傷之有益)이면 설지무리(泄之無利)라. 형전(形全)으로 재성(財星)과 관성(官星)이 무기(無氣)하면 식상(食傷)을 쓰지 않고 재성(財星)과 관성(官星)을 쓴다.

— 귀기불통(貴氣不通)이면 유의무취(有意無就)이고, 유정이간(有

情離間)이면 형상파재(刑傷破財)라. 사주에 꼭 필요한 것이 중
간에 가로막힌 것이 있어 통하지 못하는 것을 말한다.

― 쇠왕태극(衰旺太極)을 명심분별(明尋分別)하라. 용운승왕(用運
乘旺)에 부귀기정(富貴己定)이라.

― 유정견합(有情牽合)이면 희용기정(喜用其情)이고, 부가운정(復
可運情)이면 생애다복(生涯多福)이라.

― 공성윤종난(功成潤從暖)이면 상성오리시야(相成五理是也)라. 상
성오리(相成五理)란 상극(相剋) 중에서도 오리(五理)로 성공할
수 있도록 한다는 뜻으로 공(功)·성(成)·윤(潤)·종(從)·난
(暖)을 말한다.

― 공(功)이란 춘절(春節)의 목(木)은 눈목(嫩木)으로 금(金)이 견
고하여 목(木)이 위험하니 화(火)로 금(金)을 공격하여 성공시
킨다는 뜻이다. 춘초(春初)의 목(木)은 화(火)로 조후(調候)하여
강금(强金)으로부터 유목(柔木)을 보호한다.

― 성(成)이란 중춘(仲春)은 목(木)은 왕성하고 금(金)은 쇠하니
토(土)로 금(金)을 보충하여 성공시키는 것이다.

― 윤(潤)이란 하절(夏節)의 목(木)은 목생화(木生火)월로 설기(泄
氣)되니 기(氣)가 없고 금(金)은 조(燥)하니 수(水)로 윤습(潤
濕)시켜 성공시키는 것을 말한다.

― 종(從)이란 추절(秋節)의 목(木)은 잎이 시들어 떨어지고 금
(金)은 예리하므로 토(土)로 생금(生金)도 하고 목근(木根)에
배토(培土)하여 종(從)하게 하여 성공시키는 것이다.

― 난(暖)이란 동절(冬節)의 목(木)은 쇠하고 금(金)은 양하므로

화(火)로 난하게 하여 성공시키는 것을 말한다.

— 이상은 금목(金木)이 상극(相剋)하여 대립하는 것을 균형을 이루게 하는 것으로 오리(五理)를 쓰면 상극(相剋)이 되면서도 금목(金木)이 존립하여 성공할 수 있다고 하는 것이기 때문에 상성오리(相成五理)라고 하는 것이나 절대론은 아니다.

— 상성오리(相成五理)에 청화유비(淸和有斐)이고 무제유화(無濟有禍)이면 형상파재(刑傷破財)라.

— 기식상통(氣息相通)이면 경찰길흉(更察吉凶)이고, 화살정살(化殺停殺)이면 왈부왈귀(曰富曰貴)라.

— 하월(夏月) 갑을(甲乙)일생은 진상관(眞傷官)인데 인오술운(寅午戌運)으로 흐르면 목분비회(木焚飛灰)하여 안득불사호(安得不死乎)라.

— 목화통명(木火通明)이면 화운대영(火運大榮)이고, 목분비회(木焚飛灰)이면 종아대부(從兒大富)인데, 부득종아(不得從兒)이면 화운필사(火運必死)라.

— 수기유행(秀氣流行)이면 유비군자(有斐君子)인데 관인상생(官印相生)하니 귀위육조(貴爲六曹)로다.

— 원원유장(源遠流長)이면 덕음심후(德蔭深厚)이고, 시중승권(時中乘權)이면 구마황성(駒馬皇城)이라.

— 공작조화(功作造化)에 강유상제(强柔相濟)이면 길신첨가(吉神添加)하니 열반공경(列班公卿)이로다.

— 신쇠왕재(身衰旺財)이면 재다신약(財多身弱)이고, 일주무근(日主無根)에 재전왕(財專旺)이면 종재격(從財格)인데, 신유근(身

有根)에 재생관살(財生官殺)이면 부건파처(夫健怕妻)로다.

— 생화유정(生化有情)이 통관작용(通關作用)인데 용운다정(用運多情)하면 대부대귀(大富大貴)라.

— 부건파처(夫健怕妻)를 막언흉화(莫言凶禍)하랴. 운향부신(運向扶身)에 부귀기정(富貴己定)이라.

— 취정회신(聚情會神)이 상합상제(相合相濟)이면 귀현각노(貴顯閣老)에 수역고령(壽亦高齡)이라.

— 이인동심(二人同心)이면 희봉순세(喜逢順勢)이고, 순세부귀(順勢富貴)이면 역세위명(逆勢危命)이라.

— 삼기성상(三氣成象)이면 우자희소(遇者稀少)이고, 부잡청순(不雜淸純)이면 일국명상(一國名相)이라. 삼기성상(三氣成象)은 금수목(金水木) · 목화토(木火土) · 토금수(土金水) · 수목화(水木火) · 화토금(火土金) 등으로 세 글자가 상을 이루는 것을 말한다.

— 일기위근(一氣爲根)이면 변화무쌍(變化無雙)이고, 순수성격(純粹成格)이면 시득공명(始得功名)이라. 일기위근(一氣爲根)이란 납음(納音) 또는 정음(正音)을 말하는데 금(金)이면 금(金), 목(木)이면 목(木)으로 세력이 통일되어 있다는 뜻이다.

— 감리상지(坎離相持)이면 색중유통(塞中流通)이고, 길운첨신(吉運添身)이면 부귀자연(富貴自然)이라.

— 화지진격(化之眞格)이면 명변왕약(明辨旺弱)이고, 의설희조(宜泄喜助)이면 봉운대달(逢運大達)이고, 화지가격(化之假格)이면 수언흉화(誰言凶禍)이고, 이가성진(以假成眞)이면 역유다귀(亦有多貴)라.

— 사주진가(四柱眞假)는 경간변화(更看變化)하라. 운세호합(運勢好合)이면 부귀공명(富貴功名)이라.

— 가신난진(假神亂眞)이면 진신지병(眞神之病)이고, 제거난자(除去亂者)이면 공명혁혁(功名赫赫)이다. 가신난진(假神亂眞)이란 가신(假神)이 충(沖)이나 극(剋)으로 진신(眞神)을 방해하여 어지럽히는 것으로 애가증진(愛假憎眞)과 반대되는 말이다.

— 화신유여(化神有餘)이면 설운(泄運)이 길(吉)하고, 화신부족(化神不足)이면 방조운(幫助運)이 길(吉)하다.

— 벽갑인화(劈甲引火)이면 미화염염(微火焰炎)이고, 기화위용(其火爲用)이면 납율진명(納栗秦名)이라.

— 권재일인(權在一人)이면 일기귀아(一氣歸我)이고, 순기기세(順其氣勢)이면 부귀순달(富貴順達)이라. 권재일인(權在一人)이란 사주의 모든 기가 일간(日干)에 모여 있다는 뜻이다.

— 천복지재(天覆地載)이면 간지상통(幹枝相通)이고, 풍역불항(風亦不抗)이면 부귀창성(富貴昌盛)이라. 천복지재(天覆地載)는 천간(天干)으로 덮어주고 지지(地支)에는 뿌리가 있다는 뜻이다.

— 녹록종신(碌碌終身)이면 수요상관(須要傷官)이고, 정화관살(丁火官殺)이면 부귀여뢰(富貴如雷)라. 녹록종신(碌碌終身)이란 주관이 없고 쓸모없이 세월을 보낸다는 뜻인데, 천간(天干)에 1개 있는 관성(官星)을 말한다.

— 좌우협기(左右協氣)이면 노반공배(勞半功倍)이고, 귀인부협(貴人扶協)이면 명등봉각(名登鳳閣)이라.

— 군불가항(君不可抗)이면 의설수익(宜泄受益)이고, 상안하전(上

安下全)이면 공성대도(功成大道)라. 군불가항(君不可抗)이란 군주에게는 절대 대항하면 안 된다는 뜻이다.

— 효자봉친(孝子奉親)이면 자중모고(子重母孤)이고, 부성유한(婦性有悍)이면 가난망신(家難亡身)이라. 자중모쇠(子重母衰)란 인성(印星)이 약하고 일간(日干)이 왕성한데 재성(財星)이 없어 모자가 정답게 살아간다는 뜻이다. 재관운(財官運)이 오면 재성(財星)이 인성(印星)을 극(剋)하고 관성(官星)을 생(生)하여 일간(日干)을 극(剋)하니 모자가 불안해져 불록지객(不祿之客)이 된다.

— 시종득소(始終得所)에 천지동류(天地同流)이면 격(格)이 범하여 대부대귀(大富大貴)라. 오행(五行)이 모두 있어 연달아 잘 연결되는 것을 말한다.

— 관살위자(官殺爲子)이면 신왕자(身旺者)는 재위자(財爲者)이고, 신쇠자(身衰者)는 인작아(印作兒)라.

— 손(損)은 상(傷)이 되는 관살(官殺)과 설(泄)이 되는 식상(食傷)을 말하고, 보(補)는 방(幫)이 되는 비겁(比劫)과 조(助)가 되는 인성(印星)을 말한다.

— 왕지극자(旺之極者)이면 불가손(不可損)이고, 쇠지극자(衰之極者)이면 불가익(不可益)이라.

— 「원리부(元理賦)」에서는 '남다양인(男多羊刃)이면 필중혼(必重婚)'이라 하였고, 「역감(易鑑)」에서는 '양인중첩(羊刃重疊)이면 필극처(必剋妻)'라 하였다.

— 「위경론(渭徑論)」에서는 '여명이 명관과마(明官跨馬)이면 부주

증업(夫主增業)'이라 하였다.

— 「집설(集說)」에서는 '유귀지묘(有鬼之墓)이면 내부(乃父) 기입황천(己入黃泉)'이라 하였다.

— 세운(歲運)에서는 '부성(夫星)이 절지경(絶地卿)이면 정주원앙(正主鴛鴦) 분비이로(分飛異路)'라 하였다.

— 「집주보(集註補)」에서는 '대운(大運)에 입관귀(入官鬼)로 절재지(絶財地)이면 반드시 부부가 사별한다'고 하였다.

— 「정진편(定眞篇)」에서는 '상관(傷官)이 약견인수(若見印綬)이면 귀불가언(貴不可言)'이라 하였다. 진상관(眞傷官)일 경우를 말한다.

— 『홍범비전(洪範秘典)』에서는 '식신명랑(食神明朗)이면 수원장(壽元長)이고, 계모봉지(繼母逢之)이면 불가당(不可當)'이라고 하였다.

— 옛시에서는 '식신생왕(食神生旺)에 희생재(喜生財)이면 일주고강(日主高強)에 복록청(福祿靑)'이라 하였다.

— 『연해자평(淵海子平)』「상관시결(傷官詩訣)」에서는 '상관상진(傷官傷盡)이면 최위가(最爲可)인데 우공상다(尤恐傷多)에 반불의(半不宜)'라 하였고, '상관상진(傷官傷盡)에 최위기(最爲奇)이고 파료상관(破了傷官)이면 손수원(損壽元)'이라 하였다.

— 『명리정종(命理正宗)』「상관론(傷官論)」에서는 '가상관(假傷官)이 행인수운(行印綬運)이면 필사(必死)하고, 진상관(眞傷官)이 행상관운(行傷官運)이면 필멸(必滅)'이라 하였다.

— 『신봉통고(神峯通考)』에서는 '화용신(火用神)은 신유운(辛酉運)

에, 금용신(金用神)은 해자운(亥子運)에 죽는 것을 많이 보았다'고 하였다. 용신(用神)이 병사지(病死地)에 들면 수명을 마친다는 뜻이다.

— 「계선편(繼善篇)」에서는 '칠살(七殺)은 희제복(喜制伏)이나 불의태과(不宜太過)이고, 제살태과(制殺太過)는 진법무민(盡法無民)이 되니 기도강강(其度剛强)이면 난면순사(難免順死)'라 하였다.

— 진법무민(盡法無民)이란 사주에 제살태과(制殺太過)가 있는데 운에서 다시 제살(制殺)하는 것을 말한다.

— 『오언독보(五言獨步)』에서는 '사주에 병(病)이 있으면 방위귀(方爲貴)이고, 병(病)이 없으면 불시기(不是奇)이다. 격(格)에 여거병(如去病)이면 재록(財祿)이 희상수(喜相隨)'라 하였다.

— 옛글에 '일장당관(一將當關)이면 군사자복(群邪自伏)'이라는 말이 있는데, 중살광란(衆殺狂亂)이면 일인가화(一仁可化)라고도 한다.

— 탐재괴인(貪財壞印)이란 용신(用神)인 인수(印綬)가 재성(財星)을 탐하면 인수(印綬)가 파괴된다는 말이다.

— 『연해자평(淵海子平)』「인수시결(印綬詩訣)」에서는 '탐재괴인(貪財壞印) 운약거재(運若去財)에 환작복(還作福)인데 다시 재성운(財星運)으로 흐르면 수원종(壽元終)'이라 하였다. 인수(印綬)가 용신(用神)인데 재성(財星)을 만나면 탐재괴인(貪財壞印)이 된다는 말이다.

— 인(寅)월 병정(丙丁)일생은 인묘(寅卯)가 국(局)을 이루어도 사

주에 토(土)가 많으면 신약(身弱)으로 본다. 우수(雨水) 전에는 인중간토(寅中艮土)로 본다.

— 『명리정종(命理正宗)』 「상관론(傷官論)」에서는 '상관(傷官)은 관아지관(管我之官)으로 나를 관제(管制)하는 관헌(官憲)을 극(剋)하니 어찌 죄벌을 받지 않겠는가'라고 하였다.

— 『연해자평(淵海子平)』 「상관시결(傷官詩訣)」에서는 관성(官星)을 극(剋)하면 거만불손하며 사람을 무시하는 경향이 있다 하여 '시기능인(恃己凌人) 심호승(心好勝)하니 형상골육(刑傷骨肉) 경다비(更多悲)'라 하였다.

— 상관(傷官)이 불견관성(不見官星)이면 유위정결(猶爲貞潔)이라. 상관(傷官)은 관성(官星)을 극(剋)하는데 사주에 관성(官星)이 없으면 극(剋)할 수 없다는 말이다.

— 상관견관(傷官見官)이면 위화백단(爲禍百端)이라.

— 『명리정종(命理正宗)』 「위경론(渭徑論)」에서는 '자매강강(姊妹强强)이면 내진방지부(乃嗔房之婦)이고, 식왕신쇠(食旺身衰)이면 포태상타(胞胎常墮)'라 하였다.

— 『연해자평(淵海子平)』 「여명시결(女命詩訣)」에서는 '삼반물(三般物)이 여명봉지(女命逢之)이면 필왕부(必旺夫)이고, 불능살다(不能殺多)에 무혼잡(無混雜)이면 신강제복(身强制伏)에 유칭호(有稱號)'라 하였다.

— 「계선편(繼善篇)」에서는 '남명(男命)이 신강(身强)한데 우삼기(遇三奇)이면 위일품지귀(爲一品之貴)'라 하였다.

— 옛글에 '인유귀인(人有鬼人)이고 물유귀물(物有鬼物)인데 봉지

불안(逢之不安)이면 제거위복(除去爲福)'이라는 말이 있다. 사주의 귀물(鬼物)을 제거하면 천하태평을 이룬다는 말이다.

— 동목(凍木)은 습하므로 화(火)를 생(生)하지 못하고, 충(沖)된 화(火)는 꺼진 불이니 목(木)으로 생(生)해도 살아나지 못한다.

—「계선편(繼善篇)」에서는 '신강살천(身强殺淺)이면 가살위권(假殺爲權)'이라 하였다. 신왕살약(身旺殺弱)하면 가살(假殺)이 되어 권(權)으로 변하니 관권(官權)으로 귀격을 이룬다는 말이다. 반대로 '비요즉빈(非夭則貧)이면 신쇠위귀(身衰爲鬼)'라는 말이 있는데, 신약(身弱)하면 정관(正官)도 살(殺)이 되어 단명하거나 빈천하다는 뜻이다.

— 사주에 합(合)이 너무 많으면 과어유정(過於有情)이라 하는데, 함정에 이끌려 다른 일을 할 수 없다는 뜻으로 불길하다.

— 옛글에서는 '술(戌)월 을목(乙木)이 갑신(甲申)시생이면 등라계갑(藤蘿繫甲)'이라 하였다. 술(戌)월 을(乙)일 갑신(甲申)시생은 등나무 넝쿨이므로 갑목(甲木)에게 의지해야 한다는 뜻이다.

—「삼명통회(三命通會)」에서는 '녹원호환(祿元互換)에는 4가지가 있는데 무신(戊申)일 을묘(乙卯)시·병자(丙子)일 계사(癸巳)시·정유(丁酉)일 임인(壬寅)시·경오(庚午)일 정해(丁亥)시'라 하였다.

— 녹원호환(祿元互換)이란 일간(日干)의 정관(正官)은 시간(時干)에, 시간(時干)의 정관(正官)은 일간(日干)에 바뀌어 있다는 뜻이다. 길신(吉神)이 임하면 낭묘지재(廊廟之材)라 한다.

—『궁통보감(窮通寶鑑)』에서는 5~6월 을목(乙木)은 목기(木氣)

가 점점 쇠퇴하므로 계수(癸水)를 쓸 때 사주에 무기토(戊己土)가 있으면 난잡해져 하격이 된다. 만일 갑목(甲木)이 투간(透干)하면 토(土)를 제복(制伏)하여 계수(癸水)가 유지될 수 있는데 이것을 거탁유청(去濁留淸)이라 한다'라고 하여 금자영신(金紫榮身)한다고 하였다.

— 「계선편(繼善篇)」에서는 '계(癸)일 좌향사궁(左向巳宮)이면 내시(乃是) 재관쌍미(財官雙美)이고, 임좌오위(壬坐午位)는 녹마동경(祿馬同卿)'이라 하였다. 재관쌍미(財官雙美)는 계사(癸巳)일과 임오(壬午)일을 말한다.

— 을사(乙巳)일과 기해(己亥)일생은 매우 약하여 재성(財星)과 관성(官星)을 견디지 못하므로 재관쌍미(財官雙美)로 보지 않는다. 그러나 기해(己亥)일은 수명론에서 '기입해궁(己入亥宮)에 견음목(見陰木)이면 종위손수(從爲損壽)'라 하여 신주심약(神主甚弱)으로 다룬다. 즉 기해(己亥)일이 을목(乙木)을 만나면 수명을 마친다는 말이다.

— 투간(透干)은 천간(天干)에 나타난 오행(五行)이 지지(地支)에 뿌리가 없어도 되고, 기(氣)는 간두(干頭)에 투출(透出)한 오행(五行)이 지지(地支)에 뿌리를 내려야 하니 투출(透出)과 기(氣)를 분별할 줄 알아야 한다.

— 원신(元神)이란 월지(月支)의 본기(本氣)를 말하는 것으로 그 본기(本氣)가 투출(透出)하면 원신투출(元神透出)이라고 한다. 그러나 반드시 월건(月建)에서만 이루어지는 것이 아니라 다른 지지(地支)에서도 이루어진다. 원신(元神)이 투출(透出)하면 투

출(透出)된 신(神)을 더욱 강하게 하니 일간의 강약과 용신(用神)의 강약을 가릴 때 반드시 참작해야 한다.

— 과어한냉(過於寒冷)이면 화난처(和暖處)라도 종난분발(終難奮發)한다.

— 왕성한 신(神)이 묘고(墓庫)에 들어가면 불록지객(不祿之客)이 되기 쉽다.

— 계(癸)일은 계수(癸水)이므로 신궁(申宮)이 사궁(死宮)이 되어 왕성하지 않다는 주장도 있으나 그렇지 않다. 신궁(申宮)은 계수(癸水)의 정인(正印)과 경금(庚金)의 녹궁(祿宮)으로 계수(癸水)를 생(生)하므로 사처지봉생(死處之逢生)으로 약중부강(弱中復强)이 되기 때문이다.

— 갑목맹아(甲木萌芽)란 해(亥)월에 갑목(甲木)이 싹이 트기 시작하므로 갑목(甲木)의 기운이 있다는 뜻이다. 따라서 해(亥)월생은 항상 해중갑목(亥中甲木)을 염두하면서 추리해야 한다.

— 왕인(旺刃)은 세군(歲君)과 합(合)하는 것을 꺼리고, 약인(弱刃)은 충(沖)을 꺼린다.

— 유살무인(有殺無刃)이면 살필상신(殺必傷身)이고, 유인무살(有刃無殺)이면 인필겁재(刃必劫財)인데 살인내합(殺刃來合)이면 필위귀(必爲貴)라는 말이 있다. 반드시 살인(殺刃)은 쌍두균정(雙頭均停)해야 길하다는 뜻이다.

— 편재득의(偏財得位)이면 첩승어처(妾勝於妻)이고, 정재자왕(正財自旺)이면 처불용첩(妻不容妾)이라.

— 「계선편(繼善篇)」에서는 '세상일간(歲傷日干)이면 유화필경(有

禍必輕)이고, 일범세군(日犯歲君)이면 재앙필중(災殃必重)'이라
하였다.

— 「계선편(繼善篇)」에서는 '남명이 신강(身强)한데 재관인(財官
印) 삼기(三奇)가 있으면 위일품지귀(爲一品之貴)'라 하였고,
「위경론(渭徑論)」에서는 '여명이 삼기(三奇)가 모두 있으면 양
인(良人)이 만리봉후(萬里封侯)'라 하였다.

— 살(殺)은 위무지인(威武之人)으로 권(權)이고, 양인(羊刃)은 천
(天)의 자암성(紫暗星)으로 주직(誅職)을 장악하여 위무지인(威
武之人)으로 인(刃)이라고 한다. 양인(羊刃)은 비겁(比劫)으로
인하여 신주(身主)가 고강(高强)하니 절대 고분고분하지 않고
주장을 관철시키려는 성질이 있기 때문에 전이불항(戰而不降)
이라는 말이 나왔다.

— 전이불항(戰而不降)은 공(功)을 위해 전사하는 형상으로 「취성
자(醉醒子)」에서는 '살왕(殺旺)에 부행살왕지경(復行殺旺之卿)
이면 입업건공처(立業建功處)에 불면사어(不免死於) 인제지하
(刃制之下)하고, 인다(刃多)에 재행양인지지(再行羊刃之地)이면
진록득재처(進祿得財處)에 필연(必然) 종어약석지간(從於藥石
之間)'이라 하였다.

— 축중계수(丑中癸水)와 진중계수(辰中癸水)를 축수양목(蓄水陽
木)이라 하는데, 축수(蓄水)로 나무를 키운다는 뜻이다. 자중계
수(子中癸水)와 해중임수(亥中壬水)는 외부로 수(水)가 되어 진
(眞)이 되니 축수(蓄水)라 하지 않는다.

— 「계선편(繼善篇)」에서는 '독수(獨水)가 삼범경신(三犯庚申)이면

체전지상(體全之象)'이라 하였다. 신유(辛酉)월생이 수(水)가 1개 있는데 경신금(庚辛金) 인수(印綬)를 3개 이상 만나는 것을 말한다. 순세운(順歲運)이면 길하나 역세운(逆歲運)이면 흉하다.

— 『적천수(適天髓)』에서는 '왕신충쇠(旺神沖衰)이면 쇠신발(衰神拔)이고, 쇠신충왕(衰神沖旺)이면 왕신발(旺神發)'이라 하였다. 왕자설지유익(旺者泄之有益) 상지유해(傷之有害)와 같이 왕성한 세력을 따르면 길하나 거역하면 불길하다는 뜻이다.

— 체전지상(體全之象)이 금수쌍청(金水雙淸)이면 순운부귀(順運富貴) 역운불록(逆運不祿)이라. 신유(辛酉)월 수(水)일생이 금(金)을 3번 만나는 것을 말한다.

— 「계선편(繼善篇)」에서는 '쇠즉(衰則) 관변위귀(官變爲鬼)이고, 왕즉 (旺則) 화귀위관(化鬼爲官)'이라 하였다.

— 형전자(形全者)는 의손(宜損)하고, 형결자(形缺者)는 의보(宜補)하라. 억강부약(抑强扶弱)은 왕성한 것은 손상시키고 쇠약한 것은 보충하는 이치를 말한다. 형전(形全)은 득령(得令)을 말하고, 형결(形缺)은 실령(失令)을 말한다.

— 감리상지(坎離相持)에 유오리(有五理)하니 승(升)·강(降)·화(和)·해(解)·제(制) 시야(是也)라.

— 승(升)이란 천간(天干)의 화(火)가 쇠하고 지지(地支)의 수(水)가 왕성할 때는 지지(地支)의 목(木)으로 지기(地氣)를 올리는 방법을 말한다.

— 강(降)이란 천간(天干)의 수(水)가 쇠하고 지지(地支)의 화(火)가 왕할 때는 반드시 천간(天干)의 경금(庚金)으로 천기(天氣)

를 내려주는 방법을 말한다.

― 화(和)란 천간(天干)은 모두 화(火)이고 지지(地支)는 모두 수(水)로 되어 있을 때는 반드시 목운(木運)을 만나 변하는 방법을 말한다.

― 해(解)란 천간(天干)은 모두 수(水)이고 지지(地支)는 모두 화(火)일 때는 반드시 금운(金運)을 만나 풀어주는 방법을 말한다.

― 제(制)란 간지(干支)에서 수화(水火)가 난투극을 벌일 때는 세운(歲運)에서 약한 것을 보충하고 강한 것을 제도하는 것을 말한다.

― 감리상지(坎離相持)란 막히는 것을 유통시키는 것인데 길운이 오면 자연히 부귀가 따른다.

―『궁통보감(窮通寶鑑)』에서는 '정월정화(正月丁火)는 갑목당권(甲木當權)인데 내위모왕(乃爲母旺)이라. 비경(非庚)이면 불능벽갑(不能劈甲)이니 하이인화(何以引火) 고용경금(姑用庚金)'이라 하였다.

―『궁통보감(窮通寶鑑)』에서는 '득임화목(得壬化木)이면 약극상생(弱極相生)하니 합차(合此)이면 필주대귀(必主大貴)라. 단 차화합(此化合)에는 반이불견(反以不見) 파격위묘(破格爲妙)'라 하였다. 정일간(丁日干)이 시주(時柱)에서 임인(壬寅) 등을 만나 변하는 데는 경금(庚金)은 화신(化神)을 상하게 하므로 꺼리니 경금(庚金)을 만나지 않는 것이 오히려 좋다는 말이다.

― 화(火)가 약하고 목(木)이 왕성할 때는 경금(庚金)이 있어야 벽갑인화(劈甲引火)가 되는데 운에서도 벽갑인화(劈甲引火)가 되

는 경우가 있다.

― 『궁통보감(窮通寶鑑)』에서는 '삼동(三冬)에 정화(丁火)가 미한하면 의용경갑(宜用庚甲)이고 갑내경지양우(甲乃庚之良友)인데 범용갑목(凡用甲木)이라. 경불가소(庚不可少)인데 무경무갑(無庚無甲)이면 하능인정(何能引丁)'이라 하였다. 약한 정화(丁火)는 벽갑인화(劈甲引火)가 되어야 좋다는 말이다.

― '벽갑인화(劈甲引火)이면 미화염염(微火焰炎)인데 기화위용(其火爲用)에 납율진명(納栗秦名)이라.

― 『적천수(適天髓)』에서는 '성국간투(成局干透) 일관성(一官星)하니 좌변우변(左邊右邊) 공녹록(空碌碌)'이라 하였다.

― 『적천수(適天髓)』에서는 '군불가항야(君不可抗也)이면 귀호(貴乎) 손상이익하(損上而益下)'라 하였다. 상(上)은 군(君)인데 극(剋)이 아니라 설(泄)을 말하는 것이고, 상(上)이 설(泄)하면 수익자(受益者)는 하(下)인 신(臣)이 되는 것이다. 예를 들면 갑을일간(甲乙日干)이 군(君)이 되어 사주가 대부분 목(木)으로 구성되고, 1~2점의 토(土)가 있으면 군성이(君盛而) 신쇠극(臣衰極)이 되는 것이다. 오직 군(君)에 순응하여 화운(火運)으로 행한다면 그 군왕(君王) 목(木)은 화(火)에 설(泄)되어 화(火)가 토(土)를 돕는 법인데 이것을 손상이익하(損上而益下)라고 한다. 군신순리지대도(君臣順理之大道)가 되는데 가상관용재격(假傷官用財格)과 같은 것이다.

― 효자봉친(孝子奉親)이란 자중모쇠(子重母衰)에 재성(財星)이 없어 모자가 정답게 살아가는 것을 말한다. 부성필한(婦性必悍),

재관운(財官運) 패망.

— 『적천수(滴天髓)』에서는 '시기소시(始其所始) 종기소종(終其所終)이 복수부귀(福壽富貴)하여 수호무궁(水乎無窮)'이라 하였다. 시종득소(始終得所)를 말하는 것인데, 시작하는 곳과 끝나는 곳이 같다는 말이다.

— 『적천수(滴天髓)』에 '독상(獨象)이 희행화지(喜行化地)이면 이화신요창(而化神要昌)이고, 전상(全象)이 희행재지(喜行財地)이면 이재신요창(而財神要昌)'이라는 말이 있다. 오행(五行)이 모두 있으면 상생(相生)으로 유통되어야 하고, 소희자(所喜者)는 봉생득지(逢生得地)하여야 하고, 소기자(所忌者)는 반드시 수극무근(受剋無根)하여야 하고, 한신(閑神)은 기물(忌物)과 편당을 지으면 안 되고, 기물(忌物)은 다른 오행(五行)과 합화(合化)하여 나에게 길작용을 하여야 한다는 말이다.

— 무관즉(無官則) 재무존(財無存)이고, 무재즉(無財則) 관무근(官無根)이라. 관성(官星)이 없으면 비겁(比劫)의 극제(剋制) 때문에 재성(財星)이 존재할 수 없고, 재성(財星)이 없으면 관성(官星)은 쇠하여 허탈하다. 오행(五行)과 육신(六神)의 관계를 연구하는 것이 추명학(推命學)이다.

— 수대근심(樹大根深)이란 갑을목(甲乙木)이 인묘진(寅卯辰)이 왕성하면 큰 숲을 이루니 근심이 된다는 말이다.

— 수소근천(樹少根淺)이란 어린 나무, 즉 인(寅)월 갑을(甲乙) 한목(寒木)을 눈목(嫩木)이라고 하는데 사주에 목기(木氣)가 없다는 뜻이다.

— 온산송백(溫山松柏)이란 수소근천(樹少根淺)이 사주에 목기(木氣)가 왕성하면 인(寅)은 축인간(丑寅間)으로 산이 되고, 인중병화(寅中丙火)에는 온기가 있어 목(木)이 왕성하다는 뜻이다.

— 양유목(楊柳木)이란 사오(巳午)월 목(木)이 병사궁(病死宮)에 들어 쇠약한데 사주에 목(木)이 없거나 있어도 미약한 경우를 말한다.

— 저후목(樗朽木)이란 신유(辛酉)월 갑을목(甲乙木)이 뿌리가 없어 쇠약하다는 뜻이다.

— 목눈견금(木嫩堅金)이란 초춘(初春)의 목(木)을 눈목(嫩木)이라하고, 춘금(春金)을 견금(堅金)이라고 하는데 어린 나무가 금(金)을 만나면 위험하다는 뜻이다.

— 초춘(初春)의 목(木)은 어리고 금(金)은 견고하니 화(火)로 용신(用神)을 삼아야 하고, 중춘(仲春)의 목(木)은 왕성하고 금(金)은 쇠하니 토(土)로 금(金)을 보호해야 하고, 추절(秋節)의 목(木)은 조락하고 금(金)은 예리하니 토(土)로 배양해야 하고, 동절(冬節)의 목(木)은 화(火)로 따뜻하게 해주어야 한다.

— 목화통명(木火通明)이란 신왕(身旺)한 목일간(木日干)이 화(火)를 만나 잘 조절되는 것을 말한다.

— 목분비회(木焚飛灰)란 신약(身弱)한 목일간(木日干)이 화(火)를 만나 식상(食傷)이 왕성한 것을 말한다.

— 목화통명(木火通明)은 화운(火運)에 크게 발전하고, 목분비회(木焚飛灰)는 종아(從兒)해야 대부격을 이루는데, 부득이 종아(從兒)하면 화운(火運)에 반드시 죽는다.

— 신왕(身旺)하면 관살(官殺)의 극(剋)을 기뻐한다. 금왕득화(金旺得火) 방성기명(方成器皿), 수왕득토(水旺得土) 방성지소(方成池沼), 목왕득금(木旺得金) 방성동량(方成池沼), 화왕득수(火旺得水) 방성상제(方成相濟), 토왕득목(土旺得木) 방성소통(方成疏通). 이상은 왕성할 때 다른 것이 극(剋)해주면 길한 예이다.

— 일간(日干)을 생(生)하는 인수(印綬)도 많으면 해롭다. 금뢰토생(金賴土生) 토다금매(土多金埋), 수뢰금생(水賴金生) 금다수탁(金多水濁), 목뢰수생(木賴水生) 수다목표(水多木漂), 화뢰목생(火賴木生) 목다화식(木多火熄), 토뢰화생(土賴火生) 화다토초(火多土焦). 이상은 나를 생(生)해주는 것도 지나치면 해가 되는 예이다.

— 일간(日干)을 설(泄)하는 식상(食傷)이 많으면 해롭다. 금능생수(金能生水) 수다금침(水多金浸), 수능생목(水能生木) 목다수축(木多水縮), 목능생화(木能生火) 화다목분(火多木焚), 화능생토(火能生土) 토다화회(土多火晦), 토능생금(土能生金) 금다토변(金多土變). 이상은 자신을 믿고 다른 것을 생(生)해주다가 다른 것이 강하면 해가 되는 예이다.

— 일간(日干)이 극(剋)하는 재성(財星)이 많으면 해롭다. 금능극목(金能剋木) 목견금결(木堅金缺), 수능극화(水能剋火) 화염수열(火炎水熱), 목능극토(木能剋土) 토중목절(土重木折), 화능극금(火能剋金) 금다화식(金多火熄), 토능극수(土能剋水) 수다토류(水多土流). 이상은 섣불리 공격하려다 상하는 예이다.

— 신강(身强)하면 설(泄)하는 것도 이롭다. 강금득수(强金得水)

방좌기봉(方挫其鋒), 강수득목(强水得木) 방설기세(方泄其勢), 강목득화(强木得火) 방설기강(方泄其强), 강화득토(强火得土) 방검기염(方劍其焰), 강토득금(强土得金) 방화기완(方化其頑). 이상은 내가 강할 때는 다른 것을 적당히 생(生)해주어야 자신을 보전할 수 있는 예이다.

— 재성(財星)은 양명지원(養命之源)이고, 관성(官星)은 부신지본(扶身之本)이고, 인수(印綬)는 자신이 되니 삼반물(三般物)은 모두 귀중한 것으로 사고(四庫)에 장축(藏蓄)되어 있다.

— 을목(乙木)이 생거묘(生居卯)하고 경신(庚辛)이 간상(干上)에 봉화왕인(逢火旺刃)이면 발복하나 살지(殺地)이면 명을 마친다.

— 시상편재(時上偏財)가 우겁성(遇劫星)이면 전원파진(田園破盡)에 고환빈(苦還貧)이라.

— 식신제살(食神制殺)이 봉효신(逢梟神)이면 불빈즉요(不貧則夭)라.

— 신약(身弱)하고 살(殺)이 강한데 월건(月建)의 식신(食神)이 살(殺)을 제(制)하면 공명을 모두 이룬다. 이것을 식거선(食居先) 살거후(殺居後)라 한다.

— 월령건록(月令建祿)에 비겁중(比劫重)이면 극처손재(克妻損財) 화비경(禍非輕)이고, 일견재관(一見財官)에 시위환(是爲歡)이면 자연성복(自然成福) 녹자풍(祿自豊)이라.

— 관성(官星)과 인성(印星)이 세운(歲運)에서 만나 상생(相生)하면 명예를 얻는다.

— 왕성한 것은 마땅히 극(剋)해야 하나 극도로 왕성하면 설(泄)해야 하고, 약한 것은 마땅히 도와주어야 하나 극도로 약하면 극

(剋)하는 것이 마땅하다.

— 식신유기(食神有氣)이면 승재관(勝財官)이고 심광체반(心廣體畔)이면 의록후(衣祿厚)라.

— 「극자가(剋子歌)」에 '시상(時上)의 칠살(七殺)은 본무아(本無兒)'라는 말이 있다. 득재(得財)로 시간(時干)에 살(殺)이 왕성하면 신주(身主)가 쇠약하여 자녀를 두기 어렵고 가난하다는 말이다.

— 「위경론(渭徑論)」에서는 '포태상타(胞胎常墮)는 식왕신쇠(食旺身衰)'라 하였다.

— 양남음녀(陽男陰女)는 유년(流年)에서 월간(月干)을 합(合)하면 패망하나 충(沖)하면 발전한다.

— 음남양녀(陰男陽女)는 유년(流年)에서 월령(月令)을 합(合)하면 발전하나 충(沖)하면 패망한다.

— 인신사해(寅申巳亥)일이나 자오묘유(子午卯酉)일에 가출했으면 반드시 돌아온다. 삼형(三刑)에 해당하면 형(刑)을 받고 돌아오고, 삼형(三刑)에 해당하지 않으면 건강하게 돌아온다.

— 진술축미(辰戌丑未)일에 가출했으면 돌아오기 어렵다. 인신사해(寅申巳亥)나 축술미(丑戌未) 삼형(三刑)에 해당하면 형벌을 받는다. 사주에 삼형살(三刑殺)이나 양인살(羊刃殺)이 있고 흉운이면 적중률이 더 높다.

— 수화(水火)가 서로 싸우는데 목(木)으로 통관(通關)시키면 수화상극(水火相剋)이 아니라 수화기제(水火旣濟)로 본다.

— 일록거시(日祿居時)가 청운득로(靑雲得路)이면 월령재관(月令

財官)에 자연성복(自然成福)이라. 신왕재왕(身旺財旺).

— 일록거시(日祿居時)에 관성(官星)이 없으면 청운득로(靑雲得路)라. 신약관몰(身弱官沒).

— 남녀 모두 육신(六神)이 형(刑)되면 해당하는 육친의 덕이 없고, 충(沖)되면 가난·불구·파란이 따른다.

— 대운(大運)에서 흉신(凶神)이 들 때 사고가 없으면 대운(大運)이 끝날 때 반드시 사고가 생긴다. 이처럼 대운(大運)의 시작과 끝은 매우 중요하다.

— 오행생왕법(五行生旺法)만으로는 참다운 사주를 가려낼 수 없다. 병약(病藥)을 알아야만 사주의 진가를 알 수 있다.

— 사주에는 병(病)이 있어야 하는데 병(病)을 제거하면 부귀를 이루고, 그렇지 않으면 수명이 위태롭다. 병(病)이란 사주에서 제일 귀한 것을 해치는 것을 말하는데, 어떤 것이 너무 많은 것도 병(病)이 된다.

— 흉신(凶神)은 드러나 있는 것이 좋고, 길신(吉神)은 암장(暗藏)되는 것이 좋다.

— 간합(干合)하여 길신(吉神)으로 변하면 명리가 따르나, 기신(忌神)으로 변하면 재화가 따른다.

— 인(寅)월 무기토(戊己土)일생은 대목지토(帶木之土)이니 토(土)가 약하다.

— 일장당관(一將當關)이면 군사자복(群邪自伏)이고, 진압변강(鎭壓邊强)이면 위풍당당(威風堂堂)이라. 일장당관(一將當關)이란 일간(日干)을 괴롭히며 해치는 무리를 제압하는 육신(六神)을

말한다. 일장(一將)이니 제압하는 육신(六神)이 1개만 있어야
하고, 건장해야 하고, 천간(天干)에 나타나야 하고, 뿌리가 있어
야 한다.

— 춘목(春木)은 화(火)가 진신(眞神)이고, 하목(夏木)은 수(水)가
진신(眞神)이고, 추목(秋木)은 금(金)이 진신(眞神)이다.

— 조후(調候)란 금수상관(金水傷官)에 희관(喜官)은 수목토금(水
木土金)이 겨울철에 태어나면 모두 조후(調候)하여 한곡회춘하
는 격이 되어야 한다.

— 희살기관(喜殺忌官)은 추동(秋冬) 임수(壬水)가 수국(水局)을
이룬 것이 왕성함으로 무토(戊土) 살(殺)로 제방을 이루어야 기
뻐하고, 계수(癸水) 관성(官星)을 보면 안개비 계수(癸水)가 태
양 병화(丙火)를 가리는 격이니 꺼린다.

— 희관기살(喜官忌殺)은 신유(辛酉)월 금(金)은 정화(丁火)로 단
련하니 관성(官星)을 기뻐하고, 병화(丙火) 칠살(七殺)은 금(金)
을 단련하지 못하니 무용지물이 된다.

— 인(寅)월 병정(丙丁)일은 인묘(寅卯)가 국(局)을 이루어도 축인
간토(丑寅艮土)가 되니 사주에 토(土)가 많으면 신약(身弱)으로
본다. 인목(寅木)을 토(土)로 본다는 말이다.

— 인(寅)월은 입춘(立春)이 지났어도 우수(雨水) 전이면 어린 나
무이고, 화(火)는 아직 찬기운이 있으니 우수(雨水) 전의 인목
(寅木)은 토(土)로 본다.

— 축(丑) 동토(冬土)가 화기(火氣)를 받으면 미약하나마 온기를 받
으니 축토(丑土)가 화(火)를 만나면 미온지토(微溫之土)라 한다.

— 동목(凍木)은 수목(水木)이 상생(相生)하지 못한다.

— 계사(癸巳)일생과 임오(壬午)일생은 재관쌍미(財官雙美)라 한다. 신(身)이 득령(得令)하여 신강(身强)하면 귀격을 이루나, 춘하월(春夏月)생인데 실령(失令)하고 신약(身弱)하면 천한 명이 된다.

— 순환상생(循環相生)이란 사주에 금수목화토(金水木火土)가 모두 있어 끊임없이 생(生)한다는 뜻이다.

— 계수(癸水)는 신궁(申宮)이 사(死)에 해당하지 않는다. 신궁(申宮)은 계수(癸水)의 정인(正印)이고 경금(庚金)의 녹궁(祿宮)이므로 계수(癸水)를 생(生)하니 사(死)가 되지 않고 사처지봉생(死處之逢生)이 되는 것이다.

— 갑목맹아(甲木萌芽)란 해(亥)월에 갑목(甲木)의 기운이 있다는 뜻이다. 해(亥)월생은 항상 해(亥)에 갑목(甲木)이 있다는 것을 염두하고 운명을 추리해야 한다.

— 기관팔방(氣貫八方)이 사위순전(四位純全)인데 인명득차(人命得此)하면 명관천하(名寬天下)라. 기관팔방(氣貫八方)이란 정기가 팔방에 통한다는 뜻이다. 사주에 자오묘유(子午卯酉)가 모두 있거나, 인신사해(寅申巳亥)가 모두 있거나, 진술축미(辰戌丑未)가 모두 있는 것을 말한다. 이 중에서 1개라도 없으면 기관팔방(氣貫八方)이 되지 않는다.

— 재관신왕(財官身旺)에 원신투출(元神透出)이면 녹중권고(祿重權高)에 진배용안(進拜龍顏)이라. 원신투출(元神透出)이란 월지(月支)의 본신(本神)이 간두(干頭)에 나타난 것을 말한다.

— 등라계갑(藤蘿繫甲)이면 견수위귀(見水爲貴)이고, 다봉임계(多逢壬癸)이면 화토우기(火土尤奇)라. 등라계갑(藤蘿繫甲)이란 술(戌)월 을(乙)일 갑신(甲申)시생을 말한다. 신(申) 중 을목(乙木)에는 관성(官星)과 인성(印星)이 암장(暗藏)되어 있어 관인상생(官印相生)이 된다.

— 적수오건(滴水熬乾)이면 난위용수(難爲用水)이고, 불치오건(不治熬乾)이면 대발금수(大發金水)라. 적수오건(滴水熬乾)이란 한 방울의 물이 심한 가뭄에 말라버렸다는 뜻으로, 천간(天干)에 수(水)가 2개 있어도 지지(地支)에 화국(火局)을 이루어 수(水)가 뿌리가 없으면 쓸 수 없다.

— 배록축마(背祿逐馬)이면 재록낙조(財祿落照)이고, 인처유재(因妻由財)이면 기화비경(奇禍非輕)이라. 배록축마(背祿逐馬)란 관성(官星)이 식상(食傷)을 만나 진행하지 못하고, 재성(財星)이 비겁(比劫)을 만나 극(剋)되니 역시 축출되는 것을 말한다.

— 비요즉빈(非夭則貧)이면 신쇠위귀(身衰爲鬼)라. 신약(身弱)하면 정관(正官)도 귀살(鬼殺)로 변하니 단명하거나 가난하다.

— 춘양조열(春陽燥烈)이면 습토수귀(濕土水貴)이고, 부득기성(不得其星)이면 공무백세(功無百歲)라. 춘양조열(春陽燥烈)이란 인묘진(寅卯辰)월생이 수(水)가 없어 말라버린 것을 말한다. 이런 사주는 축진(丑辰) 습토(濕土)가 있거나 수(水)의 뿌리가 있어야 한다.

— 군뢰신생(君賴臣生)이란 일간(日干)은 군주이고 재성(財星)은 신하인데 인성(印星)이 기신(忌神)에 해당하면 왕성한 재성(財

星)으로 용신(用神)을 삼는 것을 말한다. 예를 들면 수다부목(水多浮木)이면 토재(土財)를 용신(用神)으로 삼고, 목다화식(木多火熄)이면 금재(金財)를 용신(用神)으로 삼는다.

— 모자멸자(母子滅子)이면 순모대영(順母大榮)이고, 운행범모(運行犯母)이면 형상파산(形傷破産)이라. 모자멸자(母子滅子)란 인수(印綬)가 너무 왕성하여 종강(從强)하는 것을 말하는데 비겁운(比劫運)이 가장 좋다.

— 순모지운(順母之運)이란 왕성한 인수(印綬)가 인자한 마음으로 생(生)을 받아들이는 것을 말하는데 비겁운(比劫運)이 가장 좋다.

— 역모지운(逆母之運)이란 약한 재성(財星)으로 왕성한 인수(印綬)를 극(剋)하는 것을 말하는데 재성(財星)과 인성(印星)이 투쟁하므로 재앙이 따른다.

— 수화기제(水火旣濟)란 수화구통(水火溝通)이라고도 하는데 사주에 수화(水火)가 모여 서로 싸울 때 목(木)이 중간에서 통관(通關)시켜주는 것을 말한다. 이런 사주는 매우 길하다.

— 수화미제(水火未濟)란 수화불통(水火不通)이라고도 하는데 수화(水火)가 통관(通關)이 안 되는 것을 말한다. 이런 사주는 매우 흉천하므로 설사 귀격을 이루어도 순간적인 영화로 그친다.

— 녹록종신(碌祿終身)이면 수요상관(須要傷官)이고, 정화관살(丁火官殺)이면 부귀여뢰(富貴如雷)라. 녹록종신(碌祿終身)이란 천간(天干)에 관성(官星)이 1개 있으나 뿌리가 없는 것을 말한다. 이런 사주는 쓸모없이 한 세상을 보낸다.

— 신유근(身有根)이 재생관살(財生官殺)이면 부건파처(夫健怕妻)

가 되는데 부신운(扶身運)을 만나면 크게 발복하여 파처이불파(怕妻而不怕)가 된다.

― 부건파처(夫健怕妻)이면 막언흉화(莫言凶禍)이고, 운향부신(運向扶身)이면 부귀초군(富貴超群)이라. 부건파처(夫健怕妻)란 일간(日干)이 왕성한데 재성(財星)이 있으면 관살(官殺)을 생(生)하니 재성(財星)이 두렵다는 뜻이다. 이런 명은 공처가가 된다.

― 신청기수(身淸氣秀)에서 신청(身淸)은 일간(日干)이 고강(高强)한 것을 말하고, 기수(氣秀)는 용신(用神)에 기(氣)가 있는 것을 말한다.

― 기(氣)란 천간(天干)의 오행(五行)이 지지(地支)에 뿌리를 내리는 것을 말하는데, 지지(地支)의 국(局)도 기(氣)로 본다.

― 투출(透出)이란 천간(天干)에 있는 오행(五行)을 말하는데 지지(地支)에 뿌리가 없어도 투출(透出)이라고 한다.

― 진법무민(盡法無民)이면 황천지객(黃泉之客)이고, 기도강강(其度剛强)이면 난면순사(難免順死)라. 진법무민(盡法無民)이란 칠살(七殺)을 과하게 제(制)하는데 운에서 다시 제살(制殺)하는 것을 말하는데, 백성을 잃어 종자가 없다는 뜻이다.

― 사화(巳火)는 금(金)의 장생궁(長生宮)인데 축(丑)이나 유(酉)를 만나면 금국(金局)으로 변한다.

― 사주에 문축(門軸)이 모두 있으면 천하에 이름을 날린다. 술해(戌亥)는 천문(天門)을 말하고, 미신(未申)은 지축(地軸)을 말한다. 술해(戌亥) 중에서 1개가 있거나 미신(未申) 중에서 1개가 있어도 해당한다.

— 국(局)이란 국원(局垣)이라고도 하는데 삼합(三合)을 이루어 변한 오행(五行)을 말한다. 삼합(三合)으로 화(火)가 되면 화국(火局), 목(木)이 되면 목국(木局), 수(水)가 되면 수국(水局), 금(金)이 되면 금국(金局)이라고 한다. 그러나 반드시 월지(月支)가 포함되어야 한다. 만일 월지(月支)가 포함되지 않으면 국(局)으로 보지 않는다.

— 성격(成格)이란 격국(格局)을 생(生)하는 오행(五行)이 많은 것을 말하고, 파격(破格)이란 격국(格局)을 생(生)하는 오행(五行)이 약한데 극(剋)을 많이 당하는 것을 말한다.

— 기반(羈絆)이란 굴레를 씌워 자유를 속박한다는 뜻이다. 그러나 일간(日干)과 상합(相合)하면 기반(羈絆)이라 하지 않는다.

— 제살태과(制殺太過)란 신약(身弱) 사주가 상관(傷官)과 관살(官殺)이 투쟁하는데 관살(官殺)은 약하고 식상(食傷)이 왕성한 것을 말한다. 이런 사주는 살(殺)을 보충해야 하는데 제살운(制殺運)을 만나면 진법무민(盡法無民)이 되어 황천길로 간다.

2. 신강(身强)과 신약(身弱)에 대하여

— 사주가 너무 약하면 의심이 많으며 재물을 모으기 어렵고, 너무 강하면 교만하며 말이 앞서고 낭비가 심하다.

— 신왕(身旺)하면 묘고(墓庫)를 충(沖)하는 것이 길하나 신약(身弱)하면 재앙이 따른다.

— 신강(身强) 사주가 신약(身弱)으로 변하면 빈천을 면하기 어렵다.

— 신강(身强) 사주는 극제(剋制)가 유리한지 설기(泄氣)가 유리한지를 분별해야 한다.

— 신왕(身旺)할 때는 재성(財星)보다 식신(食神)이 왕성한 것이 더 좋다.

— 신왕(身旺)한데 재성(財星)과 관성(官星)이 모두 왕성하면 반드시 귀격을 이룬다.

— 신약(身弱)하면 관성(官星)도 살(殺) 작용을 하고, 신왕(身旺)하면 살(殺)도 관성(官星) 작용을 한다.

— 신왕적살(身旺敵殺)이란 신왕(身旺)하면 살(殺)도 겁내지 않는다는 뜻이다.

— 재다신약(財多身弱) 사주는 재성(財星)이 극(剋)하여 무력해진 인수(印綬)로 보충하는 것보다 비겁(比劫)으로 재성(財星)을 제거해서 도와주는 것이 좋다.

— 극왕격(剋旺格) 사주는 인성(印星)과 비겁(比劫)으로만 이루어진 명조를 말하는데 인수(印綬)로 종강(從强)시키면 길하다.

— 태왕격(太旺格) 사주는 다른 것도 혼합되어 있으면서 인성(印星)과 비겁(比劫)의 세력이 더 강한 명조를 말한다. 이런 사주는 주로 비겁(比劫)이 왕성한데 설기(泄氣)시켜 재성(財星)과 관성(官星)을 생(生)하면 길하다.

— 극쇠격(剋衰格) 사주는 인성(印星)이나 비겁(比劫)은 1개도 없고 재관식(財官食)으로만 이루어진 것을 말한다. 만일 인성(印星)과 비겁(比劫) 중 1개만 있어도 자신의 지지(地支)가 설기(泄氣)하거나 살지(殺地)에 있으면 종격(從格) 외에는 다음과

같이 하는 것이 좋다. 살(殺)과 식상(食傷)으로 인하여 극쇠격
(剋衰格)이 되었으면 상관(傷官)으로 제살(制殺)하고, 재성(財
星)과 식상(食傷)이 혼합되어 극쇠격(剋衰格)이 되었으면 재성
(財星)을 보충하고, 재관식(財官食)이 혼합되어 있으면 재성(財
星)과 관성(官星)이 왕성해도 식상(食傷)으로 제살(制殺)하는
것이 좋다.

— 태쇠격(太衰格) 사주는 인성(印星)이나 비겁(比劫)이 있어도 재
  관식(財官食)의 세력이 강한 것을 말하는데 종살(從殺)하면 길
  하다.

— 인월(寅月) 병정(丙丁)일생은 인묘(寅卯)가 국(局)을 이루어도
  사주에 토(土)가 많으면 신약(身弱) 사주가 된다. 우수(雨水) 전
  에는 인(寅) 중에 간토(艮土)가 있기 때문이다.

3. 용신(用神)에 대하여

— 약한 것은 방조(幇助)하고 강한 것은 설상(泄傷)시켜 중화의 도
  를 정하는 것이 용신(用神)을 정하는 방법의 기본이다.

— 용신(用神)과 희신(喜神)은 천간(天干)에 나타나면 상하기 쉬우
  니 지지(地支)에 있는 것이 더 좋다.

— 용신(用神)은 불가손상(不可損傷)이고, 일간(日干)은 최의건왕
  (最宜健旺)이다.

— 희용신운(喜用神運)에는 재물을 모을 수 있으나 희용신(喜用

神)이 기반(羈絆)되면 평생 성공하기 어렵다.

— 희용신(喜用神)이 형충(刑沖)이나 합거(合去)되면 각종 사고가
따른다.

— 일간(日干)에 병(病)이 있으면 일간(日干)의 강약을 막론하고
약신(藥神)을 찾아 용신(用神)을 삼아야 한다.

— 신왕(身旺) 사주에서는 설(泄)하는 것이 용신(用神)이다. 만일
설(泄)하는 것이 미약하면 그 설(泄)하는 것을 설(泄)하는 것이
용신(用神)이다. 예를 들어 식상(食傷)이 설기(泄氣)가 약하면
재성(財星)이 용신(用神)이 된다.

— 신왕(身旺) 사주에서는 억제하는 것이 용신(用神)이다. 만일 억
제하는 것이 약하면 그 억제하는 것을 생(生)하는 것이 용신(用
神)이다. 예를 들어 관성(官星)으로 억제하는데 관성(官星)이
약하면 그 관성(官星)을 생(生)하는 재성(財星)이 용신(用神)이
된다.

— 인성(印星)이 왕성하여 신강(身强)하면 재성(財星)이 용신(用
神)으로 식재운(食財運)에 발전하고, 관인비운(官印比運)에는
만사가 불길하다.

— 득령(得令)하여 신왕(身旺)하면 설(泄)하는 것이 마땅하고, 실
령(失令)하여 신왕(身旺)한데 억제하는 것이 천간(天干)에 있으
면서 유기(有氣)하면 제(制)하는 것이 마땅하다.

— 인성(印星)이나 비겁(比劫) 때문에 신강(身强)한데 재성(財星)
과 관성(官星)이 없으면 식상(食傷)이 용신(用神)이고, 비겁(比
劫)이 희신(喜神)이고, 재관인(財官印)은 기신(忌神)이다. 재성

운(財星運)은 군비쟁재(群比爭財)가 되니 불길하고, 관성운(官星運)은 촉노강신(觸怒强神)이 되니 불길하고, 인성운(印星運)은 강한 사주를 더 강하게 만드니 파료상관(破了傷官)이 되어 만사가 막힌다.

— 신강(身强)한데 인성(印星)이 많으면 재극인(財剋印)의 원리로 재성(財星)이 용신(用神)이고, 식상(食傷)이 희신(喜神)이다.

— 신강(身强)한데 재성(財星)과 관성(官星)이 미약하면 재성(財星)과 관성(官星)으로 용신(用神)을 삼는다. 식상(食傷)은 식극관(食剋官)하기 때문에 쓰지 않는다.

— 신강(身强)한데 식상(食傷)이 있거나 많으면 식상(食傷)이 용신(用神)이고, 재성(財星)이 희신(喜神)이고, 관인비(官印比)는 기신(忌神)이다.

— 비겁(比劫)이 많아 신강(身强)하면 식상(食傷)이 용신(用神)이다. 만일 식상(食傷)이 없으면 관살(官殺)이 용신(用神)이고, 재성(財星)이 희신(喜神)이다.

— 매우 신강(身强)하고 관성(官星)과 상관(傷官)이 나란히 있는데 관성(官星)이 뿌리가 있으면 관성(官星)이 용신(用神)이다.

— 신왕(身旺)하면 일간(日干)을 제(制)하는 것이 용신(用神)이다. 만약 제(制)하는 것이 없으면 설(泄)하는 것이 용신(用神)이다.

— 신약(身弱)한데 설(泄)이 왕성하면 신(身)을 보충하고, 신강(身强)한데 설(泄)이 약하면 설(泄)을 보충하라.

— 신약(身弱)한데 재성(財星)이 많으면 비겁(比劫)이 용신(用神)이고, 인성(印星)은 희신(喜神)이다.

— 신약(身弱)한데 관성(官星)이 왕성하면 관성(官星)을 설(泄)하여 약한 일간(日干)을 생부(生扶)하는 인성(印星)이 용신(用神)이고, 비겁(比劫)과 식상(食傷)은 희신(喜神)이다.

— 신약(身弱)한데 일간(日干)을 극(剋)하는 것이 있으면 일간(日干)을 극(剋)하는 것을 극(剋)하는 것이 용신(用神)이다. 이것을 식신제살격(食神制殺格)이라 하는데 용신(用神)과 일간(日干)은 강약과 관계가 없다.

— 동목(凍木)은 화(火)가 용신(用神)이다. 화(火)는 목(木)을 설(泄)하는 것이 아니라 생(生)하기 때문이다.

— 통관(通關) 사주에서 관성(官星)과 상관(傷官)이 나란히 있으면 재성(財星)이 용신(用神)이고, 재성(財星)과 인성(印星)이 교차하면 관성(官星)이 용신(用神)이고, 재성(財星)과 겁성(劫星)이 대치하면 식상(食傷)이 용신(用神)이다.

— 신(申)월 임계수(壬癸水)는 수지장생궁(水之長生宮)이고, 인수(印綬)인 금(金)의 녹궁(祿宮)으로 수(水)가 원원유장(源遠流長)하여 매우 왕성하다. 이런 사주는 갑목(甲木)으로 용신(用神)을 삼는 것이 마땅하고, 금수(金水)는 차가우니 정화(丁火)로 따뜻하게 해주면 길하다.

— 인수용관살격(印綬用官殺格). 인수격(印綬格) 사주가 신강(身强)한데 재성(財星)이 있으면 관살(官殺)이 용신(用神)이고, 재성(財星)이 희신(喜神)이다.

— 인수용재격(印綬用財格). 인수격(印綬格) 사주가 인성(印星)이 많아 신강(身强)하면 재성(財星)이 용신(用神)이다.

— 인수용식상격(印綬用食傷格) 또는 인수용관살격(印綬用官殺格).
  인수격(印綬格)에 비겁(比劫)이 많아 신강(身强)하면 관살(官
  殺)이 용신(用神)이고, 관살(官殺)이 없으면 식상(食傷)이 용신
  (用神)이다.

— 인수용겁격(印綬用劫格). 인수격(印綬格) 사주가 재성(財星)이
  많아 신약(身弱)하면 비겁(比劫)이 용신(用神)이다.

— 인수용인격(印綬用印格). 인수격(印綬格) 사주가 식상(食傷)이
  나 관성(官星)이 많아 신약(身弱)하면 인수(印綬)가 용신(用神)
  이다.

— 식신용관살격(食神用官殺格). 식신격(食神格) 사주가 신강(身
  强)한데 재성(財星)이 있으면 관살(官殺)이 용신(用神)이다.

— 식신용식상격(食神用食傷格). 식신격(食神格) 사주가 비겁(比
  劫)이 많아 신강(身强)하면 식상(食傷)이 용신(用神)이다.

— 식신용재격(食神用財格). 식신격(食神格) 사주가 인성(印星)이
  많아 신강(身强)한데 식상(食傷)이 있으면 재성(財星)이 용신
  (用神)이고, 식상(食傷)이 희신(喜神)이다.

— 식신용인격(食神用印格). 식신격(食神格) 사주가 식신(食神)이
  나 관살(官殺)이 많으면 인수(印綬)가 용신(用神)이다.

— 식신용겁격(食神用劫格). 식신격(食神格) 사주가 재성(財星)이
  많아 신약(身弱)하면 비겁(比劫)이 용신(用神)이다.

— 상관용재격(傷官用財格). 상관격(傷官格) 사주가 인성(印星)이
  많아 신강(身强)하면 재성(財星)이 용신(用神)이다.

— 상관용살격(傷官用殺格). 상관격(傷官格) 사주가 비겁(比劫)이

많아 신강(身强)하면 관살(官殺)이 용신(用神)이다.

— 상관용상관격(傷官用傷官格). 상관격(傷官格) 사주가 신강(身强)한데 관성(官星)이 많거나 없으면 상관(傷官)이 용신(用神)이다.

— 상관용인격(傷官用印格). 상관격(傷官格) 사주가 식상(食傷)이 많아 신약(身弱)하거나 관성(官星)이 많으면 인수(印綬)가 용신(用神)이다.

— 상관용겁격(傷官用劫格). 상관격(傷官格) 사주가 재성(財星)이 많아 신약(身弱)하면 비겁(比劫)이 용신(用神)이다.

— 재용재격(財用財格). 정재격(正財格) 사주가 신강(身强)한데 인성(印星)이 많으면 재성(財星)이 용신(用神)이다.

— 재용식상격(財用食傷格). 정재격(正財格) 사주가 신강(身强)한데 비견(比肩)이 많으면 식상(食傷)이나 관살(官殺)이 용신(用神)이다.

— 재용인격(財用印格). 정재격(正財格) 사주가 관성(官星)이나 식상(食傷)이 많아 신약(身弱)하면 인수(印綬)가 용신(用神)이다.

— 재용비겁격(財用比劫格). 정재격(正財格) 사주가 재성(財星)이 많아 신약(身弱)하면 비겁(比劫)이 용신(用神)이다.

— 재용재격(財用財格). 편재격(偏財格) 사주가 인성(印星)이나 비견(比肩)이 많아 신강(身强)하면 재성(財星)이 용신(用神)이다.

— 재용식상격(財用食傷格). 편재격(偏財格) 사주가 비견(比肩)이 많아 신강(身强)하면 식상(食傷)이나 관살(官殺)이 용신(用神)이다.

— 재용재격(財用財格). 편재격(偏財格) 사주가 관성(官星)이나 식
상(食傷)이 많아 신약(身弱)하면 인수(印綬)가 용신(用神)이다.

— 재용비겁격(財用比劫格). 편재격(偏財格) 사주가 재성(財星)이
많아 신약(身弱)하면 비겁(比劫)이 용신(用神)이다.

— 정관용재격(正官用財格). 정관격(正官格) 사주가 인성(印星)이
많아 신강(身强)하면 재성(財星)이 용신(用神)이다.

— 정관용관격(正官用官格). 정관격(正官格) 사주가 비견(比肩)이
많아 신강(身强)하면 관성(官星)이 용신(用神)이다.

— 정관용인격(正官用印格). 정관격(正官格) 사주가 관성(官星)이
나 식상(食傷)이 많으면 인수(印綬)가 용신(用神)이다.

— 정관용겁격(正官用劫格. 정관격(正官格) 사주가 재성(財星)이
많아 신약(身弱)하면 비겁(比劫)이 용신(用神)이고, 비겁(比劫)
이 없으면 인수(印綬)가 용신(用神)이다.

— 칠살용재격(七殺用財格). 편관격(偏官格) 사주가 인성(印星)이
많아 신강(身强)하면 재성(財星)이 용신(用神)이다.

— 칠살용살격(七殺用殺格). 편관격(偏官格) 사주가 비견(比肩)이
많아 신강(身强)하면 관살(官殺)이 용신(用神)이다.

— 칠살용식상격(七殺用食傷格). 편관격(偏官格) 사주가 신강(身
强)한데 관살(官殺)이 있으면 식상(食傷)이 용신(用神)이다.

— 칠살용인격(七殺用印格). 편관격(偏官格) 사주가 관성(官星)이
나 식상(食傷)이 많아 신약(身弱)하면 인수(印綬)가 용신(用神)
이다.

— 칠살용겁격(七殺用劫格). 편관격(偏官格) 사주가 재성(財星)이

많아 신약(身弱)하면 비겁(比劫)이 용신(用神)이다.

— 양인격(羊刃格) 사주가 신강(身强)한데 2~3개 있는 칠살(七殺)
  1개를 합거(合去)하여 살인상정(殺刃相停)을 이루면 다른 살
  (殺)로 용신(用神)을 삼는다.

— 양인용인격(羊刃用印格). 무(戊)일생의 양인(羊刃)은 오(午)인
  데 세시(歲時)에 화(火)가 많으면 겁위인수(劫爲印綬)로 변칙하
  여 용신(用神)을 삼는다.

— 양인용재격(羊刃用財格). 양인격(羊刃格) 사주가 양인(羊刃)과
  인수(印綬)가 많아 신강(身强)한데 관성(官星)과 식상(食傷)이
  없으면 재성(財星)이 용신(用神)이다. 이런 사주는 양인(羊刃)
  이 합세군(合歲君)하면 위험하다.

— 양인용인격(羊刃用印格). 양인격(羊刃格) 사주가 살(殺) 하나가
  강하여 살인상정(殺刃相停)이 되었는데 양인(羊刃)이 약하면
  양인(羊刃)이 용신(用神)이다.

4. 한난조습(寒暖燥濕)에 대하여

— 사주가 매우 덥고 건조하면 우로로 윤택하게 해주어야 길하고,
  매우 차갑고 습하면 태양으로 따뜻하게 해주어야 길하다.

— 천간(天干)에 금수(金水)가 있으면 차가운 것으로 보고, 화(火)
  가 있으면 더운 것으로 본다.

— 지지(地支)의 서북은 습한 것으로 보고, 동남은 건조한 것으로

본다.

— 추동절(秋冬節)은 차가우며 습한 것으로 보고, 춘하절(春夏節)
은 덥고 건조한 것으로 본다.

— 인묘사오미술(寅卯巳午未戌)은 양난(陽暖)의 경(卿)이 되고, 진
신유해자축(辰申酉亥子丑)은 음한(陰寒)의 지(地)가 된다.

— 갑을병정무(甲乙丙丁戊)는 덥고 건조한 것으로 보고, 경신임계
기(庚辛壬癸己)는 차가우며 습한 것으로 본다.

5. 십신(十神)에 대하여

남녀 모두 십신(十神)은 일간(日干)과 다른 간지(干支)와의 관계
를 나타내는 것으로, 오행(五行)의 대명사이며 추명학(推命學)의
근본이다.

1. 인성(印星)

인성(印星)은 인수(印綬)와 편인(偏印)을 합쳐서 부르는 말이다.
인수(印綬)는 자애로운 어머니에 해당하며 · 진리 · 학문 · 종교 · 기
업 · 명예를 상징하고, 편인(偏印)은 양부모에 해당하며 질시와 구
박을 상징한다.

— 사주에 인성(印星)이 있으면 종교가 있는 것으로 보고, 인성(印
星)이 없으면 무교로 본다.

— 사주에 재성(財星)과 인성(印星)이 모두 있으면 명리를 모두 이

룬다. 인성(印星)은 명예를 의미하고 재성(財星)은 이로움을 의미하기 때문이다.

— 인성(印星)이 약한데 재성운(財星運)을 만나면 탐재괴인(貪財壞印)이 되어 생명이 위태롭다. 탐재괴인(貪財壞印)이란 인수(印綬)가 재성(財星)을 탐하다 파괴되는 것을 말한다.

— 사주에서 인성(印星)이 일간(日干)과 합(合)하면 두 어머니를 모시기 쉽다.

— 인수(印綬)가 월주(月柱)나 시주(時柱)에 있으면 매우 길하나 일지(日支)나 년주(年柱)에 있으면 흉하다.

— 인수(印綬)가 년월(年月)에서 길작용을 하면 정신·학문·예술·종교면에서 선조의 좋은 혈통을 이어받는다.

— 인수(印綬)가 월주(月柱)에 있는데 관성(官星)을 만나면 길하다. 만일 관성(官星)이 없어도 관성운(官星運)이 오면 발복하여 벼슬길에 오른다.

— 인수(印綬)가 매우 왕성한데 재성운(財星運)을 만나면 저절로 부귀가 따른다.

— 인수(印綬)가 왕성한데 관성(官星)과 상생(官印相生)하면 선배나 연장자의 후원과 부하나 자녀의 덕을 본다.

— 인수(印綬)가 파상(破傷)되지 않으면 조상덕으로 전답을 지니고 부귀를 누린다.

— 인수(印綬)가 삼합(三合)을 이루면 총명하며 지혜가 있고 상경하애 정신이 있다. 이런 사주는 교육자로 나가면 인기를 얻는다.

— 인수(印綬)는 교육이나 종교 등의 문성(文星)으로 보는데 재물

에 해당하는 재성(財星)이 왕성하면 문성(文星)이 몰하고, 문성(文星)이 왕성하면 재물이 없다. 부자는 글이 모자라고 학자는 재물이 풍부하지 못한 원리가 여기에 있다.

— 인수(印綬)가 사절운(死絶運)에 들면 힘이 없어 나를 생(生)하지 못하니 만사가 이루어지지 않는다.

— 인수(印綬)가 재성운(財星運)에 들어도 재극인(財剋印)으로 인수(印綬)가 파상(破傷)되므로 만사가 이루어지지 않는다.

— 인수(印綬)가 많은데 관성(官星)이 없으면 글과 재능이 많아도 청고한 기술자나 예술가 밖에는 되지 않는다.

— 인수(印綬)가 거듭 있는데 관성(官星)은 없고 도화살(桃花殺)이 있으면 풍류를 즐기다 가산을 탕진한다.

— 인수(印綬)가 생(生)을 받으면 저절로 부귀가 따른다. 그러나 재성(財星)이 인수(印綬)를 상하게 하면 대기발령이나 퇴직이 따른다.

— 사주에 인수(印綬)가 많으면 신왕(身旺)해져 행복을 누린다. 그러나 식상(食傷)이 용신(用神)에 해당하면 인극식(印剋食)으로 도식(倒食)이 되어 도산한다.

— 인수(印綬) 용신(用神)으로 입신한 공직자는 재성운(財星運)을 만나면 뇌물죄를 범한다.

— 인수(印綬)가 투합(妬合)하면 어머니가 재혼할 수 있다.

— 사주에 인수(印綬)와 편재(偏財)가 모두 있는데 편재(偏財)가 극해(剋害)되면 아버지가 먼저 돌아가시고, 인수(印綬)가 극해(剋害)되면 어머니가 먼저 돌아가신다.

— 사주에 편인(偏印)이 너무 많으면 용모가 추하고 성격이 혹독하며 인정이 없다.

— 편인(偏印)에 해당하는 육친의 덕은 없는 것으로 본다. 그러나 어디에 있든 제화(制化)나 합(合)되면 해롭지 않으니 잘 살펴야 한다.

— 사주에 편인(偏印)이 많고 기신(忌神)에 해당하는데 편재(偏財)가 제화(制化)시키거나 상관(傷官)이 간합(干合)하여 길성(吉星)으로 변하면 인수(印綬)가 되어 길작용을 한다.

— 편인(偏印)이 삼합(三合)을 이루면 문예에 소질이 있고 인기도 있으나 주거지 변동이 많다.

— 사주에 편인(偏印)이 많으면 두 어머니를 모시는 팔자인데 십이운성(十二運星)에서 길성(吉星)에 해당하면 양모(養母)가 선하고, 흉성에 해당하면 악하다. 만일 식신(食神)이 있으면 재산 때문에 풍파가 많다.

— 편인(偏印)은 극설(剋泄)되어야 편인(偏印)이라 한다. 만일 제화(制化)되지 않으면 도식(倒食)이 되고, 도식(倒食)도 공망(空亡)이나 충(沖)되면 편인(偏印)으로 본다.

— 사주에 도식(倒食)이 있으면 식신(食神)이 없어야 길하다. 식신(食神)의 적은 도식(倒食)이기 때문이다.

— 사주에 도식(倒食)이 많으면 가난에 시달리다 횡사한다.

— 도식운(倒食運)을 만나면 병약이나 재물손실이 따르는데 특히 여명은 자녀에게 불리하다.

2. 비겁(比劫)

비견(比肩)과 겁재(劫財)를 합쳐서 부르는 말로 형제와 친구에 해당한다. 비견(比肩)은 분록(分祿)이라고도 하는데 이별·분가·투쟁·동업 등을 상징하고, 겁재(劫財)는 모살(耗殺)이라고도 하는데 손재(損財)와 탈재(奪財)를 상징한다.

— 사주에 비겁(比劫)이 많으면 재성(財星)이 파괴되는데 편관(偏官)을 만나면 관극비(官剋比)가 되어 재성(財星)을 보호할 수 있고, 사주에 편관(偏官)이 없는데 대운(大運)에서 편관(偏官)을 만나면 재성(財星)이 안정된다.

— 비겁(比劫)이 너무 강하면 가정이 화목하지 못하다. 만일 관살(官殺)이 왕성하면 관살(官殺)을 만나야 길하고, 관살(官殺)이 없으면 식상(食傷)을 만나야 길하다.

— 비겁(比劫)과 재성(財星)의 힘이 같은데 비겁운(比劫運)을 만나면 득비이재(得比理財)가 되어 크게 성공한다.

— 비겁(比劫)이 너무 왕성하면 극부·극처·손재가 따르고 자식이 첩을 둔다.

— 비겁(比劫)이 많으면 군비쟁재(群比爭財)가 일어나 재물을 보전하기 어렵다.

— 비겁(比劫)이 재성(財星)을 극(剋)하면 관성(官星)을 생(生)하지 못하니 벼슬길이 멀고 멀다.

— 사주에 군비쟁재(群比爭財)가 있으면 어머니보다 아버지가 먼저 돌아가신다.

— 사주에 비견(比肩)이 많으면 개인적이며 협동심이 부족하다.

— 비견(比肩)은 편재(偏財)의 칠살(七殺)인데 비견(比肩)이 흉작용을 많이 하면 부모 중에서 한 분을 일찍 잃는다. 또 유통의 재성(財星)을 충(沖)하니 재물도 실패하는 경우가 많다.

— 비견(比肩)이 년운(年運)에서 칠충(七沖)이나 삼형(三刑)이나 공망(空亡)되면 본인이나 친척이 죽고 이직할 수 있다.

— 비견(比肩)이 삼합(三合)을 이루면 아집이 강하고 친아버지와 처첩에게도 불리하고 늦게 혼인하는 것이 좋다. 이복형제도 있을 수 있고 외정·술·도박·오락·주색·잡기로 낭비가 심하고, 남의 돈을 잘 이용하나 실패하면 떼먹고도 태연하다.

— 겁재(劫財)는 넓은 의미로는 사회·대중을 상징하니 정극(正剋)을 당하면 바르게 움직이게 하는 것으로 보고, 편극(偏剋)을 당하면 부정하게 움직이게 하는 것으로 본다.

— 겁재(劫財)는 흉성(凶星)으로 보지만 관성(官星)이 있으면 중화되어 길작용을 한다.

— 겁재(劫財)가 왕성해도 편관(偏官)과 간합(干合)하여 변하거나 정관(正官)으로 제복(制伏)시키거나 식신(食神)으로 설기(泄氣)시키면 길하다.

— 겁재(劫財)가 년월(年月)에 있으면 조상·부모·형제의 덕이 박하다.

— 겁재(劫財)가 기신(忌神)에 해당하면 재물을 모으기 어렵다.

— 겁재(劫財)는 있는데 재성(財星)이 없으면 재성운(財星運)에 크게 실패하고 집안이 망한다.

— 겁재(劫財)가 삼합(三合)을 이루면 자존심과 고집 때문에 앞길이 막히고, 친아버지와 인연이 박하고, 이복이나 이부 형제가 있고, 조혼과 공동사업이 불리하다.

3. 식상(食傷)

식신(食神)과 상관(傷官)을 합쳐서 부르는 말로 조모·장모·손자 등에 해당한다. 식신(食神)은 의식주·건강·수명을 상징하고, 상관(傷官)은 글자 그대로 관성(官星)을 상(傷)하게 하는 것이니 관성(官星)을 극(剋)하는 것을 말한다.

— 식상(食傷)이 용신(用神)에 해당하면 총명하며 재능이 많다.
— 식상(食傷)은 공덕을 의미하니 사주에 식상(食傷)이 없으면 공덕을 쌓아라.
— 사주에 식상(食傷)이 많은데 식상운(食傷運)을 만나면 식극관(食剋官)이 되어 낙직·형액·이별·재물실패가 따른다.
— 사주에 식상(食傷)과 도화(桃花)가 모두 있으면 명예훼손이 따른다.
— 식신(食神)은 수성(壽星)이라고도 한다. 양명지원(養命之源)인 재성(財星)을 생(生)하고, 나를 극(剋)하는 칠살(七殺)을 제(制)하기 때문이다. 재성(財星)이 있어야 생활할 수 있고 수명도 연장되기 때문에 재성(財星)을 양명지원(養命之源)이라고 하는 것이다.
— 사주에 식신(食神)이 있는데 십이운성(十二運星)이 왕성하고

도식(倒食)인 편인(偏印)이 없으면 조상과 부모의 덕이 있고, 평생 건강하며 부유하다.

— 식신(食神)이 왕성한데 신약(身弱)하면 모쇠자왕(母衰子旺)이 되므로 유산을 많이 한다.

— 사주에 식신(食神)이 너무 많으면 관성(官星)을 극(剋)하니 벼슬운이 박하다. 특히 남명은 자녀운이 박하고, 여명은 남편운이 박하다.

— 식신(食神)이 쇠병지(衰病地)에 들었는데 비겁(比劫)의 도움이 없어 도식(倒食)이 되면 병약·빈곤·손재·도난 등이 따르고, 비겁(比劫)이 도와주면 의식주에는 문제가 없다.

— 식신(食神)이 희용신(喜用神)인데 편인운(偏印運)을 만나면 도식(倒食)이 되니 부도나 재물손실이 따른다.

— 식신제살(食神制殺)을 이루었는데 효살(梟殺)을 만나면 가난하거나 요절한다.

— 식신(食神)이 월주(月柱)에 있는데 편관(偏官)이 시주(時柱)에 있으면 식거선(食居先) 살거후(殺居後)라 한다. 이런 사주는 공명이 모두 따른다고 한다. 그러나 신왕살왕(身旺殺旺)하면 공명이 있으나 신왕살쇠(身旺殺衰)하면 대흉하다.

— 식신(食神)이 간합(干合)하여 변한 오행(五行)이 묘운(墓運)에 들면 재앙이 따르는데 심하면 죽음에 이른다.

— 식신(食神)이 삼합(三合)을 이루면 의식주에는 문제가 없으나 유흥을 좋아하며 관직과 명예가 실추되고 평생 야당으로 산다. 특히 여명은 남편의 운을 막는다.

- 식신(食神)이 일간(日干)과 합(合)하면 장모를 모시고 산다.
- 상관(傷官)을 인수(印綬)가 억제해주면 상관(傷官)은 귀성(貴星)이 된다.
- 상관(傷官)은 겁재(劫財)처럼 가정을 파괴하는 별인데 년(年)이나 월(月)에 있으면 가계를 이어받지 못한다. 특히 아버지와의 인연이 박하다.
- 상관(傷官)은 정관(正官)을 정극(正剋)하니 사주에 상관(傷官)이 있으면 벼슬과는 인연이 적고, 총명하며 선견지명이 있으나 교만하며 반항적이다.
- 상관(傷官)이 삼합(三合)을 이루어 강해지면 평생 야당으로 명예와 관직이 불리하다. 특히 여명은 남편복이 없다.
- 상관(傷官)이 월주(月柱)에 있으면 아버지 대에 집안이 망한 사람이다.
- 상관(傷官)과 재성(財星)과 인성(印星)이 합신(合身)하면 조모중매(祖母仲媒) 후부동거(後父同居)라.
- 남명이 상관(傷官)이 매우 강하면 자녀가 없거나 있어도 덕이 없다. 만일 관성(官星)이 상하면 자녀도 상하고 구설수에도 오르는데 심하면 감옥에 들어간다.
- 남명에서 식상(食傷)은 부하에 해당하므로 식상(食傷)이 형충파해(刑沖破害)되거나 공망(空亡)되면 부하의 덕이 없다.
- 진상관격(眞傷官格) 사주가 인성(印星)이나 비겁(比劫)을 용신(用神)으로 삼으면 인비운(印比運)에 발전한다. 그러나 상관운(傷官運)을 만나면 설기(洩氣)가 심하여 명을 마친다.

— 가상관격(假傷官格) 사주가 재관식(財官食)을 희용신(喜用神)으로 삼으면 재관식운(財官食運)에 발전한다. 그러나 인수운(印綬運)을 만나면 상관(傷官)이 파료(破了)되니 수명을 마친다.

— 가상관격(假傷官格) 사주가 인수운(印綬運)을 만나면 파료상관(破了傷官)으로 손수원(損壽元)이 되어 단명하거나 외롭게 떠돌며 질병이 그칠 날이 없다.

4. 관성(官星)

정관(正官)과 편관(偏官)을 합쳐서 부르는 말이다. 남명은 자식을 보고, 여명은 남편을 본다. 정관(正官)은 국민의 안녕과 질서를 위하여 규칙을 정하고 규제하니 품위·명예·권세·벼슬 등 문관을 상징하고, 편관(偏官)은 귀살(鬼殺)이라고도 하는데 영웅호걸·군인·경찰·기술직 등 무관을 상징한다.

— 관성(官星)은 인수(印綬)를 생조(生助)하므로 선배나 상사를 의미하기도 한다.

— 사주에 관성(官星)이 없으면 재성(財星)도 소용없고, 재성(財星)이 없으면 관성(官星)도 소용없고, 재성(財星)과 관성(官星)이 모두 없으면 신왕(身旺)해도 소용없다.

— 관성(官星)은 관극비(官剋比)로 재성(財星)을 보호하고, 재성(財星)은 재생관(財生官)으로 관성(官星)을 살린다.

— 사주에 관성(官星)이 많으면 일간(日干)을 극(剋)하는데 이 때 인성(印星)이 있으면 흉이 길로 변한다. 이것을 화인생아(化印

生我)라 한다.

— 관성(官星)이 년시상(年時上)에 있는데 관살(官殺)을 만나 거관유살(去官留殺)이나 거살유관(去殺留官)으로 중화시키면 영화를 누린다.

— 관성(官星)이 년시상(年時上)에 있는데 칠살(七殺)을 만나지 않으면 부귀영화가 저절로 따른다.

— 관성(官星)이 년시상(年時上)에 있는데 다른 주(柱)에 관살(官殺)이 있으면 풍운아이다.

— 사주에 관성(官星)은 있으나 인수(印綬)가 없으면 평생을 명예욕으로 허비한다.

— 관성(官星)이 왕성하고 신약(身弱)한데 관성운(官星運)을 만나면 몸을 상한다. 이 때 식상(食傷)이 없으면 죽음에 이르기도 한다.

— 관살(官殺)이 혼잡하면 천한 사람으로 출세하기 어렵다.

— 남명이 관성(官星)이 도화(桃花)에 해당하면 아내덕으로 벼슬하고, 살성(殺星)이 도화(桃花)에 해당하면 간통을 저지른다.

— 사주에 정관(正官)이 있으면 순박하며 인덕이 있고 문장으로 입신양명한다.

— 정관(正官)이 공망(空亡)이나 충파(沖破)되면 직업에 풍파가 많고 가난에 허덕인다.

— 정관(正官)이 유년(流年)에서 충(沖)되면 주거지나 직업에 변화가 생긴다.

— 정관(正官)이 삼합(三合)을 이루면 품행이 단정하며 윗사람을

존경하고, 재물보다 명예와 의리를 중히 여긴다.

— 여명이 정관(正官)이 도화(桃花)에 해당하면 복록을 자랑하나 편관(偏官)이 도화(桃花)에 해당하면 박복하여 설움이 많다.

— 편관(偏官)은 나와 비견(比肩)을 극상(剋傷)하니 몸을 사리고, 변화를 찾으려고 하니 개혁과 이동의 의미도 있다.

— 편관(偏官)은 나를 극(剋)하는 흉성(凶星)이지만 제복(制伏)시키는 식신(食神)이나 설기(泄氣)시키는 인수(印綬)나 겁재(劫財)와 간합(干合)하여 다른 성(星)으로 변하면 길성(吉星)으로 작용한다.

— 편관(偏官)을 제복(制伏)시키지 못하면 소심하며 침착하지 못하고 광폭하며 항상 불행하다. 그러나 너무 심하게 제복(制伏)시키면 진법무민(盡法無民)이 되어 흉하다.

— 편관(偏官)이 흉작용을 하는데 편관년(偏官年)을 만나면 건강과 교통사고를 조심해야 하고, 사용자는 종업원의 반발을 조심해야 한다.

— 제살태과(制殺太過)에는 살(殺)을 보충해야 하는데 제살운(制殺運)을 만나면 진법무민(盡法無民)이 되어 황천길로 간다.

— 사주에 편관(偏官)이 1개 있는데 오행(五行)이 골고루 있으면 일간(日干)을 생(生)하는 대운(大運)에 부를 이루기 시작한다.

— 편관(偏官)이 약하고 신강(身強)한데 재성(財星)이 있으면 귀격을 이루고, 재성운(財星運)을 만나면 재물을 얻는다.

— 편관(偏官)이 왕성하고 신약(身弱)한데 재성(財星)이 있으면 매우 흉하고, 재성운(財星運)을 만나면 사망하거나 크게 실패한다.

— 편관(偏官)이 왕성하고 신약(身弱)한데 편관운(偏官運)이나 묘운(墓運)을 만나면 본인이나 가족이 사망한다.

— 편관(偏官)이 일지(日支)나 시지(時支)에 있으면 반드시 고향을 일찍 떠난다.

— 편관(偏官)이 지지(地支)에 나란히 있는데 신약(身弱)하면 편관운(偏官運)에 수명을 마친다.

— 편관(偏官)이 삼합(三合)을 이루면 성급·폭행·투쟁·권력·질병·경거망동이 따른다.

5. 재성(財星)

재성(財星)은 정재(正財)와 편재(偏財)를 합쳐서 부르는 말이다. 정재(正財)는 정당한 재물을 상징하고, 편재(偏財)는 겁재(劫財)가 정극(正剋)하는 재물이니 대중·유통·이동이 많은 재물로 본다.

— 재성(財星)이 왕성한데 신강(身强)하면 대부격을 이루고, 재성(財星)이 약해도 신강(身强)하면 식재운(食財運)에 부귀를 이룬다.

— 사주에 재성(財星)이 없어도 삼합(三合)으로 재국(財局)을 이루면 평생 행복하게 살아간다.

— 재성(財星)은 천간(天干)에 있는 것보다 지지(地支)에 있는 것이 더 좋다. 그러나 암장(暗藏)되어 있으면 지독한 수전노이다.

— 사주에 재성(財星)이 없으면 물욕이 없으나 재성운(財星運)을 만나면 패망한다.

— 사주에서 재성(財星)이 살(殺)에 해당하면 아버지가 객사한다.

— 재성(財星)이 많아 신약(身弱)하면 재성(財星)이 관살(官殺)을 생(生)하여 나를 공격하니 항상 가난하며 신음 속에 살아가고, 돈을 벌면 몸이 아프다가 돈이 나가면 회복된다.

— 재성(財星)이 많아 신약(身弱)하면 아버지보다 어머니가 먼저 돌아가신다.

— 재성(財星)이 많아 신약(身弱)한데 식상운(食傷運)을 만나면 아내와 재물이 상한다.

— 재성(財星)이 많거나 왕성하면 신(身)이 왕지(旺地)에 들어도 발복하기 어렵다.

— 재성(財星)은 강한데 비겁(比劫)이 약하고 관성운(官星運)을 만나면 패망한다. 약한 비겁(比劫)이 강한 재성(財星)을 억제하지 못하니 재성(財星)은 관성(官星)을 생(生)하여 일간(日干)을 극(剋)하기 때문이다.

— 재성(財星)과 인성(印星)이 극파(剋破)되어 무기력하면 어릴 때 가장이 된다.

— 재성(財星)과 인성(印星)이 싸우면 어머니와 아내가 불화하고, 상충(相沖)하면 부모가 자신을 낳은 후 이혼한다.

— 재성(財星)이나 도화(桃花)가 일월지(日月支)에 있으면 부녀자를 간통한다.

— 재전왕(財專旺)으로 일간(日干)이 뿌리가 없으면 종재격(從財格)이 되는데 부신운(扶身運)을 만나면 흉하나 생재운(生財運)을 만나면 길하다.

— 종재격(從財格) 사주는 대부격을 이루나 인수운(印綬運)을 만

나면 패망한다.

— 정재(正財)가 많으면 부모와 인연이 박한데 특히 어머니를 극상(剋傷)한다.

— 정재(正財)가 삼합(三合)을 이루면 돈이 떨어지지 않으나 처가살이를 하거나 여자로 인한 파란이 많다. 만일 재성(財星)이 용신(用神)이면 정직하며 성실하나 재성(財星)이 많아 신약(身弱)하면 게으르며 공처가이다.

— 정재(正財)가 충파(沖破)되면 관성(官星)이 역할을 하지 못하니 벼슬과 인연이 없다.

— 정재(正財)와 겁재(劫財)가 나란히 있으면 평생 돈복이 없고 수입보다 지출이 많다.

— 정재격(正財格) 사주가 왕성한 십이운성(十二運星)을 만나 길신(吉神)이 되면 조상덕이 있고 아버지의 재산을 물려받는다.

— 편재(偏財)가 용신(用神)에 해당하면 영업에 능하며 돈을 빌리는 재주가 있고 횡재운도 있다.

— 편재(偏財)가 비겁(比劫)을 만나면 전답이 모두 날아가고 가난으로 고생한다.

— 편재(偏財)가 정재(正財)를 띠면 정관(正官)을 생(生)하여 비겁(比劫)을 억제하니 비겁(比劫)이 있어도 두려워하지 않는다.

— 편재(偏財)가 삼합(三合)을 이루면 다정다감하며 수단이 좋으나 주색이 병이 된다. 직업은 상업이 좋으나 편재(偏財)가 흉신(凶神)에 해당하면 봉급생활이 좋다.

— 편재(偏財)가 월건(月建)에 있으면 부정한 재물을 취한다. 이

때 비겁(比劫)이 있으면 흉하고 신왕(身旺)해야 한다. 신왕재왕 (身旺財旺)에 관성(官星)이 있으면 더욱 귀하게 된다.

― 병정일간(丙丁日干)이 신강(身强)한데 재성(財星)이 투간(透干) 하면 십중팔구는 부격을 이룬다. 그러나 금재(金財)가 용신(用 神)이면 자운(子運)에 수명을 마친다.

― 편재(偏財)가 유기(有氣)한데 신강(身强)하면 아버지복·여자 복·재물복이 많다.

― 편재(偏財)가 많은데 신약(身弱)하면 친아버지와 인연이 없다.

― 편재(偏財)가 기신(忌神)인데 편재운(偏財運)을 만나면 사기를 당한다.

― 편재격(偏財格) 사주가 신왕(身旺)하면 영웅호걸인데 비겁(比 劫)이 침범하지 않아야 복록이 높다.

― 편재격(偏財格) 사주는 다정다감하며 결실이 있고 강개심이 강 하나 재성(財星)이 많아 신약(身弱)하면 헛수고만 한다.

6. 양인(羊刃)에 대하여

― 양인(羊刃)을 흉으로만 보면 안 된다. 신강(身强)하면 군비쟁재 (群比爭財)가 되어 불리하나 신약(身弱)하면 득비이재(得比理 財)가 되어 길하다.

― 양인(羊刃)이 살(殺)과 합(合)하면 흉이 변하여 좋아진다.

― 양인(羊刃)이 무살(無殺)이면 인필겁재(刃必劫財)이고, 칠살(七 殺)이 무인(無刃)이면 살필상신(殺必傷身)인데, 살인(殺刃)이

와서 합(合)하면 방위귀(方爲貴)라.

— 「희기편(喜忌偏)」에서는 '무일오일(戊日午日)이면 물작인간(勿作刃看)이고, 세시화다(歲時火多)이면 겁위인수(劫爲印綬)'라 하였다. 양인(羊刃)으로 보지 말라는 뜻이다.

— 천간(天干)의 비겁(比劫)은 양인(羊刃)으로 작용할 수 있다.

— 양인(羊刃)이 많으면 심성이 강하고 기고만장하여 남에게 굴하지 않는다.

— 양인(羊刃)이 월시(月時)에 모두 있으면 시간(時干)에 관살(官殺)이 있어도 귀관(貴官)이 될 수 없다. 신왕관쇠(身旺官衰)가 되기 쉽고, 겁(劫)이 많으면 군비쟁재(群比爭財)가 되어 관살(官殺)의 뿌리인 재성(財星)을 빼앗으니 관성(官星)이 있어도 관성(官星) 역할을 하지 못하기 때문이다.

— 양인(羊刃)이 있는데 관살(官殺)을 만나면 좋다. 정관(正官)은 양인(羊刃)을 극(剋)하여 재성(財星)을 보호하고, 편관(偏官)은 양인(羊刃)과 합거(合去)되어 나를 극(剋)하지 않기 때문이다.

— 양인(羊刃)이 세군(歲君)과 합(合)되면 완강해져 귀성(貴星)인 재성(財星)과 관성(官星)을 모두 극(剋)하므로 패망한다.

— 양인(羊刃)이 충(沖)되면 매우 흉하다. 일간(日干)이 제매씨에게 의지하는데 제매가 충(沖)되면 방어선이 무너져 신약(身弱)해지기 때문이다.

— 양인(羊刃)이 충파(沖破)되었는데 재지(財地)를 만나면 흉하다. 양인(羊刃)이 충파(沖破)되면 재성(財星)을 제압하지 못하니 재생관살(財生官殺)로 나를 치기 때문이다. 관살(官殺)을 생조(生

助)하지 못하게 하는 양인(羊刃)이 충패(沖敗)가 되면 재성(財星)을 제압할 수 없으니 재성(財星)이 관살(官殺)을 생(生)하여 나를 치기 때문이다.

— 양인(羊刃)이 형충(刑沖)되면 매우 흉하나 상관(傷官)이 충(沖)하는 것을 제도하면 길하다. 『만상서(萬商書)』에서는 '상관유인(傷官有刃)이면 장상공후(將相公候)'라 하였다.

— 양인(羊刃)이 세운(歲運)에서 합(合)이나 충(沖)되면 흉하다. 합(合)되면 군비쟁재(群比爭財)가 되고, 충(沖)되면 제매씨의 방어선이 무너지고, 재생살(財生殺)이 되면 일간(日干)을 극(剋)하여 합살위귀(合殺爲貴)를 방해하기 때문이다.

— 양인무살(羊刃無殺)이면 인필겁재(刃必劫財)이고, 칠살무인(七殺無刃)이면 살필상신(殺必傷身)인데, 살인내합(殺刃來合)이면 방위귀(方爲貴)라. 양인(羊刃)이 있는데 살(殺)이 없으면 양인(羊刃)은 겁재(劫財)가 되고, 칠살(七殺)이 있는데 양인(羊刃)이 없으면 반드시 몸을 상하는데, 살(殺)과 인(刃)이 합(合)되면 귀격을 이룬다는 뜻이다.

— 양인격(羊刃格)이 신왕(身旺)하면 기고(氣高)한데 신약(身弱)하면 양인(羊刃)을 기뻐하나 신강(身强)하면 꺼린다.

— 양인(羊刃)이 있는데 신약(身弱)하면 양인(羊刃)이 방조(幇助)하는 신이 되어 길하고, 신강(身强)하면 탈재·극부·극첩이 따르니 흉하다.

— 양인(羊刃)은 재성(財星)의 칠살(七殺)이니 양인(羊刃)이 있으면 재성(財星)이 상하여 관성(官星)을 생(生)하지 못하니 재성

(財星)과 관성(官星)이 모두 약해진다.

— 양인(羊刃)이 왕성하면 기고(氣高)하며 용장(勇將)과 같으니 양인(羊刃)보다 살(殺)이 강하면 적에게 전사당하는 상이 되어 전공은 세우나 의리에 산화하기 쉽다.

— 양인(羊刃)이 칠살(七殺)보다 강하면 재성(財星)과 관성(官星)이 모두 무력하니 안하무인격이 되어 저절로 망하기 쉽다.

— 양인(羊刃)이 왕성한데 양인(羊刃)을 충(沖)하고 합세군(合歲君)하면 대귀격을 이룬다.

— 양인(羊刃)이 칠살(七殺)과 합(合)으로 어울려 있는 것을 살인상정(殺刃相停)이라고 한다 .

— 양인(羊刃)이 강한데 살(殺)이 약하고 양인(羊刃)이 세군(歲君)과 합(合)되면 흉하나 충(沖)되면 무방하다.

— 양인(羊刃)과 살(殺)이 모두 강할 때는 양인(羊刃)을 충(沖)하면 흉하고, 세군(歲君)과 합(合)되면 길하다.

— 유살무인(有殺無刃)이면 살필상신(殺必傷身)이고, 유인무살(有刃無殺)이면 인필겁재(刃必劫財)인데, 살인내합(殺刃來合)이면 필위귀(必爲貴)라.

— 무(戊)일생이 세운(歲運)에서 오(午)를 많이 만나면 양인(羊刃)이 아니라 오중정화(午中丁火)로 본다.

— 골목대장들 중에는 양인(羊刃)이 매우 왕성한 경우가 많다.

7. 살(殺)에 대하여

— 사주에 원진(怨嗔)이 있으면 합(合)이 있어도 효과가 없다.

— 원진살(怨嗔殺)은 충(沖)으로 파괴해야 하는데 진해(辰亥) 원진
(怨嗔)은 술(戌)년·축(丑)년·사(巳)년에 충파(沖破)된다.

— 축오(丑午) 원진(怨嗔)과 육해살(六害殺)이 모두 있으면 배우자
를 의심하고 변태와 정신이상이 따른다.

— 도화(桃花)가 월령(月令)에 있으면 미인이나 일시(日時)에 있으
면 야외에 핀 꽃이 되어 남자의 손을 많이 탄다.

— 도화(桃花)와 망신살(亡身殺)이 월지(月支)에 모여 있으면 두
어머니를 모신다.

— 공망(空亡)이 든 사람끼리는 의견이 잘 맞는다.

— 축술형(丑戌刑)은 암합(暗合)도 되고 암충(暗沖)도 되니 해당하
면 변덕이 심하며 부부간에 무정하다.

— 축술미(丑戌未) 삼형(三刑)을 이루면 용모가 뛰어나나 인덕이
없고 입만 열면 거짓말이다. 선대의 묘가 잘못 든 것이니 활인
공덕하라.

— 인사신(寅巳申) 삼형(三刑)을 이루면 부부궁이 불리하고 속성
속패한다.

— 자묘형(子卯刑)이 있으면 정조관념이 희박하다.

— 유년(流年)에서 년지(年支)를 충(沖)하면 관직에 있는 사람은
상사의 문책과 낙직이 따르고, 일반인은 주색으로 망하며 신병
이 따른다.

― 원진운(怨嗔運)에 자녀를 혼인시키면 원망이 따른다.

― 칠살운(七殺運)에는 성인은 성인병이 따르고, 연소자는 교통사고·낙상·폭력·상해가 따른다.

― 일귀격(日貴格) 사주에 형충파해(刑沖破害)가 있으면 화가 따른다.

― 십이신살(十二神殺) 중에서 지살(地殺)·장성(將星)·반안(攀鞍)·화개(華蓋)는 길신(吉神)으로 본다.

― 겁살운(劫殺運)은 축소되는 운이므로 부동산 공개처분·강제철거 등이 따르고, 여명은 겁탈을 당하거나 불안하다.

― 재살운(災殺運)에는 부정한 재물과 재앙이 따른다.

― 지살운(地殺運)은 길신(吉神)에 해당하면 부동산을 장만할 수 있으나 흉신(凶神)에 해당하면 바빠도 소득이 없다. 일운(日運)에 지살(地殺)이 들면 증권·도박 등으로 이익을 보나 명예나 정신에는 좋지 않다.

― 년살운(年殺運)에는 이성교제를 많이 하다 질병이나 가정파탄이 따르기 쉽다.

― 월살년(月殺年)에는 불륜과 파란이 따른다.

― 장성년(將星年)은 용기와 패기로 발전하는 운이나 장성(將星)을 충(沖)하는 재살운(災殺運)을 만나면 각종 시험이나 합의나 사과차 방문하는 일도 불가하다. 장성(將星)은 의기가 양양하니 미인계를 쓰지 말고, 사업가는 장성(將星) 방향으로 출입문을 내지 마라.

― 반안년(攀鞍年)에는 명예로운 일이나 정당한 일을 추진하나 재

물손실이 많다. 각종 시험은 형충(刑沖)이 없으면 길하고, 변동도 길하다.

— 역마운(驛馬運)에는 직업변동·이사·원행이 따르고, 역마년(驛馬年)에는 이사나 전출 등 바쁘기만 할 뿐 실속이 없고, 도박이나 투자도 조심해야 한다.

— 육해년(六害年)은 상해 등이 따르는 흉한 해이니 만사를 조심하는 것이 좋다. 육해살(六害殺)을 띠면 경계하는 것이 좋고, 육해(六害)일에는 움직이지 않는 것이 좋다.

— 화개운(華蓋運)에는 문관은 직장변동, 무관은 파직, 일반인은 손재손처가 따르고, 화개년(華蓋年)에는 외유·싸움·고소·고발·폭력을 삼가해야 한다. 화개(華蓋) 다음에는 겁살(劫殺)이 오기 때문이다.

— 겁살(劫殺) 띠끼리는 서로 망하게 하니 가까이 하지 않는 것이 좋다. 중국인들은 겁살(劫殺) 띠를 낳지 않으려고 부부합방도 피한다고 한다.

— 여명이 겁살(劫殺)이 일지(日支)에 있으면 남편에게 매를 맞고, 월지(月支)에 있으면 부모·형제·선생 등에게 매를 맞는다.

— 재살(災殺) 방향으로 대문이나 통로를 내라. 반안(攀鞍)과 장성(將星) 방향은 막고, 육해(六害)와 화개(華蓋) 방향은 밝게 열고, 천살(天殺) 방향은 손을 대지 말라.

8. 화격(化格)에 대하여

— 합신(合神)은 합(合)하는 것을 말하고, 화신(化神)은 합(合)하여 변하는 것을 말한다.

— 화격(化格)인데 화신(化神)을 극제(剋制)하거나 충거(沖去)하는 것이 있으면 가화(假化)가 되고, 화신(化神)이 충극(沖剋)되지 않고 당령(當令)하거나 방조(幫助)하면 진화(眞化)가 된다.

— 진화(眞化)란 화신(化神)이 충극(沖剋)받지 않고 당령(當令)했거나 방조(幫助)하는 화신(化神)을 만나는 것을 말하고, 가화(假化)란 화신(化神)을 극제(剋制)하거나 충거(沖去)하는 화신(化神)을 만나는 것을 말한다.

— 화신(化神)이 생왕(生旺)되면 진화(眞化)라 하고, 화신(化神)이 극제(剋制)되면 가화(假化) 또는 합이불화(合而不和)라고 한다.

— 진화(眞化)가 화신유여(化神有餘)이면 설(泄)하는 운이 길하고, 화신부족(化神不足)이면 방조(幫助)하는 운이 길하다.

— 진화(眞化)가 운에서 기신(忌神)을 만나면 가화(假化)가 되고, 희신(喜神)을 만나면 가화진(假化眞)이 된다.

— 가화격(假化格) 사주가 신약(身弱)하면 인수(印綬)로 용신(用神)을 삼으면 안 된다. 이런 사주는 합신(合神)하는데 큰 지장이 없으면 화격(化格)으로 다루어야 한다.

— 가화격(假化格) 사주에서는 화신(化神)을 극(剋)하는 것이 병(病)이 되는데 그 병(病)을 제거하는 운을 만나면 발복한다.

— 화신유여(化神有餘)란 갑기합화토(甲己合化土)가 술미(戌未)월

에 태어났는데 병정사오(丙丁巳午)의 화신(化神)이 있는 것을 말한다. 이런 사주는 조왕(燥旺)하면 금수운(金水運)이 매우 길하다.

— 화신부족(化神不足)이란 갑기합화토(甲己合化土)가 축진(丑辰) 월에 태어났는데 사주에 금수(金水)가 있는 것을 말한다. 화신(化神) 토(土)는 허약하니 화토(火土)의 생조(生助)를 만나야 길하다.

— 화위설상(化爲洩傷)이란 합화(合化)하는 신(神)이 너무 설기(洩氣)되어 화신(化神)이 상하는 것을 말한다. 이런 사주는 설상(洩傷)이 되면 생부(生扶)해야 한다. 화위설상(化爲洩傷)이 방조(幇助)하는 운을 만나면 성공하나 설상(洩傷)하는 운을 만나면 공명이 따르지 않는다.

— 화신설수(化神洩秀)이면 필성대기(必成大器)이고, 설상과분(洩傷過分)이면 방조운길(幇助運吉)이라.

9. 종격(從格)에 대하여

— 종격(從格)에는 종재격(從財格)·종살격(從殺格)·종아격(從兒格)·종강격(從强格)·종왕격(從旺格)이 있다.

— 종재격(從財格)을 이루려면 일간(日干)이 뿌리가 없어야 하고, 지지(地支)가 모두 재성(財星)이어야 하고, 재성(財星)이 간두(干頭)에 나타나고, 식상(食傷)이 있어야 하고, 일간(日干)을 도와주는 것이 없어야 한다.

— 종격(從格) 사주는 가난하면 한없이 가난하고, 부자이면 한없이
   부자가 된다. 종격(從格) 사주가 일간(日干)을 극(剋)하는 관살
   (官殺)을 만나면 큰 난리가 난다.
— 종재격(從財格) 사주가 재성운(財星運)을 만나면 재물을 이루
   나 재성(財星)이 충극(沖剋)되면 손처파재(損妻破財)가 따른다.

10. 조부모운에 대하여

— 편인(偏印)은 조부에 해당하고, 식상(食傷)은 조모에 해당한다.
— 편인(偏印)이 득령(得令)했거나 뿌리가 있어 생왕(生旺)하고 길
   성(吉星)이면 명문가이며 조부가 훌륭했던 것으로 본다.
— 편인(偏印)이 형충파해(刑沖破害)되면 조부가 단명했거나 불구
   나 질병으로 고생을 많이 한 것으로 본다.
— 편인(偏印)이 공망(空亡)되면 조부가 단명했거나 질병으로 고
   생한 것으로 본다.
— 편인(偏印)이 괴강(魁罡)이나 백호대살(白虎大殺)에 해당하면
   조부가 교통사고·암·괴병 등으로 단명했거나 피를 흘리는 흉
   사를 당한 것으로 본다.
— 편인(偏印)이 있는데 비겁(比劫)이 많아 설기(泄氣)가 심하면
   조부가 허약하여 단명한 것으로 본다.
— 편인(偏印)이 사묘절(死墓絶)되었으면 조부가 무력하며 조부대
   에 집안이 빈한했던 것으로 본다.
— 생년(生年)과 생월(生月)에 형충파해(刑沖破害)가 있거나 년월

지(年月支)가 공망(空亡)되었으면 조부와 아버지가 정이 없고 따로 산 것으로 본다.

— 식상(食傷)은 조모에 해당하는데 조부성(祖父星)인 편인(偏印) 이 무기(無氣)하고 형충파해(刑沖破害)나 공망(空亡)되면 조부 와 일찍 사별하고 재가한 것으로 본다.

— 조모가 인성(印星)인 비견(比肩)이 많아 재성(財星)이 극(剋)이 나 형충파해(刑沖破害)나 공망(空亡)이 되면 조모가 자식과 인 연이 약했던 것으로 본다.

— 식상(食傷)이 화개살(華蓋殺)에 해당하면 조모가 불교신자였던 것으로 본다.

— 관살(官殺)이 많으면 신약(身弱) 병고(病苦)인데 식상(食傷)이 관살(官殺)을 억제하여 중화시키면 조모의 덕이 하해와 같다.

11. 부모운에 대하여

— 편재(偏財)는 아버지에 해당하고, 정재(正財)는 아버지의 형제 와 자매인 백부·숙부·고모에 해당한다. 정인(正印)은 어머니 에 해당하고, 편인(偏印)은 어머니의 형제와 자매인 이모·외숙 에 해당한다.

— 편재(偏財)가 득령(得令)하여 생왕(生旺)하고 길성(吉星)에 해 당하면 아버지가 사업이 번창하여 부귀와 복록을 누리고 국가 에도 헌신한 것으로 본다.

— 편재(偏財)가 형충파해(刑沖破害)되었으면 아버지와 일찍 사별

했거나 아버지가 질병으로 고생하며 사업도 부진했던 것으로 본다.

— 편재(偏財)가 괴강(魁罡)이나 백호대살(白虎大殺)에 해당하면 아버지가 단명했거나 흉사한 것으로 본다.

— 편재(偏財)가 왕상(旺相)하면 아버지의 사업은 발전하나 백부나 숙부가 못 살고, 정재(正財)가 왕상(旺相)하면 백부나 숙부는 잘 사나 아버지의 사업이 부진한 것으로 본다.

— 편재(偏財)가 있는데 관살(官殺)이 많으면 편재(偏財)가 설기(泄氣)되므로 아버지가 허약하며 단명하는 것으로 본다.

— 편재(偏財)가 역마(驛馬)나 지살(地殺)에 해당하면 아버지가 일찍 고향을 떠나 자수성가한 것으로 본다.

— 편재(偏財)가 도화(桃花)에 해당하면 아버지가 풍류객으로 돈을 잘 쓰고 주색을 좋아하며 첩을 둔 것으로 본다.

— 편재(偏財)가 화개살(華蓋殺)에 해당하면 아버지가 불교 신앙이 돈독한 것으로 본다.

— 아버지의 직업을 알려면 아버지에 해당하는 편재(偏財)의 관(官)은 비견(比肩)이니 비견(比肩)을 보아야 한다. 만일 그 비견(比肩)이 금(金)이면 금속계통이고, 목(木)이면 목성(木星)의 직업으로 판단하면 된다.

— 아버지의 사망 원인을 알려면 아버지에 해당하는 편재(偏財)를 본다. 만일 편재(偏財)가 화(火)에 해당하면 고혈압·심장병이 원인이고, 목(木)에 해당하면 간장·담·장·중풍이 원인이고, 수(水)에 해당하면 신장병·방광염이 원인이고, 금(金)에 해당

하면 폐·대장암이 원인이고, 토(土)에 해당하면 위장병·위암을 원인으로 보는데 오행(五行)의 상생상극(相生相剋)의 원리로 풀면 적중률이 높다.

— 인수(印綬)가 득령(得令)·득지(得地)하고 희신(喜神)에 해당하면 어머니가 현모양처이며 장수하는 것으로 본다.

— 인수(印綬)가 형충파해(刑沖破害)되었으면 어머니가 일찍 돌아가시거나 질병으로 고생하며 여생을 보내는 것으로 본다.

— 인수(印綬)가 공망(空亡)되면 어머니가 두 분이거나 어머니가 질병으로 고생하는 것으로 본다.

— 월령(月令)에 도화살(桃花殺)이나 망신살(亡身殺)이 있고 인수(印綬)가 신합(身合)을 하면 어머니가 두 분인데 본인은 후처의 소생으로 본다.

— 인수(印綬)가 괴강(魁罡)이나 백호대살(白虎大殺)에 해당하면 어머니가 교통사고나 암질환으로 흉사하는 것으로 본다.

— 태왕(太旺)한 비겁(比劫)이 인수(印綬)를 심하게 설기(泄氣)하면 어머니가 단명하는 것으로 본다.

— 인수(印綬)가 화개살(華蓋殺)에 해당하면 어머니가 불교 신앙이 돈독한 것으로 본다.

— 인수(印綬)가 십이운성(十二運星)으로 사묘절(死墓絶)에 해당하면 어머니가 무력하며 가정도 빈곤한 것으로 본다.

— 재성(財星)이 혼잡하며 형충(刑沖)되면 아버지가 많은 상으로 아버지가 일찍 세상을 뜨고 어머니가 재가하는 것으로 본다.

— 인수(印綬)가 형충파해(刑沖破害)되고 무기(無氣)하면 어머니

가 단명하는 것으로 본다.

— 인수(印綬)가 득령(得令)·득지(得地)했는데 관성(官星)이 있으
면 어머니가 장수하는 것으로 본다.

12. 결혼운에 대하여

— 남녀 모두 둥근 얼굴은 긴 얼굴과 연분이고, 양일지(陽日支)는
음일지(陰日支)와 연분이다. 용신(用神)·반안(攀鞍)·장성(將
星) 방향에서 짝을 찾아라.

— 남녀 모두 역마(驛馬)나 지살(地殺)이 관성(官星)이나 재성(財
星)에 해당하는데 일간(日干)과 합(合)하면 외국인과 결혼한다.

— 남녀 모두 일지(日支)에 편재(偏財)가 있는데 다른 주(柱)에 관
성(官星)이 있으면 연애결혼한다. 을축(乙丑)·경인(庚寅)·신
묘(辛卯)·을미(乙未)·병신(丙申)·정유(丁酉)·갑진(甲辰)일
등을 말한다.

— 남명은 대개 재성(財星)이 없으면 재성운(財星運)에 혼인하고,
재성(財星)이 있으면 식상운(食傷運)에 혼인한다.

— 남명이 식신운(食神運)이나 정재운(正財運)에 혼인하면 만사가
형통하나 편운(偏運)에 혼인하면 파란이 많다.

— 남명이 재성(財星)이 없는데 비겁(比劫)이 너무 왕성하면 혼인
하기 어렵다.

— 여명은 대개 관성운(官星運)에 혼인하는데 재성(財星)이 왕성
하면 재성운(財星運)에도 가능하다.

― 여명은 관성(官星)이 없으면 재성(財星)이라도 있어야 한다. 만일 관성(官星)과 재성(財星)이 없는데 비겁(比劫)이나 식상(食傷)이 왕성하면 혼인하기 어렵다.

― 여명이 정재운(正財運)이나 정관운(正官運)에 혼인하면 만사가 형통하나 편운(偏運)에 혼인하면 파란이 많다.

― 여명이 합다합정(合多合情)에 관살(官殺)이 혼잡되고 부성(夫星)이 암합(暗合)하면 십중팔구 연애결혼한다.

― 여명이 관성(官星)이 없는데 비겁(比劫)이 많고 상관(傷官)이 있으면 늦게 혼인한다.

― 여명이 상관(傷官)이 왕성한데 재성(財星)이 없고 관성(官星)도 약하면 십중팔구 혼자 산다.

― 여명이 천동지동(天同地同)을 이루었는데 재성(財星)과 관성(官星)이 힘이 없으면 십중팔구 혼자 산다.

13. 부부운에 대하여

― 남녀 모두 겁재(劫財)와 상관(傷官)은 경우에 따라 가정을 파괴하는 육신(六神)으로 본다.

― 남녀 모두 겁살(劫殺)이나 망신(亡身)이나 재살(災殺) 방향으로 이사하면 3년 내에 배우자와 헤어지거나 사별한다.

― 남녀 모두 용신(用神)과 관성(官星)이 모두 합(合)이나 충(沖)되면 배우자와 헤어지거나 사별한다.

― 남녀 모두 대운(大運)이 관귀(官鬼)와 절재지(絶財地)에 이르면

반드시 배우자와 사별한다.

— 남녀 모두 배우자궁에 희신(喜神)이 있는데 충(沖)되면 부부가 해로하기 어려우나 기신(忌神)이 있는데 충(沖)되면 이롭다.

— 남녀 모두 신강(身强)한데 관살(官殺)이 절지(絶地)에 이르면 성생활의 불만으로 바람을 피운다.

— 남녀 모두 을해(乙亥)일생은 파란이 많고, 을해(乙亥)시생은 바람을 피우다 가정이 깨진다.

— 남녀 모두 일시(日時)에 원진(怨嗔)이나 귀문관(鬼門關)이 있으면 부부가 화목하기 어렵다.

— 남녀 모두 팔통사주는 부모와 인연이 없어 일찍 고향을 떠나 자수성가하나 부부연이 박하다.

— 남녀 모두 식상(食傷)과 관살(官殺)이 싸우면 부부가 밤낮으로 싸우는데 식상운(食傷運)을 만나면 더 심해진다. 그러나 재성운(財星運)을 만나면 통관(通關)되어 관성(官星)을 보호하니 화목해진다.

— 남녀 모두 배우자궁인 일지(日支)가 형충파해(刑沖破害)되거나 일월(日月)이나 일시(日時)가 원진(怨嗔)이 되면 부부가 많이 많이 싸운다.

— 남녀 모두 년살(年殺)이 있으면 배우자에게 도화(桃花)년에 저지른 불륜이 발각된다.

— 남명이 재성(財星)이 희용신(喜用神)이면 아내덕이 있다.

— 남명이 재성(財星)이 용신(用神)에 해당하면 아내덕이 있으나 기신(忌神)에 해당하면 아내덕이 없다.

— 남명이 일시(日時)에 용신(用神)이 있는데 재성(財星)과 관성(官星)에 해당하면 아내와 자녀의 덕이 있다.

— 남명이 정편재(正偏財)가 모두 있으면 포태법(胞胎法)의 강약에 따라 정처와 첩의 승부를 정한다.

— 남명이 일지(日支)에 도화(桃花)가 있으면 첩을 둔다.

— 남명이 시상(時上)에 관성(官星)이 있는데 신왕(身旺)하면 현명한 아내를 만나고, 신약(身弱)하면 악처를 만난다.

— 남명이 재관(財官)년월 재관(財官)시생이면 악처를 만난다.

— 남명이 재성(財星)이 많아 신약(身弱)하거나 시상(時上)에 편재(偏財)가 있으면 악처를 만난다.

— 남명이 신약(身弱)한데 재살(災殺)이 너무 왕성하면 악처를 만난다.

— 남명이 일지(日支)에 도식(倒食)이 있어 기신(忌神)인 겁재(劫財)를 생(生)하면 병약한 아내를 만나며 내조를 받지 못한다.

— 남명이 신약(身弱)한데 재성(財星)이 많으면 아내의 내조를 받지 못한다.

— 남명이 비겁(比劫)이 많아 신강(身强)한데 비겁운(比劫運)을 만나면 군비쟁재(群比爭財)가 되어 손재손처가 따른다.

— 남명이 정재(正財) 칠살(七殺)이 겁재(劫財)를 상하게 하면 손재손처가 따른다.

— 남명이 처궁(妻宮)인 일지(日支)에서 형살(刑殺)을 만나면 아내가 흉사한다.

— 남명이 군비쟁재(群比爭財)가 있으면 비겁운(比劫運)이나 편인

운(偏印運)에 아내가 흉사한다.

— 남명이 종재격(從財格)인데 비겁운(比劫運)을 만나면 아내와 사별하거나 크게 실패한다.

— 남명이 재성(財星)이나 역마(驛馬)가 있는데 세운(歲運)에서 형충(刑沖)하면 아내가 가출한다.

— 남명이 재성(財星)이 목욕살(沐浴殺)에 해당하면 색욕이 강한 아내를 만난다.

— 남명이 비겁(比劫)과 정재(正財)가 간합(干合)하면 아내가 바람을 핀다.

— 남명이 일지(日支)의 재성(財星)이 다른 주(柱)와 암합(暗合)하면 처첩이 외정을 둔다.

— 남명이 정편재(正偏財)가 혼잡한데 일간과 합(合)하거나, 행운에서 편재(偏財)와 일간(日干)이 암합(暗合)하면 첩을 둔다.

— 남명이 군비쟁재(群比爭財)가 있으면 의처증이 많다.

— 남명이 임계(壬癸)년월 무기(戊己)일생이면 본처와 해로하지 못한다.

— 남명이 도화(桃花)와 인수(印綬)가 일간과 합(合)하면 장모를 모시고 산다.

— 남명이 비겁(比劫)과 재성(財星)이 암합(暗合)하면 형수나 제수를 취한다.

— 남명이 비겁(比劫)과 도화(桃花)가 모두 형(刑)되면 처첩의 송사로 집안이 망한다.

— 여명이 사주에 관성(官星)이 없으면 결혼할 생각을 하지 않는다.

— 여명이 정관(正官)이 형충파해(刑沖破害)되면 다른 지지(地支)와 합(合)되어야 부부운이 좋다.

— 여명에 정관(正官)이 있으면 상관(傷官)이 관성(官星)을 극(剋)하는 것, 정관(正官)을 형충파해(刑沖破害)하는 것, 식신(食神)과 상관(傷官)이 너무 많은 것, 관성(官星)이 사절(死絶)이나 관고(官庫)가 드는 것, 인수(印綬)가 많아 관성을 설(泄)하는 것을 꺼린다.

— 여명이 일지(日支)가 희신(喜神)이거나 용신(用神)이면 남편에게 믿음과 사랑을 많이 받는다.

— 여명이 재생관살(財生官殺)이 있으면 혼인 후 남편에게 영화가 따른다.

— 여명이 일지(日支)가 용신(用神)을 생(生)하면 남편을 출세시키고, 형충파해(刑沖破害)되면 남편과 사별하거나 남편이 하는 일이 이루어지지 않는다.

— 여명이 관고(官庫)가 있으면 남편복이 별로 없다.

— 여명이 재성(財星)이나 관성(官星)이 없거나, 재성(財星)이나 관성(官星)이 약하거나, 비겁(比劫)이 왕성하거나, 상관(傷官)이 왕성하면 남편복이 없다.

— 여명이 관성(官星)이 형충파해(刑沖破害)되거나 관성(官星)이 약한데 비겁(比劫)과 합(合)되면 남편덕이 없다.

— 여명이 년(年)에 상관(傷官)이 있는데 제화(制化)되지 않으면 초혼에 실패한다.

— 여명이 년상(年上)에 상관(傷官)이 있으면 초혼에 실패한다.

— 여명이 재성(財星)이 왕성하여 인성(印星)을 극(剋)하면 혼인 후 친정은 쇠퇴하고 시집은 발전한다.

— 여명이 식신(食神)이 편관(偏官)을 만나거나 상관(傷官)이 정관(正官)을 만나면 임신 후나 출산 후에 남편을 미워한다.

— 여명이 시상(時上)에 상관(傷官)이 있으면 일부종사하지 못한다.

— 여명이 비견(比肩)이 많으면 남편과 불화한다.

— 여명이 관성(官星)과 식상(食傷)이 싸우면 남편과 많이 싸운다.

— 여명이 신왕(身旺)한데 관성(官星)이 약하면 남편을 그리워하며 눈물을 흘린다.

— 여명이 세운(歲運)에서 부성(夫星)이 절지(絕地)로 흐르면 남편과 이별수가 있다.

— 여명이 왕성한 상관(傷官)이 관성(官星)을 극(剋)하면 자녀를 낳은 후 남편과 이별할 수 있다.

— 여명이 관성(官星)이 약한데 식상(食傷)이 강하면 상관운(傷官運)에 남편과 이별수가 있다. 인극식(印剋食)으로 인성(印星)이 구신(救神)이 되기 때문이다.

— 여명이 상관(傷官)이 왕성한데 관성운(官星運)을 만나면 남편과 이별수가 있다.

— 여명이 관성(官星)이 없는데 비겁(比劫)이 많으면 남편과 이별수가 있다.

— 여명이 관살(官殺)이 혼잡한데 식상(食傷)이 없어 제복(制伏)시키지 못하면 식상운(食傷運)에 이혼수가 따른다.

— 여명이 식상(食傷)이 매우 많은데 관성운(官星運)을 만나면 남

편과 사별한다.

— 여명이 상관(傷官)이 너무 왕성하면 남편과 사별한다.

— 여명이 부성(夫星)이 입묘(入墓)하면 남편과 사별한다.

— 여명이 역마(驛馬)나 지살(地殺)이 상관(傷官)에 해당하여 정관
 (正官)을 극파(剋破)하면 타국에서 남편과 사별하거나 교통사
 고로 남편과 사별한다.

— 여명이 식상(食傷)이 강하면 관성(官星)이 미약한데 식상운(食
 傷運)을 만나면 남편과 사별한다.

— 여명이 관성(官星)이 없는데 관살운(官殺運)을 만나면 남편과
 이혼하거나 사별한다.

— 여명이 역마(驛馬)가 상관(傷官)에 해당하면 타국에서 남편과
 사별한다.

— 여명이 식신(食神)과 상관(傷官)이 많은데 관성운(官星運)을 만
 나면 남편과 사별한다.

— 여명이 일지(日支)에 상관(傷官)이 있으면 남편과 사별하는데
 재성(財星)이 있으면 변동될 수도 있다.

— 여명이 일지(日支)에 상관(傷官)이 있는데 재성(財星)을 생(生)
 하지 못하면 혼인 후 바로 남편과 헤어지고, 상관(傷官)이 중하
 면 사별 후 재혼한다.

— 여명이 일지(日支)에 장성살(將星殺)이 있으면 남편을 바꾼다.

— 여명이 관임지살(官臨地殺)이 있으면 남편이 객사한다.

— 여명이 토관살(土官殺)이 있는데 재살(災殺)이 너무 왕성하면
 남편이 익사한다.

― 여명이 무기(戊己)일생인데 수다부목(水多浮木)이 되거나 갑을(甲乙)일생인데 수다금침(水多金浸)이 되면 남편이 술에 취하여 익사한다.

― 여명이 역마(驛馬)나 관성(官星)이나 삼형살(三刑殺)이 있으면 남편이 교통사고로 사망한다.

― 여명이 일간(日干)이 왕성한데 정관(正官)이 약하면 남편이 먼저 죽고, 본신(本神)은 약한데 부성(夫星)이 강하면 본인이 먼저 죽는다.

― 여명이 정관(正官)이 있는데 일간(日干)이 편관(偏官)과 암합(暗合)하면 숨겨둔 남자가 있다.

― 여명이 관살(官殺)이 혼잡한데 관살(官殺)이 기신(忌神)이 되고, 정관(正官)은 무기(無氣)한데 편관(偏官)은 유기(有氣)하면 편부를 따라간다.

― 여명이 계축일간(癸丑日干)이면 남편과 자녀를 버리고 가출한다.

― 여명이 금수(金水)가 왕성하면 수절하기 어렵고, 양인(羊刃)이 3개의 주(柱)에 있으면 수치를 모를 정도로 황음하다.

― 여명이 관살(官殺)이 목욕살(沐浴殺)에 해당하면 색욕이 강한 남편을 만난다.

― 여명이 정관(正官)이 비겁(比劫)과 간합(干合)하면 남편이 바람을 핀다.

― 여명이 관살(官殺)이 역마(驛馬)나 지살(地殺)에 해당하면 국제결혼을 하거나 외국을 드나들거나 운전직에 종사하는 남편을 만난다.

— 여명이 도화(桃花)와 역마(驛馬)가 동주(同柱)하면 편부를 따라 집을 나간다.

— 여명이 재성(財星)이 왕성한데 관성(官星)이 많으면 명암부집(明暗夫集)이 되어 내 돈 주고도 뺨을 맞는 격이 된다.

— 여명이 관살(官殺)이 혼잡한데 관살(官殺)이 암합(暗合)하면 의처증이 심한 남편을 만난다.

— 여명이 관살(官殺)인 금(金)이 물에 가라앉으면 남편이 술에 빠져 생활한다.

— 여명이 일지(日支)에 도식(倒食)이 있는데 기신(忌神)에 해당하면 무위도식하거나 능력이 없거나 주벽이 있거나 병약하거나 범죄를 저지르는 남편을 만난다.

— 여명이 신약(身弱)한데 편관(偏官)이나 편재(偏財)가 강하고 관성(官星)과 식상(食傷)이 서로 싸우면 남편의 구타에 시달린다.

14. 형제운에 대하여

— 남녀 모두 년(年)이나 월(月)에 비겁(比劫)이 있으면 형제나 친구가 길흉을 먼저 취한다.

— 남녀 모두 월(月)에 공망(空亡)이 있는데 재살(災殺)이 너무 많으면 형제 사이가 소원하다.

— 남녀 모두 월령(月令)에 겁재(劫財)나 상관(傷官)이 있으면 형의 덕이 없고 부모도 매우 가난하다.

— 남녀 모두 원진(怨嗔)이 일월(日月)에 있으면 형제간에 불목하

고, 일시(日時)에 있으면 부부가 해로하기 어렵다.

— 남녀 모두 비겁(比劫)이 형충(刑沖)되면 형제간에 불화하고 친
  구와도 멀어진다.

— 남녀 모두 사주에 비겁(比劫)이 모두 있으면 이복형제가 속성
  속패한다.

— 남녀 모두 비견(比肩)의 합(合)이 많으면 형제가 바람을 핀다.

— 남녀 모두 년월(年月)에 비겁(比劫)이 있는데 재성(財星)이나
  관성(官星)과 합(合)하면 동생이 먼저 혼인한다.

15. 자녀운에 대하여

— 남녀 모두 음(陰)일 양(陽)시생과 양(陽)일 양(陽)시생은 딸을
  먼저 낳고, 양(陽)일 음(陰)시생과 음(陰)일 음(陰)시생은 아들
  을 먼저 낳는다.

— 남명은 양관살(陽官殺)이 아들이고 음관살(陰官殺)이 딸이며,
  여명은 양식상(陽食傷)이 아들이고 음식상(陰食傷)이 딸이다.

— 남명에게는 양관살(陽官殺)이 아들이고 여명에게는 양식상(陽
  食傷)이 아들이니, 남명의 양관운(陽官運)과 여명의 양식상운
  (陽食傷運)이 일치할 때 결합하면 아들을 낳고, 남명의 음관운
  (陰官運)과 여명의 음식상운(陰食傷運)이 일치할 때 결합하면
  딸을 낳는다.

— 남명이 반안살(攀鞍殺) 외의 방향으로 머리를 두고 자는 여자
  와 결합하면 딸일 확률이 높다.

— 초저녁 잠을 자는 남자와 반안살(攀鞍殺) 방향으로 머리를 두고 자는 여자가 축(丑)시부터 인(寅)시 사이에 결합하면 아들일 확률이 높다.

— 일간(日干)을 기준으로 하여 여명은 시(時)에 태(胎)가 있으면 아들을 낳기 어렵고, 남명은 태(胎)가 2~3개 있으면 아들을 낳기 어렵다.

— 남녀 모두 양(陽) 년월일시에 자(子)시가 넘어 결합하면 아들일 확률이 높다.

— 남녀 모두 낮·초저녁·새벽에 결합하면 딸일 확률이 높다.

— 남녀 모두 아들과 딸은 양수(陽數)와 음수(陰數)로 구분한다. 예를 들어 부부나 생모와 첫 아아의 생일 수를 합한 수가 11·21·31·41 등 1수가 되면 1수를 가산해보니 전부 음수(陰數)로 딸이 된다.

— 첫 아이는 부부의 생일 수를 더하여 양수(陽數)이면 아들, 음수(陰數)이면 딸일 확률이 높다.

— 둘째 아이는 어머니의 생일 수와 첫 아이의 생일 수를 합하여 양수(陽數)이면 아들, 음수(陰數)이면 딸일 확률이 높다.

— 임신 중에 성별을 알려면 기수 49에 농력(農歷)으로 회임월 수를 더한 수에서 임신부의 그 해 나이를 뺀다. 나머지 수가 양수(陽數)이면 아들, 음수(陰數)이면 딸일 확률이 높다.

— 남녀 모두 신왕(身旺)한데 시상(時上)에 칠살(七殺)이 있으면 자녀를 많이 두고 부귀를 누린다.

— 남녀 모두 일간(日干)이 왕성하고 용신(用神)이 미약한데 시

(時)가 용신(用神)을 극(剋)하면 자녀를 두기 어렵다.

— 남녀 모두 일시(日時)에 원진(怨嗔)이 있으면 자녀를 두기 어려우나 충파(沖破)되면 아들을 낳는다.

— 남녀 모두 사주에 태(胎)가 쌍으로 있으면 딸을 낳는데, 시(時)에 있으면 딸부자가 된다.

— 남녀 모두 관살(官殺)이 혼잡한데 관살(官殺)이 일간(日干)과 합(合)하면 적자와 서자를 둔다.

— 남녀 모두 자성(子星)이 역마(驛馬)와 같이 있으면 자녀가 외국을 드나들거나 이민을 간다.

— 남녀 모두 정관(正官)이 암합(暗合)하면 딸이 연애문제로 속을 썩이고, 식상(食傷)이 암합(暗合)하면 손녀가 초혼에 실패하고 재혼한다.

— 남녀 모두 경진(庚辰)일 경진(庚辰)시생은 자녀가 익사하는데, 일시(日時)에 고초살(枯焦殺)이 연달아 있으면 장자가 다리를 전다.

— 남명이 재성(財星)과 관성(官星)이 일간(日干)과 합(合)하면 결혼 전에 자녀를 둔다.

— 남명이 식상(食傷)과 관성(官星)이 합(合)하면 자녀를 처가에서 키운다.

— 남녀 모두 도화(桃花)가 인수(印綬)에 해당하면 어머니가 소실이고, 도화(桃花)가 관살(官殺)에 해당하면 소실 자녀이다.

— 남명이 해자축(亥子丑)월 경(庚)일생인데 병자(丙子)시나 병술(丙戌)시에 해당하면 자녀의 시력이 약하다.

— 남명이 상관(傷官)이 강한데 재성(財星)과 인성(印星)이 없어 제화(制化)하지 못하면 자녀복이 없다.

— 남명이 식상(食傷)이 강하고 관성(官星)이 미약한데 식상운(食傷運)을 만나면 자녀를 잃는다.

— 남명이 무기(戊己)일생인데 수다부목(水多浮木)이 되거나 갑을(甲乙)일생인데 수다금침(水多金浸)이 되면 자녀에게 수액이 따른다.

— 여명이 관성(官星)이나 식상(食傷)이 일간(日干)과 합(合)하면 결혼 전에 임신한다.

— 여명이 년(年)에 상관(傷官)이 있는데 제화(制化)되지 않으면 첫 아이가 유산된다.

— 여명이 음일간(陰日干)인데 사유(巳酉)시생이면 계속 딸만 낳고, 일시(日時)에 유술(酉戌)이 있으면 의료업에 종사하는 자녀가 있다.

— 여명이 식상(食傷)은 약한데 인성(印星)이 강하면 자녀를 두기 어렵다. 비겁운(比劫運)과 재성운(財星運)에 노력하라.

— 여명이 일(日)이나 시(時)에 효신살(神殺)이 있으면 자녀를 두기 어렵다.

— 여명이 일시(日時)에 인수(印綬)와 효신(梟神)이 있는데 식상(食傷)이 중극(重剋)하면 자녀를 두기 어렵다.

— 여명이 인성(印星)이 많으면 자녀가 없어 말년이 외롭다.

— 여명이 토관살(土官殺)이 있는데 수목(水木)이 너무 왕성하면 자녀가 익사한다.

16. 이성운에 대하여

— 남녀 모두 재성(財星)과 도화(桃花)가 있으면 애인의 덕으로 부
  귀를 이룬다.

— 남녀 모두 신강(身强)하면 성욕이 왕성하다.

— 남녀 모두 식상(食傷)이 태과(太過)하면 이성을 밝힌다.

— 남명이 재성(財星)의 합(合)이 많으면 바람둥이다.

— 남명이 정편재(正偏財)가 혼잡하면 여자로 인한 풍파가 따른다.

— 여명이 관살(官殺)이 혼잡한데 그 관성(官星)이 암합(暗合)하면
  연애에 실패하고 자살을 기도한다.

— 여명이 관살(官殺)이 혼잡한데 재성운(財星運)을 만나면 색정
  에 빠진다.

— 여명이 신약(身弱)한데 관살(官殺)이 혼잡하면 혼인 전에 정조
  를 잃는다.

— 여명이 임계(壬癸)일생인데 토관살(土官殺)이 있으면 나이가
  많은 남자와 인연이 있다.

— 여명이 자묘형(子卯刑)이 있으면 정조관념이 희박하다.

— 여명이 관성(官星)의 합(合)이 많으면 바람둥이다.

— 여명이 관살(官殺)이 혼잡하면 남자로 인한 풍파가 따른다.

— 여명이 일지(日支)에 있는 정관(正官)이 암합(暗合)하거나, 편
  관(偏官)이 투간(透干)하거나, 편관(偏官)과 암합(暗合)하면 간
  통을 일삼는다.

— 여명이 간합(干合)과 지합(支合)이 모두 있으면 반드시 불륜을

저지르는데 유부남이나 혈육으로 본다.

— 여명이 자오묘유(子午卯酉)가 모두 있는데 합(合)이 많으면 성
노동으로 생계를 유지한다.

— 여명이 관성(官星)이 기신(忌神)과 망신(亡身)에 해당하면 강간
을 당한다.

— 여명이 지지삼합(地支三合)으로 관성(官星)을 이루면 공직자
이성을 많이 만난다.

— 여명이 관성(官星)이 다른 주(柱)와 합(合)하면 남편이 없고, 관
성(官星)이 많은데 서로 싸우면 남편이 많은 상으로 기생팔자
로 본다.

— 여명이 비견(比肩)이 많으면 한 남자를 두고 다툰다.

— 여명이 정편관(正偏官)이 모두 있는데 비겁(比劫)이 삼각으로
합(合)을 하면 자매가 한 남자를 두고 다툰다.

17. 부귀와 빈천운에 대하여

— 부귀와 빈천은 명에 있고, 궁하고 통하는 것은 운에 있다.

— 남녀 모두 재성(財星)이 투출(透出)하면 부격을 이루고, 관성
(官星)이 투출(透出)하면 귀격을 이루고, 인성(印星)이 투출(透
出)하면 만사가 형통한다. 투출(透出) 위치는 월간(月干)을 먼
저 보고, 그 다음에 년시(年時)를 본다.

— 남녀 모두 신강(身强)한데 삼기(三奇)를 얻으면 대귀격을 이룬다.

— 남녀 모두 사주에 병(病)이 있어야 부귀격을 이루는데 그 병

(病)을 제거할 때 부귀를 이룬다. 만일 병(病)을 제거하지 못하면 항상 가난에 시달린다.

— 남녀 모두 사주에 병(病)이 없으면 평범한 명이 된다.

— 남녀 모두 신약(身弱)한데 잡기재관격(雜氣財官格)을 이루고 개고(開庫)되면 가난한 명이 된다.

— 남녀 모두 인성(印星)과 비겁(比劫)이 많은데 재성(財星)이 없거나 1개 정도 있으면 신강재약(身强財弱)이 되어 가난을 면하기 어렵다.

— 남명이 신왕(身旺)한데 용관격(用官格)을 이루면 재성(財星)이나 관성(官星)년에 대과에 급제한다.

— 남명이 신왕(身旺)한데 재성(財星)이 뿌리가 있으면 부귀격을 이룬다.

— 남명이 진술축미(辰戌丑未)월생인데 인수(印綬)가 투간(透干)하면 명필가의 명이다.

— 남명이 잡기재관격(雜氣財官格)인데 인성(印星)이 투출(透出)하면 명필가로 이름을 얻는다. 진술축미(辰戌丑未)월생이면 해당한다.

— 남명이 월주(月柱)에 비겁(比劫)이나 양인(羊刃)이 있으면 고향을 일찍 떠나는데 관살(官殺)이 1개 있으면 자수성가한다.

— 여명이 기명종살(棄命從殺)이 있으면 귀부인 팔자이다.

— 여명이 관성(官星)이 없는데 재성(財星)이 없는 남편을 만나면 부귀격을 이룬다.

— 여명이 일귀격(日貴格)을 이루면 운이 아름답지 못하다. 정유

(丁酉) 일귀(日貴)는 생살(生殺)하고, 정해(丁亥) 일귀(日貴)는 암합(暗合)하고, 계묘(癸卯) 일귀(日貴)는 극관(剋官)하고, 계사(癸巳) 일귀(日貴)는 암합(暗合)한다.

— 여명이 상관(傷官)이 재성(財星)을 생(生)하면 남편과 사별한 후 부자가 된다.

18. 성격운에 대하여

— 남녀 모두 갑목일간(甲木日干)이면 순진하며 인자하고 의지와 자존심이 강하고 대인관계가 원만하나 무뚝뚝하다.

— 남녀 모두 을목일간(乙木日干)이면 인자하며 의지가 굳으나 결단력이 부족하며 무뚝뚝하다.

— 남녀 모두 병화일간(丙火日干)이면 두뇌 회전이 빠르며 말을 잘 하고 만사에 열정적이며 비밀을 만들지 않는다.

— 남녀 모두 정화일간(丁火日干)이면 순진하며 애정이 많으나 질투심이 강하며 수다쟁이가 되기 쉽다.

— 남녀 모두 무토일간(戊土日干)이면 순진하며 신의가 있고 집념이 강하나 비밀을 만드는 편이다.

— 남녀 모두 기토일간(己土日干)이면 저항을 모르고 평화를 좋아하나 의심이 많고 복잡한 것을 싫어한다.

— 남녀 모두 경금일간(庚金日干)이면 의리와 정의가 강하며 정에 약하나 머리를 숙이지 않는다.

— 남녀 모두 신금일간(辛金日干)이면 이상이 높고 냉정하며 강직

하고 예민하나 특히 여자는 남편을 피곤하게 만든다.

― 남녀 모두 임수일간(壬水日干)이면 화친주의자로 달변가이며 유머가 풍부하고 두뇌 회전이 빠르며 활발하고 털털하나 낭비가 심한 편이다.

― 남녀 모두 계수일간(癸水日干)이면 안전주의자로 성격이 치밀하며 서비스 정신이 있으나 낭비가 심한 편이다.

― 남녀 모두 목(木)이 많으면 유순하나 결단력이 부족하며 질투심이 있고, 목(木)이 없으면 의지가 약하며 규율이 없고, 목(木)이 병들면 언행이 난폭하다.

― 남녀 모두 화(火)가 많은데 신강(身强)하면 총명하며 화려한 것을 좋아하고, 화(火)가 없으면 둔하고, 화(火)가 병들면 천방지축이다.

― 남녀 모두 토(土)가 많으면 유순하며 자신감이 있으나 재물에 집착하며 남을 의심하고, 토(土)가 없으면 있는 척하며 죽는 소리를 하지 않고, 토(土)가 병들면 믿음이 없다.

― 남녀 모두 금(金)이 많으면 강기와 결단력은 있으나 망설이는 편이라 행동이 확고하지 않고, 금(金)이 없으면 어질며 생각이 깊으나 기회를 잃고 후회하는 경우가 많고, 금(金)이 병들면 의롭지 않다.

― 남녀 모두 수(水)가 많으면 정이 있으나 규율이 약하고 변명과 변심을 잘 하며 공포증이 있고, 수(水)가 없으면 처세는 좋으나 정이 없고, 수(水)가 병들면 지혜롭지 못하다.

― 남녀 모두 비견(比肩)이 많으면 개인적이며 협동심이 없다.

— 남녀 모두 겁재(劫財)가 너무 많으면 배짱이 좋고 모험을 좋아
하나 투기심이 있다.

— 남녀 모두 겁재(劫財)가 기신(忌神)에 해당하면 이중인격이며
부정한 재물을 좋아한다.

— 남녀 모두 비겁(比劫)이 삼합(三合)되면 자존심과 고집을 부리
다 고립을 자초한다.

— 남녀 모두 인수(印綬)가 간합(干合)하거나 정재(正財)의 극(剋)
을 받아 깨지면 변태적이며 자기과신이 강하다.

— 남녀 모두 인수(印綬)가 많은데 재성(財星)이 없거나 비겁(比
劫)이 많은데 식상(食傷)이 없으면 도박을 좋아한다.

— 남녀 모두 인수(印綬)는 있는데 관성(官星)이 없으면 가무를 좋
아한다.

— 남녀 모두 식상(食傷)이 많아 신약(身弱)하면 허풍이 심하다.

— 남녀 모두 정재격(正財格)이면 근면성실하며 세심하다.

— 남녀 모두 편재격(偏財格)인데 신강(身强)하면 민첩하며 임기
응변에 능하고 활동적이며 빈틈이 없고 다정다감하며 동정심도
많다.

— 남녀 모두 정관격(正官格)이면 근면성실하며 온후하고 조상덕
이 많다.

— 남녀 모두 편관격(偏官格)이면 총명하며 결단력이 좋고 의지와
실천력이 강하나 완고하며 편굴한 편이다. 격(格)이 좋으면 희
생과 봉사정신이 있으나 고집과 독선으로 대인관계가 원만하지
못하다.

― 남녀 모두 식신격(食神格)인데 도식(倒食)이 없으면 명랑하고 솔직담백하며 기백이 있어 꾸물대는 것을 싫어한다.

― 남녀 모두 상관격(傷官格)이면 총명하며 선견지명이 있으나 교만하며 반항적이다.

― 남녀 모두 목화통명(木火通明)을 이루면 명랑하다.

― 남녀 모두 계수(癸水)가 정화(丁火)를 극(剋)하면 수줍음이 많다.

― 남녀 모두 양인(羊刃)이 있으면 고집이 강하다.

― 남녀 모두 인신사해(寅申巳亥)나 자오묘유(子午卯酉)가 모두 있으면 주색·음란·풍파가 따른다.

― 남녀 모두 삼동(三冬) 경신(庚辛)일생은 청렴하며 우국우족 정신이 있다.

― 남녀 모두 양통(陽通) 사주이면 메말라 성격이 급하며 고집이 있고, 음통(陰通) 사주이면 습하여 사람이 물에 물탄 것처럼 흐리다.

― 남녀 모두 일지(日支)에 편관(偏官)이 있으면 영리하나 성격이 예민하며 급하다.

19. 두뇌와 학문운에 대하여

― 남녀 모두 인수격(印綬格)인데 인수(印綬)가 겁재(劫財)를 생조(生助)하면 학문과 재능이 좋다.

― 남녀 모두 상관(傷官)은 식신(食神)보다 표현력이 뛰어나고 두뇌가 명석하나 재성(財星)을 생(生)하는 힘은 식신(食神)만 못

하다. 이런 사람은 말이 청산유수이다.

— 남녀 모두 정재(正財)는 정인(正印)의 칠살(七殺)이 되므로 재
다신약(財多身弱) 사주이면 학문에 소홀하다.

— 남녀 모두 역마(驛馬)와 인수(印綬)가 있으면 외국어에 능통하
며 해외유학을 간다.

20. 직업운에 대하여

— 남녀 모두 인수(印綬)월생은 교육직이 좋다.

— 남녀 모두 인수(印綬)가 용신(用神)이면 정치가가 되는 경우가
많다.

— 남녀 모두 인수(印綬)와 상관(傷官)이 모두 있으면 문예 방면이
좋다.

— 남녀 모두 정인(正印)과 화개(華蓋)가 동주(同柱)하면 문학이나
관공직에서 이름을 날린다.

— 남녀 모두 인성(印星)이 약한데 재성운(財星運)을 만나면 직업
에 실패하고 원행할 일이 생긴다.

— 남녀 모두 비겁(比劫)이 많으면 상업이나 금융업은 실패한다.

— 남녀 모두 식상(食傷)이 간합(干合)이나 지합(支合)되면 십중팔
구 관직에서 성공한다.

— 남녀 모두 식신(食神)과 상관(傷官)이 너무 왕성한데 격(格)을
이루지 못하면 고용인이 되거나 백정으로 나간다.

— 남녀 모두 식상(食傷)이 충파(沖破)되면 음식 솜씨가 없으니 음

식업은 하지 마라.

— 남녀 모두 상관(傷官)과 관성(官星)이 있으면 쓸모없이 한평생을 보낸다.

— 남녀 모두 금수상관(金水傷官)이 있으면 문예가 비범하고, 목화상관(木火傷官)이 있으면 문명인이 된다.

— 남녀 모두 재성(財星)과 인성(印星)이 모두 있으면 서로 싸우니 학문과 사업 사이에서 고민하고 직업도 일정하지 않다.

— 남녀 모두 식신재합(食神財合)이 있으면 식품업으로 성공한다.

— 남녀 모두 관인상생(官印相生)이 있으면 관공직이 좋다.

— 남녀 모두 식신생재(食神生財)가 있으면 식품업이 좋다.

— 남녀 모두 식신생재(食神生財)와 식신합재(食神合財)가 모두 있으면 음식이나 식품업으로 수만금을 쌓는다.

— 남녀 모두 재성(財星)과 관성(官星)이 없으면 승려팔자이다.

— 남녀 모두 목생화(木生火) 식신(食神)이 있으면 밝은 장사·광채나는 장사·옷 장사·교육직 등이 좋다.

— 남녀 모두 화생토(火生土) 식신(食神)이 있으면 토산품업이 좋다.

— 남녀 모두 토생금(土生金) 식상(食傷)이 있으면 식품업이 좋은데 특히 밀가루 제품이나 양과자 등이 좋다.

— 남녀 모두 금생수(金生水) 식상(食傷)이 있으면 물과 관계있는 음식업이나 양식업이 좋다.

— 남녀 모두 수생목(水生木) 식상(食傷)이 있으면 화원·양어장·양식업·목축업·묘목·생산업·콩나물이나 숙주나물을 기르는 일이 좋다.

— 남녀 모두 목극토(木剋土) 재성(財星)이 있으면 토건건축·섬
   유·제지·피복·지물·제과·분식 등이 좋다.

— 남녀 모두 토극수(土剋水) 재성(財星)이 있으면 매립·댐·저
   수지 공사 등이 좋다.

— 남녀 모두 수극화(水剋火) 재성(財星)이 있으면 불과 관계있는
   직업이 좋다.

— 남녀 모두 화극금(火剋金) 재성(財星)이 있으면 주물·용접·
   운수업·금은보석업이 좋다.

— 남녀 모두 금극목(金剋木) 재성(財星)이 있으면 나무를 다루는
   직업이 좋다.

— 남녀 모두 종살귀격(從殺貴格)이면 정치 계통이 좋다.

— 남녀 모두 춘하월(春夏月) 갑을(甲乙)일생이면 교육가가 좋다.

— 남녀 모두 삼동(三冬) 경신(庚申)일생과 인수(印綬)월이나 식상
   (食傷)월생이면 교육계로 진출한다.

— 남녀 모두 오양오음(五陽五陰)생인데 인사신(寅巳申)이 모두
   있으면 의약업이 좋다.

— 남녀 모두 신유(申酉)월 임계(壬癸)일생과 해자(亥子)월 갑을
   (甲乙)일생이면 교육직이 좋다.

— 남녀 모두 신해(辛亥)일생이 식신생재(食神生財)가 있으면 손
   맛이 일품이니 식품업이 좋다.

— 남녀 모두 수목(水木)일 술해(戌亥)시생이면 법관이 되는 경우
   가 많다.

— 남녀 모두 역마(驛馬)나 지살(地殺)이 재성(財星)에 해당하는데

일간(日干)과 합(合)하면 무역업이 좋다.

— 남녀 모두 역마(驛馬)가 식신(食神)에 해당하거나 인사역마(寅巳驛馬)가 있으면 항공업이 좋다.

— 남녀 모두 신해역마(申亥驛馬)가 있으면 해운업이 좋다.

— 남녀 모두 공망(空亡)이 사절(死絶)되면 직업 때문에 고민한다.

— 남녀 모두 화개(華蓋)와 월살(月殺)이 동주(同柱)하면 승려팔자인데, 역술업에 종사하면 명성을 얻을 수 있다.

— 남녀 모두 비겁(比劫)이 삼합(三合)되면 공동사업은 불리하다.

— 남녀 모두 년(年)을 기준으로 망신(亡身)이나 장성(將星) 방향에 출입문이나 창문이 있으면 사업에 불리하다.

— 남녀 모두 겁살(劫殺)·망신(亡身)·재살(災殺) 방향으로 이사하면 3년 안에 실패한다.

— 남녀 모두 년(年)을 기준으로 육해(六害)나 화개(華蓋) 방향의 채광을 잘 하면 사업이 번영한다.

— 남녀 모두 반안(攀鞍)이나 장성(將星)에 해당하는 띠의 도움을 받으면 사업이 번영한다.

— 남녀 모두 머리는 반안(攀鞍) 방향으로, 다리는 천살(天殺) 방향으로 두고 잠을 자면 사업부진 등에 좋다.

— 여명이 재살(災殺)과 역마(驛馬)가 모두 있으면 무속업으로 나간다.

21. 건강운에 대하여

— 목(木)은 오장(五臟)으로는 간장과 담에 해당한다.

— 갑목(甲木)은 담과 머리에 해당한다.

— 을목(乙木)은 간에 해당한다.

— 인목(寅木)은 손·손목·발목·발등에 해당한다.

— 묘목(卯木)은 손가락과 발가락에 해당한다.

— 화(火)는 오장(五臟)으로는 심장에 해당한다.

— 정화(丁火)는 눈에 해당하니 정화(丁火)가 약하면 시력이 약하고 어깨·허리·무릎에 병이 온다. 정화(丁火)가 강한데 유년(流年)에서 화운(火運)을 만나면 99% 폐결핵이 오는데 수운(水運)을 만나면 회복된다. 정화(丁火)가 계수(癸水)에게 극(剋)되면 심장이 약하다.

— 병화(丙火)는 양어깨에 해당하니 병화(丙火)가 약하면 어깨가 무겁고 아프다.

— 사화(巳火)는 얼굴에 해당하니 사화(巳火)가 약한데 해(亥)가 충(沖)하면 얼굴에 흉터가 있고 경련이 일어난다.

— 오화(午火)는 정신에 해당하니 오(午)가 약한데 자(子)가 충(沖)하면 정신이 혼미하며 정신분열 증세가 온다.

— 토(土)는 오장(五臟)으로는 비장과 위장에 해당한다.

— 무토(戊土)는 위장과 옆구리에 해당한다.

— 술토(戌土)는 발에 해당한다.

— 진토(辰土)는 피부에 해당한다.

— 기토(己土)는 복부에 해당한다.

— 축토(丑土)은 발과 무릎에 해당한다.

— 미토(未土)는 팔과 허리에 해당한다.

— 금(金)은 오장(五臟)으로는 폐와 장에 해당한다.

— 경금(庚金)은 대장과 배꼽에 해당한다.

— 신금(辛金)은 폐장에 해당하므로 신금(辛金)이 약한데 정화(丁火)가 극(剋)하면 폐결핵으로 고생한다.

— 신금(申金)은 피부에 해당한다.

— 유금(酉金)은 유방과 기관지에 해당하므로 유금(酉金)이 약한데 형충파해(刑沖破害)되면 유방수술이 따른다.

— 수(水)는 오장(五臟)으로는 신장에 해당한다.

— 임수(壬水)는 방광에 해당한다.

— 계수(癸水)는 신장과 생식기에 해당한다.

— 해수(亥水)는 모발에 해당한다.

— 자수(子水)는 자궁과 귀에 해당한다.

— 남녀 모두 머리는 반안(攀鞍) 방향으로, 다리는 천살(天殺) 방향으로 두고 잠을 자면 건강에 좋다.

— 남녀 모두 년(年)을 기준으로 망신(亡身)이나 장성(將星) 방향에 출입문이나 창문이 있으면 건강에 나쁘다.

— 남녀 모두 년(年)을 기준으로 육해(六害)나 화개(華蓋) 방향의 채광을 잘 하면 건강이 회복된다.

— 남녀 모두 도화(桃花)가 형(刑)되면 유전성 성병·치질이 따른다.

— 남녀 모두 비겁(比劫)과 도화(桃花)가 모두 형(刑)되면 성병으

로 고생한다.

— 남녀 모두 곤랑도화(滾痕桃花)가 있으면 성병으로 고생한다.

— 남녀 모두 년운(年運)에서 기신(忌神)인 편재(偏財)를 만나 중
병에 걸리면 회생하기 어렵다.

— 남녀 모두 경금일간(庚金日干)인데 화국(火局)을 이루면 치
질·임질이 따른다.

— 남녀 모두 수(水)일생인데 화국(火局)을 이루면 야맹으로 고생
한다.

— 남녀 모두 계축일간(癸丑日干)이면 잔병이 많다.

— 남녀 모두 백호대살(白虎大殺)이 있는데 구신(救神)인 천을귀
(天乙貴)나 천을덕(天乙德)이 없고, 유년(流年)에서 백호(白虎)
를 거듭 만나거나 충(沖)하면 수술이 따른다.

— 남녀 모두 입에서 냄새가 나면 축농증을 점검해보라.

— 여명이 식신(食神)과 상관(傷官)이 형살(刑殺)되면 자궁수술이
따른다.

— 여명이 갑을(甲乙)일생인데 화금(火金)이 너무 왕성하고 자묘
형(子卯刑)을 만나면 무모증으로 고민한다.

22. 관재운에 대하여

— 남녀 모두 유년(流年)에서 삼형살(三刑殺)을 만나면 소송·질
병·낙직 등이 따르는데 대운(大運)이 끝날 때 나타난다.

— 남녀 모두 수옥살(囚獄殺)과 형살(刑殺)이 모두 있으면 감옥에

들어가거나 납치당한다.

— 남녀 모두 인수(印綬)가 재살(災殺)에 해당하면 감옥에 다녀온
후 이름을 얻는다.

— 남녀 모두 복역수는 지살(地殺)이나 반안살(攀鞍殺)이 년월일
(年月日支)를 충(沖)할 때 풀려난다.

— 남명이 도화(桃花)가 형(刑)되면 처첩간의 송사가 따른다.

— 남명이 도화(桃花)와 비겁(比劫)이 형(刑)되면 처첩의 송사로
집안이 망한다.

23. 상(象)과 행동에 대하여

— 남녀 모두 자오묘유(子午卯酉)시생은 얼굴이 좁고 턱이 뾰족하다.

— 남녀 모두 인신사해(寅申巳亥)시생은 얼굴이 길고 키가 크다.

— 남녀 모두 진술축미(辰戌丑未)시생은 얼굴이 둥글고 신체가 비
대하다.

— 남녀 모두 피부가 흰 사람은 호흡기에 병이 오기 쉽다. 만일 재
채기가 심하면 폐에 이상이 있는 것이니 찬 음식을 피하라. 그
리고 자주 우울해지고 잘 운다.

— 남녀 모두 피부가 푸른 사람은 간장에 병이 오기 쉽다. 지나치
게 깨끗하며 냄새도 잘 맡고 신경질적이다.

— 남녀 모두 피부가 검은 사람은 신장에 병이 오기 쉽다. 항상 초
조하고 불안하며 무서움을 잘 탄다. 신장은 골수와 뼈를 만드는
장기이니 신장이 약하면 허리·손목·발목 등에 문제가 생긴다.

음식은 녹용·오미자·복분자가 좋다.

— 남녀 모두 피부가 누런 사람은 비장에 병이 오기 쉽다. 비장에 문제가 생기면 팔다리에 힘이 빠지니 눕기를 좋아한다. 음식은 대추·곶감·좁쌀이 좋다.

— 남녀 모두 사각형 얼굴은 노력형이며 부지런하다.

— 남녀 모두 둥근형 얼굴은 명랑하고 낙천적이며 비위가 좋다.

— 남녀 모두 계란형 얼굴은 착하다.

— 남녀 모두 삼각형 얼굴은 성격이 날카롭다.

— 남녀 모두 역삼각형 얼굴은 머리가 좋으나 예민하며 불안감이 많다.

— 남녀 모두 정삼각형 얼굴은 성실하며 꼼꼼하나 소심하다.

— 남녀 모두 눈이 크면 간담이 허하여 겁이 많으니 밤에도 불을 켜놓고 잠을 잔다.

— 남녀 모두 눈꼬리가 올라간 사람은 섬세하나 예민하며 변덕이 심하다.

— 남녀 모두 눈꼬리가 쳐진 사람은 책임감이 있고 완벽한 것을 좋아하며 실리를 취하나 깍쟁이 소리를 듣는다.

— 남녀 모두 눈이 안쪽으로 들어간 사람은 몸이 냉하여 추위를 잘 타니 불임과도 관계가 있다.

— 남녀 모두 웃을 때 눈가에 잔주름이 잡히는 사람은 심장이 약하고 입 안이 잘 헌다. 이런 사람은 잘 웃고 예의가 바르며 약속을 잘 지키나 예민한 편이다.

— 남녀 모두 코가 큰 사람은 기가 순환이 잘 되니 밖에 나가 활동

해야 한다. 집에 있으면 병이 나는데 기미가 끼고 두통과 소화불량
에 시달린다.

— 남녀 모두 콧구멍이 들여다 보이는 사람은 방광이 약하다. 따라
서 늦게까지 소변을 가리지 못하고, 성인이 되어서도 피곤하면
자주 실수를 한다.

— 남녀 모두 코가 낮고 짧은 사람은 소심하며 잔소리가 많고, 진
취력·성취력·실천력이 부족하고, 노쇠현상도 빨리 나타난다.

— 남녀 모두 코가 휜 사람은 허리·등·어깨가 아프고, 뒷목이 뻣
뻣하고, 눈도 맑지 않다.

— 남녀 모두 코가 아래로 처진 사람은 성격이 느긋하며 뚝심과
고집이 있으나 게으르다.

— 남녀 모두 콧등이 튀어나온 사람은 삼초가 약하여 악성변비가
있고 소변도 시원하지 않다.

— 남녀 모두 콧등에 기미가 낀 사람은 몸이 무거워 눕기를 좋아
하고 마음이 항상 불안하며 초조하다.

— 남녀 모두 딸기코인 사람은 중풍을 조심해야 한다.

— 남녀 모두 입술은 생식기와 밀접한 관계가 있으므로 입술에 이
상이 오면 생식기에도 이상이 온다.

— 남녀 모두 입술이 얇고 입이 튀어나온 사람은 새의 성질을 닮
아 아주 예민하며 매사를 쉽게 넘어가고 항상 고민이 많다.

— 남녀 모두 입 주위에 주름살이 있으면 소화기관이 약하고 눕는
것을 좋아한다.

— 남녀 모두 이마에 잔주름이 있으면 폐가 약하고, 금방 우울해지

며 울기도 잘 하나 영감이 뛰어나다.

— 여명이 입술이 비뚤어진 사람은 자연유산이 따른다.

— 여명이 입술이 푸른 사람은 멍이 잘 들고 생리 때 유방이 아프다.

— 여명이 비대하면 자신이 벌어먹고 살아야 하니 직업이 있어야
  한다.

— 남녀 모두 발을 만지면 원행할 일이 있다는 뜻이다.

— 남녀 모두 손을 만지면 손재수가 따른다는 뜻이다.

— 남녀 모두 코를 만지면 땅에 관한 일이 있다는 뜻이다.

— 남녀 모두 입을 만지면 음식과 관계있는 일이 있다는 뜻이다.

— 남녀 모두 볼을 만지면 이성과 관계있는 일이 있다는 뜻이다.

— 남녀 모두 눈썹을 만지면 형제나 친구와 관계있는 일이 있다는
  뜻이다.

— 남녀 모두 눈을 만지면 자손의 진학이나 취업과 관계있는 일이
  있다는 뜻이다.

— 남녀 모두 이마나 목을 만지면 부모나 문서나 관청과 관계있는
  일이 있다는 뜻이다.

— 남녀 모두 턱을 만지면 사기나 손재수가 따른다는 뜻이다.

— 남녀 모두 배를 만지면 재물과 관계있는 일이 있다는 뜻이다.

— 남녀 모두 국부를 만지면 음갈이나 암매와 관계있는 일이 있다
  는 뜻이다.

— 남녀 모두 다리를 만지면 은밀히 원행할 일이 있다는 뜻이다.

— 남녀 모두 등을 만지면 부채문제로 고민한다는 뜻이다.

— 남녀 모두 봄에 온 손님이 서쪽에 앉으면 재물이나 쟁송의 문

제로 본다.

— 남녀 모두 여름에 온 손님이 동쪽에 앉으면 문서에 관한 일로
  본다.

— 남녀 모두 가을에 온 손님이 남쪽에 앉으면 시비나 질병의 문
  제로 본다.

— 남녀 모두 겨울에 온 손님이 북쪽에 앉으면 자손이나 노복의
  문제로 본다.

24. 옷에 대하여

— 남녀 모두 청색 옷은 성공·야망·성욕을 의미하고, 배우자나
  다른 이성이나 나를 떠난 사람을 찾고 있다는 의미이다.

— 남녀 모두 흑색 옷은 답답함을 의미하고, 배우자의 변화를 바라
  지는 않는 편이나 다소 허영에 들떠 있다는 의미이다.

— 남녀 모두 백색 옷은 변화를 의미하고, 갈등 때문에 배우자를
  바꾸고 싶어한다는 의미이다.

— 남녀 모두 황색 옷은 배우자가 없거나 별거 중임을 의미하고,
  떨어지려고 하는 마음의 준비를 한다는 의미이다.

— 남녀 모두 적색 옷은 새출발을 의미하고, 부부관계에 문제가 생
  겨 방황하고 있다는 의미이다.

— 남녀 모두 밝은 색 옷은 희망과 발전을 의미한다.

— 남녀 모두 꽃처럼 다양한 색깔의 옷은 마음이 들떠 있다는 의
  미이다.

25. 생사에 대하여

— 남녀 모두 화용신(火用神)은 신유운(辛酉運), 금용신(金用神)은 해자운(亥子運), 목용신(木用神)은 사오운(巳午運), 수용신(水用神)은 인묘운(寅卯運)에 사망할 확률이 많다.

— 남녀 모두 년월(年月)이 시간(時干)과 상극(相剋)되면 아버지가 먼저 돌아가시고, 시지(時支)와 상극(相剋)되면 어머니가 먼저 돌아가신다.

— 남녀 모두 용신(用神)이 병사묘절지(病死墓絶地)에 들면 사망한다.

— 남녀 모두 용신(用神)이 대운(大運)에서 묘고(墓庫)를 만나고, 세운에서 사절(死絶)을 거듭 만나면 수명을 마친다.

— 남녀 모두 용신(用神)을 극(剋)하는 흉신(凶神)이 많으면서 강한데 흉신(凶神)을 만나면 수명을 마친다.

— 남녀 모두 용신(用神)이 약한데 강한 흉신(凶神)이 충(沖)하고, 대운(大運)의 지지(地支)가 월령(月令)을 충(沖)하는데 구신(救神)이 없으면 수명을 마친다.

— 남녀 모두 도화(桃花)·양인(羊刃)·함지(咸池)·편관(偏官)이 모두 있으면 가산을 탕진하고 색난으로 사망한다.

— 남녀 모두 백호대살(白虎大殺)이 있는데 구신(救神)인 천을귀(天乙貴)나 천을덕(天乙德)이 없고, 유년(流年)에서 백호(白虎)를 거듭 만나거나 충(沖)하면 비명횡사가 따른다.

— 남녀 모두 인오술(寅午戌)년 신축(辛丑)일, 사유축(巳酉丑)년 을미(乙未)일, 신자진(申子辰)년 병술(丙戌)일, 해묘미(亥卯未)

년 무진(戊辰)일생이면 독살이나 객사가 따른다.

― 남녀 모두 천간(天干)에 비겁(比劫)이 많은데 식상(食傷)이 1개도 없으면 재성운(財星運)에 군비쟁재(群比爭財)로 사망한다.

― 남녀 모두 천원일기(天元一氣)에 식상(食傷)이 약한데 재성운(財星運)을 만나면 쟁재(爭財)로 수명을 마친다.

― 남녀 모두 목화통명(木火通明) 사주인데 부득이 종아(從兒)하면 반드시 화운(火運)에 사망한다.

― 남녀 모두 식상(食傷)이 태과(太過)하면 노상횡사가 따르기 쉽다.

― 남녀 모두 기해일간(己亥日干)인데 을(乙) 편관(偏官)이 강하면 단명한다.

― 남녀 모두 사주에 병(病)이 중한데 병운(病運)을 만나면 단명한다.

― 남녀 모두 사주에 병(病)이 없는데 병운(病運)을 만나면 약석이 무효가 되어 수명을 마친다.

― 남녀 모두 육신(六神)이 충(沖)되면 단명한다.

― 남녀 모두 신약(身弱) 사주에 상관(傷官)과 관살(官殺)이 투쟁하는데 관살(官殺)은 약하고 식상(食傷)이 왕하면 제살운(制殺運)에 수명을 마친다.

― 남녀 모두 신약(身弱)하고 관살(官殺)이 혼잡한데 재성운(財星運)을 만나면 생명이 위태롭다.

― 남녀 모두 인성(印星)이 약한데 재성운(財星運)을 만나면 탐재괴인(貪財壞印)이 되어 생명이 위태롭다.

― 남녀 모두 춘하월(春夏月) 병인오술(丙寅午戌)일이나 정기묘미(丁己卯未)일생이면 마음이 초조하고 자살을 기도한다.

삼한출판사의
신비한 동양철학 시리즈

적천수 정설
유백온 선생의 적천수 원본을 정석으로 해설
원래 유백온 선생이 저술한 적천수의 원문은 그렇게 많지가 않으나, 후학들이 각각 자신의 주장으로 해설하여 많아졌다. 이 책은 적천수 원문을 보고 30년 역학의 경험을 총동원하여 해설했다. 물론 백퍼센트 정확하다고 주장할 수는 없다. 다만 한국과 일본을 오가면서 실제 의 경험담을 함께 실었다. 공부하는 사람들에게는 많은 도움이 될 것이라 믿는다.
신비한 동양철학 82 | 역산 김찬동 편역 | 692면 | 34,000원 | 신국판

궁통보감 정설
궁통보감 원문을 쉽고 자세하게 해설
『궁통보감(窮通寶鑑)』은 5대원서 중에서 가장 이론적이며 사리에 맞는 책이며, 조후(調候)를 중심으로 설명하며 간명한 것이 특징이다. 역학을 공부하는 학도들에게 도움을 주려고 먼저 원문에 음독을 단 다음 해설하였다. 그리고 예문은 서낙오(徐樂吾) 선생이 해설한 것을 그대로 번역하였고, 저자가 상담한 사람들의 사주와 점서에 있는 사주들을 실었다.
신비한 동양철학 83 | 역산 김찬동 편역 | 768면 | 39,000원 | 신국판

연해자평 정설(1 · 2권)
연해자평의 완결판
연해자평의 저자 서자평은 중국 송대의 대음양 학자로 명리학의 비조일 뿐만 아니라 천문점성에도 밝았다. 이전에는 년(年)을 기준으로 추명했는데 적중률이 낮아 서자평이 일간(日干)을 기준으로 하고, 일지(日支)를 배우자로 보는 이론을 발표하면서 명리학은 크게 발전해 오늘에 이르렀다. 때문에 연해자평은 5대 원서 중에서도 필독하지 않으면 안 되는 책이다.
신비한 동양철학 101 | 김찬동 편역 | 1권 559면, 2권 309면 | 1권 33,000원, 2권 20,000원 | 신국판

명리입문
명리학의 정통교본
이 책은 옛부터 있었던 글들이나 너무 여기 저기 산만하게 흩어져 있어 공부하는 사람들에게는 많은 시간과 인내를 필요로 하였다. 그래서 한 군데 묶어 좀더 보기 쉽고 알기 쉽도록 엮은 것이다.
신비한 동양철학 41 | 동하 정지호 저 | 678면 | 29,000원 | 신국판 양장

조화원약 평주
명리학의 정통교본
자평진전, 난강망, 명리정종, 적천수 등과 함께 명리학의 교본에 해당하는 것으로 중국 청나라 때 나온 난강망이라는 책을 서낙오 선생께서 자세하게 설명을 붙인 것이다. 기존의 많은 책들이 오직 격국과 용신을 중심으로 감정하는 것과는 달리 십간십이지와 음양오행을 각각 자연의 이치와 춘하추동의 사계절의 흐름에 대입하여 인간의 길흉화복을 알 수 있게 했다.
신비한 동양철학 35 | 동하 정지호 편역 | 888면 | 39,000원 | 신국판

사주대성
초보에서 완성까지
이 책은 과거 현재 미래를 모두 알 수 있는 비결을 실었다. 그러나 모두 터득한다는 것은 어려울 것이다.역학은 수천 년간 동방의 석학들에 의해 갈고 닦은 철학이요 학문이며, 정신문화로서 영과학적인 상수문화로서 자랑할만한 위대한 학문이다.
신비한 동양철학 33 | 도관 박흥식 저 | 986면 | 46,000원 | 신국판 양장

쉽게 푼 역학(개정판)
쉽게 배워서 적용할 수 있는 생활역학서 !

이 책에서는 좀더 많은 사람들이 역학의 근본인 우주의 오묘한 진리와 법칙을 깨달아 보다 나은 삶을 영위하는데 도움이 될 수 있도록 가장 쉬운 언어와 가장 쉬운 방법으로 풀이했다. 역학계의 대가 김봉준 선생의 역작이다.

신비한 동양철학 71 | 백우 김봉준 저 | 568면 | 30,000원 | 신국판

사주명리학 핵심
맥을 잡아야 모든 것이 보인다

이 책은 잡다한 설명을 배제하고 명리학자에게 도움이 될 비법들만을 모아 엮었기 때문에 초심자가 이해하기에는 다소 어려운 부분도 있겠지만 기초를 튼튼히 한 다음 정독한다면 충분히 이해할 것이다. 신살만 늘어놓으며 감정하는 사이비가 되지말기를 바란다.

신비한 동양철학 19 | 도관 박흥식 저 | 502면 | 20,000원 | 신국판

물상활용비법
물상을 활용하여 오행의 흐름을 파악한다

이 책은 물상을 통하여 오행의 흐름을 파악하고 운명을 감정하는 방법을 연구한 책이다. 추명학의 해법을 연구하고 운명을 추리하여 오행에서 분류되는 물질의 운명 줄거리를 물상의 기물로 나들이 하는 활용법을 주제로 했다. 팔자풀이 및 운명해설에 관한 명리감정법의 체계를 세우는데 목적을 두고 초점을 맞추었다.

신비한 동양철학 31 | 해주 이학성 저 | 446면 | 26,000원 | 신국판

신수대전
흉함을 피하고 길함을 부르는 방법

신수는 대부분 주역과 사주추명학에 근거한다. 수많은 학설 중 몇 가지를 보면 사주명리, 자미두수, 관상, 점성학, 구성학, 육효, 토정비결, 매화역수, 대정수, 초씨역림, 황극책수, 하락리수, 범위수, 월영도, 현무발서, 철판신수, 육임신과, 기문둔갑, 태을신수 이다. 역학에 정통한 고사가 아니면 추단하기 어려우므로 누구나 신수를 볼 수 있도록 몇 가지를 정리했다.

신비한 동양철학 62 | 도관 박흥식 편저 | 528면 | 36,000원 | 신국판 양장

정법사주
운명판단의 첩경을 이루는 책

이 책은 사주추명학을 연구하고자 하는 분들에게 심오한 주역의 이해를 돕고자 하는 의도에서 시작되었다. 음양오행의 상생상극에서부터 육친법과 신살법을 기초로 하여 격국과 용신 그리고 유년판단법을 활용하여 운명판단에 첩경이 될 수 있도록 했고 추리응용과 운명감정의 실례를 하나하나 들어가면서 독학과 강의용 겸용으로 엮었다.

신비한 동양철학 49 | 원각 김구현 저 | 424면 | 26,000원 | 신국판 양장

내가 보고 내가 바꾸는 DIY사주
내가 보고 내가 바꾸는 사주비결

기존의 책들과는 달리 한 사람의 사주를 체계적으로 도표화시켜 한 눈에 파악할 수 있고, DIY라는 책 제목에서 말하듯이 개운하는 방법을 제시한다. 초심자는 물론 전문가도 자신의 이론을 새롭게 재조명해 볼 수 있는 케이스 스터디 북이다.

신비한 동양철학 39 | 석오 전광 저 | 338면 | 16,000원 | 신국판

인터뷰 사주학
쉽고 재미있는 인터뷰 사주학

얼마전만 해도 사주학을 취급하면 미신을 다루는 부류로 취급되었다. 그러나 지금은 하루가 다르게 이 학문을 공부하는 사람들이 폭증하고 있는 것으로 보인다. 젊은 층에서 사주카페니 사주방이니 사주동아리니 하는 것들이 만들어지고 그 모임이 활발하게 움직이고 있다는 점이 그것을 증명해준다. 그뿐 아니라 대학원에는 역학교수들이 점차로 증가하고 있다.

신비한 동양철학 70 | 글갈 정대엽 편저 | 426면 | 16,000원 | 신국판

사주특강
자평진전과 적천수의 재해석
이 책은 『자평진전』과 『적천수』를 근간으로 명리학의 폭넓은 가치를 인식하고, 실전에서 유용한 기반을 다지는데 중점을 두고 썼다. 일찍이 『자평진전』을 교과서로 삼고, 『적천수』로 보완하라는 서낙오의 말에 깊이 공감한다.
신비한 동양철학 68 │ 청월 박상의 편저 │ 440면 │ 25,000원 │ 신국판

참역학은 이렇게 쉬운 것이다
음양오행의 이론으로 이루어진 참역학서
수학공식이 아무리 어렵다고 해도 1, 2, 3, 4, 5, 6, 7, 8, 9, 0의 10개의 숫자로 이루어졌듯이 사주도 음양과 오행으로 이루어졌을 뿐이다. 그러니 용신과 격국이라는 무거운 짐을 벗어버리고 음양오행의 법칙과 진리만 정확하게 파악하면 된다. 사주는 음양오행의 변화일 뿐이고 용신과 격국은 사주를 감정하는 한 가지 방법에 지나지 않는다.
신비한 동양철학 24 │ 청암 박재현 저 │ 328면 │ 16,000원 │ 신국판

사주에 모든 길이 있다
사주를 알면 운명이 보인다!
사주를 간명하는데 조금이라도 도움이 됐으면 하는 바람에서 이 책을 썼다. 간명의 근간인 오행의 왕쇠강약을 세분하고, 대운과 세운, 세운과 월운의 연관성과, 십신과 여러 살이 미치는 암시와, 십이운성으로 세운을 판단하는 법을 설명했다.
신비한 동양철학 65 │ 정담 선사 편저 │ 294면 │ 26,000원 │ 신국판 양장

왕초보 내 사주
초보 입문용 역학서
이 책은 역학을 너무 어렵게 생각하는 초보자들에게 조금이나마 도움을 주고자 쉽게 엮으려고 노력했다. 이 책을 숙지한 후 역학(易學)의 5대 원서인 『적천수(滴天髓)』, 『궁통보감(窮通寶鑑)』, 『명리정종(命理正宗)』, 『연해자평(淵海子平)』, 『삼명통회(三命通會)』에 접근한다면 훨씬 쉽게 터득할 수 있을 것이다. 이 책들은 저자가 이미 편역하여 삼한출판사에서 출간한 것도 있고, 앞으로 모두 갖출 것이니 많이 활용하기 바란다.
신비한 동양철학 84 │ 역산 김찬동 편저 │ 278면 │ 19,000원 │ 신국판

명리학연구
체계적인 명확한 이론
이 책은 명리학 연구에 핵심적인 내용만을 모아 하나의 독립된 장을 만들었다. 명리학은 분야가 넓어 공부를 하다보면 주변에 머무르는 경우가 많아, 주요 내용을 잃고 헤매는 경우가 많다. 그러므로 뼈대를 잡는 것이 중요한데, 여기서는 「17장. 명리대요」에 핵심 내용만을 모아 학문의 체계를 잡는데 용이하게 하였다.
신비한 동양철학 59 │ 권중주 저 │ 562면 │ 29,000원 │ 신국판 양장

말하는 역학
신수를 묻는 사람 앞에서 술술 말문이 열린다
그토록 어렵다는 사주통변술을 쉽고 흥미롭게 고담과 덕담을 곁들여 사실적으로 생동감 있게 통변했다. 길흉을 어떻게 표현하느냐에 따라 상담자의 정곡을 찔러 핵심을 끌어내 정답을 내리는 것이 통변술이다. 역학계의 대가 김봉준 선생의 역작.
신비한 동양철학 11 │ 백우 김봉준 저 │ 576면 │ 26,000원 │ 신국판 양장

통변술해법
가닥가닥 풀어내는 역학의 비법
이 책은 역학과 상대에 대해 머리로는 다 알면서도 밖으로 표출되지 않아 어려움을 겪는 사람들을 위한 실습서다. 특히 실명감정과 이론강의로 나누어 역학의 진리를 설명하여 초보자도 쉽게 이해할 수 있다. 역학계의 대가 김봉준 선생의 역서인 『알기쉬운 해설·말하는 역학』이 나온 후 후편을 써달라는 열화같은 요구에 못이겨 내놓은 바로 그 책이다.
신비한 동양철학 21 │ 백우 김봉준 저 │ 392면 │ 26,000원 │ 신국판 양장

술술 읽다보면 통달하는 사주학
술술 읽다보면 나도 어느새 도사
당신은 당신 마음대로 모든 일이 이루어지던가. 지금까지 누구의 명령을 받지 않고 내 맘대로 살아왔다고, 운명 따위는 믿지 않는다고, 운명에 매달리지 않는다고 말하는 사람들이 많다. 그러나 우주법칙을 모르기 때문에 하는 소리다.
신비한 동양철학 28 | 조철현 저 | 368면 | 16,000원 | 신국판

사주학
5대 원서의 핵심과 실용
이 책은 사주학을 체계적으로 공부하려는 학도들을 위해서 꼭 알아두어야 할 내용들과 용어들을 수록하는데 중점을 두었다. 이 학문을 공부하려고 많은 사람들이 필자를 찾아왔을 깨 여러 가지 질문을 던져보면 거의 기초지식이 시원치 않음을 보았다. 따라서 용어를 포함한 제반지식을 골고루 습득해야 빠른 시일 내에 소기의 목적을 달성할 수 있을 것이다.
신비한 동양철학 66 | 글갈 정대엽 저 | 778면 | 46,000원 | 신국판 양장

명인재
신기한 사주판단 비법
이 책은 오행보다는 주로 살을 이용하는 비법을 담았다. 시중에 나온 책들을 보면 살에 대해 설명은 많이 하면서도 실제 응용에서는 무시하고 있다. 이것은 살을 알면서도 응용할 줄 모르기 때문이다. 그러나 이 책에서는 살의 활용방법을 완전히 터득해, 어떤 살과 어떤 살이 합하면 어떻게 작용하는지를 자세하게 설명하였다.
신비한 동양철학 43 | 원공선사 저 | 332면 | 19,000원 | 신국판 양장

명리학 | 재미있는 우리사주
사주 세우는 방법부터 용어해설 까지!!
몇 년 전 『사주에 모든 길이 있다』가 나온 후 선배 제현들께서 알찬 내용의 책다운 책을 접했다는 찬사를 받았다. 그러나 사주의 작성법을 설명하지 않아 독자들에게 많은 질타를 받고 뒤늦게 이 책 을 출판하기로 결심했다. 이 책은 한글만 알면 누구나 역학과 가까워질 수 있도록 사주 세우는 방법부터 실제간명, 용어해설에 이르기까지 분야별로 엮었다.
신비한 동양철학 74 | 정담 선사 편저 | 368면 | 19,000원 | 신국판

사주비기
역학으로 보는 역대 대통령들이 나오는 이치 !!
이 책에서는 고서의 이론을 근간으로 하여 근대의 사주들을 임상하여, 적중도에 의구심이 가는 이론들은 과감하게 탈피하고 통용될 수 있는 이론만을 수용했다. 따라서 기존 역학서의 아쉬운 부분들을 충족시키며 일반인도 열정만 있으면 누구나 자신의 운명을 감정하고 피흉취길할 수 있는 생활지침서로 활용할 수 있을 것이다.
신비한 동양철학 79 | 청월 박상의 편저 | 456면 | 19,000원 | 신국판

사주학의 활용법
가장 실질적인 역학서
우리가 생소한 지방을 여행할 때 제대로 된 지도가 있다면 편리하고 큰 도움이 되듯이 역학이란 이와같은 인생의 길잡이다. 예측불허의 인생을 살아가는데 올바른 안내자나 그 무엇이 있다면 그 이상 마음 든든하고 큰 재산은 없을 것이다.
신비한 동양철학 17 | 학선 류래웅 저 | 358면 | 15,000원 | 신국판

명리실무
명리학의 총 정리서
명리학(命理學)은 오랜 세월 많은 철인(哲人)들에 의하여 전승 발전되어 왔고, 지금도 수많은 사람이 임상과 연구에 임하고 있으며, 몇몇 대학에 학과도 개설되어 체계적인 교육을 하고 있다. 그러나 아직도 실무에서 활용할 수 있는 책이 부족한 상황이기 때문에 나름대로 현장에서 필요한 이론들을 정리해 보았다. 초학자는 물론 역학계에 종사하는 사람들에게 큰 도움이 될 것이라고 믿는다.
신비한 동양철학 94 | 박흥식 편저 | 920면 | 39,000원 | 신국판

사주 속으로
역학서의 고전들로 입증하며 쉽고 자세하게 푼 책
십 년 동안 역학계에 종사하면서 나름대로는 실전과 이론에서 최선을 다했다고 자부한다. 역학원의 비좁은 공간에서도 항상 후학을 생각하는 마음으로 역학에 대한 배움의 장을 마련하고자 노력한 것도 사실이다. 이 책을 역학으로 이름을 알리고 역학으로 생활하면서 조금이나마 역학계에 이바지할 것이 없을까라는 고민의 산물이라 생각해주기 바란다.
신비한 동양철학 95 | 김상회 편저 | 429면 | 15,000원 | 신국판

사주학의 방정식
알기 쉽게 풀어놓은 가장 실질적인 역서
이 책은 종전의 어려웠던 사주풀이의 응용과 한문을 쉬운 방법으로 터득하는데 목적을 두었고, 역학이 무엇인가를 알리고자 하는데 있다. 세인들은 역학자를 남의 운명이나 풀이하는 점쟁이로 알지만 잘못된 생각이다. 역학은 우주의 근본이며 기의 학문이기 때문에 역학을 이해하지 못하고서는 우리 인생살이 또한 정확하게 해석할 수 없는 고차원의 학문이다.
신비한 동양철학 18 | 김용오 저 | 192면 | 8,000원 | 신국판

오행상극설과 진화론
인간과 인생을 떠난 천리란 있을 수 없다
과학이 현대를 설정하여 설명하고 있으나 원리는 동양철학에도 있기에 그 양면을 밝히고자 노력했다. 우주에서 일어나는 모든 일을 과학으로 설명될 수는 없다. 비과학적이라고 하기보다는 과학이 따라오지 못한다고 설명하는 것이 더 솔직하고 옳은 표현일 것이다. 특히 과학분야에 종사하는 신의사가 저술했다는데 더 큰 화제가 되고 있다.
신비한 동양철학 5 | 김태진 저 | 222면 | 15,000원 | 신국판

스스로 공부하게 하는 방법과 천부적 적성
내 아이를 성공시키고 싶은 부모들에게
자녀를 성공시키고 싶은 마음은 누구나 같겠지만 가난한 집 아이가 좋은 성적을 내기는 매우 어렵고, 원하는 학교에 들어가기도 어렵다. 그러나 실망하기에는 아직 이르다. 내 아이가 훌륭하게 성장해 아름답고 멋진 삶을 살아가는 방법을 소개한다.
신비한 동양철학 85 | 청암 박재현 지음 | 176면 | 14,000원 | 신국판

진짜부적 가짜부적
부적의 실체와 정확한 제작방법
인쇄부적에서 가짜부적에 이르기까지 많게는 몇백만원에 팔리고 있다는 보도를 종종 듣는다. 그러나 부적은 정확한 제작방법에 따라 자신의 용도에 맞게 스스로 만들어 사용하면 훨씬 더 좋은 효과를 얻을 수 있다. 이 책은 중국에서 정통부적을 연구한 국내유일의 동양오술학자가 밝힌 부적의 실체와 정확한 제작방법을 소개하고 있다.
신비한 동양철학 7 | 오상익 저 | 322면 | 15,000원 | 신국판

수명비결
주민등록번호 13자로 숙명의 정체를 밝힌다
우리는 지금 무수히 많은 숫자의 거미줄에 매달려 허우적거리며 살아가고 있다. 1분 · 1초가 생사를 가름하고, 1등 · 2등이 인생을 좌우하며, 1급 · 2급이 신분을 구분하는 세상이다. 이 책은 수명리학으로 13자의 주민등록번호로 명예, 재산, 건강, 수명, 애정, 자녀운 등을 미리 읽어본다.
신비한 동양철학 14 | 장충한 저 | 308면 | 15,000원 | 신국판

진짜궁합 가짜궁합
남녀궁합의 새로운 충격
중국에서 연구한 국내유일의 동양오술학자가 우리나라 역술가들의 궁합법이 잘못되었다는 것을 학술적으로 분석 · 비평하고, 전적과 사례연구를 통하여 궁합의 실체와 타당성을 분석했다. 합리적인 「자미두수궁합법」과 「남녀궁합」 및 출생시간을 몰라 궁합을 못보는 사람들을 위하여 「지문으로 보는 궁합법」 등을 공개하고 있다.
신비한 동양철학 8 | 오상익 저 | 414면 | 15,000원 | 신국판

주역육효 해설방법(상·하)
한 번만 읽으면 주역을 활용할 수 있는 책
이 책은 주역을 해설한 것으로, 될 수 있는 한 여러 가지 사실을 덧붙이지 않고, 주역을 공부하고 활용하는데 필요한 요건만을 기록했다. 따라서 주역의 근원이나 하도낙서, 음양오행에 대해서도 많은 설명을 자제했다. 다만 누구나 이 책을 한 번 읽어서 주역을 이해하고 활용할 수 있도록 하는데 중점을 두었다.
신비한 동양철학 38 │ 원공선사 저 │ 상 810면·하 798면 │ 각 29,000원 │ 신국판

쉽게 푼 주역
귀신도 탄복한다는 주역을 쉽고 재미있게 풀어놓은 책
주역이라는 말 한마디면 귀신도 기겁을 하고 놀라 자빠진다는데, 운수와 일진이 문제가 될까. 8×8=64괘라는 주역을 한 괘에 23개씩의 회답으로 해설하여 1472괘의 신비한 해답을 수록했다. 당신이 당면한 문제라면 무엇이든 해결할 수 있는 열쇠이 한 권의 책 속에 있다.
신비한 동양철학 10 │ 정도명 저 │ 284면 │ 16,000원 │ 신국판 양장

주역 기본원리
주역의 기본원리를 통달할 수 있는 책
이 책에서는 기본괘와 변화와 기본괘가 어떤 괘로 변했을 경우 일어날 수 있는 내용들을 설명하여 주역의 변화에 대한 이해를 돕는데 주력하였다. 그러나 그런 내용을 구분할 수 있는 방법을 전부 다 설명할 수는 없기에 뒷장에 간단하게설명하였고, 다른 책들과 설명의 차이점도 기록하였으니 참작하여 본다면 조금이나마 도움이 될 것이다.
신비한 동양철학 67 │ 원공선사 편저 │ 800면 │ 39,000원 │ 신국판

완성 주역비결 │ 주역 토정비결
반쪽으로 전해오는 토정비결을 완전하게 해설
지금 시중에 나와 있는 토정비결에 대한 책들은 옛날부터 내려오는 완전한 비결이 아니라 반쪽의 책이다. 그러나 반쪽이라고 말하는 사람은 없다. 그것은 주역의 원리를 모르기 때문이다. 그래서 늦은 감이 없지 않으나 앞으로 수많은 세월을 생각해서 완전한 해설판을 내놓기로 했다.
신비한 동양철학 92 │ 원공선사 편저 │ 396면 │ 16,000원 │ 신국판

육효대전
정확한 해설과 다양한 활용법
동양고전 중에서도 가장 대표적인 것이 주역이다. 주역은 옛사람들이 자연을 거울삼아 생활을 영위해 나가는 처세에 관한 지혜를 무한히 내포하고, 피흉추길하는 얼과 슬기가 함축된 점서인 동시에 수양·과학서요 철학·종교서라고 할 수 있다.
신비한 동양철학 37 │ 도관 박흥식 편저 │ 608면 │ 26,000원 │ 신국판

육효점 정론
육효학의 정수
이 책은 주역의 원전소개와 상수역법의 꽃으로 발전한 경방학을 같이 실어 독자들의 호기심을 충족시키는데 중점을 두었습니다. 주역의 원전으로 인화의 처세술을 터득하고, 어떤 사안의 답은 육효법을 탐독하여 찾으시기 바랍니다.
신비한 동양철학 80 │ 효명 최인영 편역 │ 396면 │ 29,000원 │ 신국판

육효학 총론
육효학의 핵심만을 정확하고 알기 쉽게 정리
육효는 갑자기 문제가 생겨 난감한 경우에 명쾌한 답을 찾을 수 있는 학문이다. 그러나 시중에 나와 있는 책들이 대부분 원서를 그대로 번역해 놓은 것이라 전문가인 필자가 보기에도 지루하며 어렵다는 느낌이 들었다. 그래서 보다 쉽게 공부할 수 있도록 이 책을 출간하게 되었다.
신비한 동양철학 89 │ 김도희 편저 │ 174쪽 │ 26,000원 │ 신국판

기문둔갑 비급대성
기문의 정수
기문둔갑은 천문지리 · 인사명리 · 법술병법 등에 영험한 술수로 예로부터 은밀하게 특권층에만 전승되었다. 그러나 아쉽게도 기문을 공부하려는 이들에게 도움이 될만한 책이 거의 없다. 필자는 이 점이 안타까워 천견박식함을 돌아보지 않고 감히 책을 내게 되었다. 한 권에 기문학을 다 표현할 수는 없지만 이 책을 사다리 삼아 저 높은 경지로 올라간다면 제갈공명과 같은 지혜를 발휘할 수 있을 것이다.

신비한 동양철학 86 | 도관 박흥식 편저 | 725면 | 39,000원 | 신국판

기문둔갑옥경
가장 권위 있고 우수한 학문
우리나라의 기문역사는 장구하나 상세한 문헌은 전무한 상태라 이 책을 발간하였다. 기문둔갑은 천문지리는 물론 인사명리 등 제반사에 관한 길흉을 판단함에 있어서 가장 우수한 학문이며 병법과 법술방면으로도 특징과 장점이 있다. 초학자는 포국편을 열심히 익혀 설국을 자유자재로 할 수 있도록 하고, 개인의 이익보다는 보국안민에 일조하기 바란다.

신비한 동양철학 32 | 도관 박흥식 저 | 674면 | 39,000원 | 사륙배판

오늘의 토정비결
일년신수와 죽느냐 사느냐를 알려주는 예언서
역산비결은 일년신수를 보는 역학서이다. 당년의 신수만 본다는 것은 토정비결과 비슷하나 토정비결은 토정 선생께서 사람들에게 용기와 희망을 주기 위함이 목적이어서 다소 허황되고 과장된 부분이 많다. 그러나 역산비결은 재미로 보는 신수가 아니라, 죽느냐 사느냐를 알려주는 예언서이이니 재미로 보는 토정비결과는 차원이 다르다.

신비한 동양철학 72 | 역산 김찬동 편저 | 304면 | 16,000원 | 신국판

國運 · 나라의 운세
역으로 풀어본 우리나라의 운명과 방향
아무리 서구사상의 파고가 높다하기로 오천 년을 한결같이 가꾸며 살아온 백두의 혼이 와르르 무너지는 지경에 왔어도 누구하나 입을 열어 말하는 사람이 없으니 답답하다. 불확실한 내일에 대한 해답을 이 책은 명쾌하게 제시하고 있다.

신비한 동양철학 22 | 백우 김봉준 저 | 290면 | 9,000원 | 신국판

남사고의 마지막 예언
이 책으로 격암유록에 대한 논란이 끝나기 바란다
감히 이 책을 21세기의 성경이라고 말한다. 〈격암유록〉은 섭리가 우리민족에게 준 위대한 복음서이며, 선물이며, 꿈이며, 인류의 희망이다. 이 책에서는 〈격암유록〉이 전하고자 하는 바를 주제별로 정리하여 문답식으로 풀어갔다. 이 책으로 〈격암유록〉에 대한 논란은 끝나기 바란다.

신비한 동양철학 29 | 석정 박순용 저 | 276면 | 16,000원 | 신국판

원토정비결
반쪽으로만 전해오는 토정비결의 완전한 해설판
지금 시중에 나와 있는 토정비결에 대한 책들을 보면 옛날부터 내려오는 완전한 비결이 아니라 반면의 책이다. 그러나 반면이라고 말하는 사람이 없다. 그것은 주역의 원리를 모르기 때문이다. 따라서 늦은 감이 없지 않으나 앞으로의 수많은 세월을 생각하면서 완전한 해설본을 내놓았다.

신비한 동양철학 53 | 원공선사 저 | 396면 | 24,000원 | 신국판 양장

나의 천운 · 운세찾기
몽골정통 토정비결
이 책은 역학계의 대가 김봉준 선생이 몽공토정비결을 우리의 인습과 체질에 맞게 엮은 것이다. 운의 흐름을 알리고자 호운과 쇠운을 강조하고, 현재의 나를 조명하고 판단할 수 있도록 했다. 모쪼록 생활서나 안내서로 활용하기 바란다.

신비한 동양철학 12 | 백우 김봉준 저 | 308면 | 11,000원 | 신국판

역점 | 우리나라 전통 행운찾기
쉽게 쓴 64괘 역점 보는 법
주역이 점치는 책에만 불과했다면 벌써 그 존재가 없어졌을 것이다. 그러나 오랫동안 많은 학자가 연구를 계속해왔고, 그 속에서 자연과학과 형이상학적인 우주론과 인생론을 밝혀, 정치·경제·사회 등 여러 방면에서 인간의 생활에 응용해왔고, 삶의 지침서로써 그 역할을 했다. 이 책은 한 번만 읽으면 누구나 역점가가 될 수 있으니 생활에 도움이 되길 바란다.
신비한 동양철학 57 | 문명상 편저 | 382면 | 26,000원 | 신국판 양장

이렇게 하면 좋은 운이 온다
한 가정에 한 권씩 놓아두고 볼만한 책
좋은 운을 부르는 방법은 방위·색상·수리·년운·월운·날짜·시간·궁합·이름·직업·물건·보석·맛·과일·기운·마을·가축·성격 등을 정확하게 파악하여 자신에게 길한 것은 취하고 흉한 것은 피하면 된다. 이 책의 저자는 신학대학을 졸업하고 역학계에 입문했다는 특별한 이력을 갖고 있기 때문에 더 많은 화제가 되고 있다.
신비한 동양철학 27 | 역산 김찬동 저 | 434면 | 16,000원 | 신국판

운을 잡으세요 | 改運秘法
염력강화로 삶의 문제를 해결한다!
행복과 불행은 누가 주는 것이 아니라 자기 자신이 만든다고 할 수 있다. 한 마디로 말해 의지의 힘, 즉 염력이 운명을 바꾸는 것이다. 이 책에서는 이러한 염력을 강화시켜 삶에서 일어나는 문제를 해결하는 방법을 알려준다. 누구나 가벼운 마음으로 읽고 실천한다면 반드시 목적을 이룰 수 있을 것이다.
신비한 동양철학 76 | 역산 김찬동 편저 | 272면 | 10,000원 | 신국판

복을 부르는방법
나쁜 운을 좋은 운으로 바꾸는 비결
개운하는 방법은 여러 가지가 있으나, 이 책의 비법은 축원문을 독송하는 것이다. 독송이란 소리내어 읽는다는 뜻이다. 사람의 말에는 기운이 있는데, 이 기운은 자신에게 돌아온다. 좋은 말을 하면 좋은 기운이 돌아오고, 나쁜 말을 하면 나쁜 기운이 돌아온다. 이 책은 누구나 어디서나 쉽게 비용을 들이지 않고 좋은 운을 부를 수 있는 방법을 실었다.
신비한 동양철학 69 | 역산 김찬동 편저 | 194면 | 11,000원 | 신국판

천직·사주팔자로 찾은 나의 직업
천직을 찾으면 역경없이 탄탄하게 성공할 수 있다
잘 되겠지 하는 막연한 생각으로 의욕만 갖고 도전하는 것과 나에게 맞는 직종은 무엇이고 때는 언제인가를 알고 도전하는 것은 근본적으로 다르고, 결과도 다르다. 만일 의욕만으로 팔자에도 없는 사업을 시작했다고 하자, 결과는 불을 보듯 뻔하다. 그러므로 이런 때일수록 침착과 냉정을 찾아 내 그릇부터 알고, 생활에 대처하는 지혜로움을 발휘해야 한다.
신비한 동양철학 34 | 백우 김봉준 저 | 376면 | 19,000원 | 신국판

운세십진법·本大路
운명을 알고 대처하는 것은 현대인의 지혜다
타고난 운명은 분명히 있다. 그러니 자신의 운명을 알고 대처한다면 비록 운명을 바꿀 수는 없지만 향상시킬 수 있다. 이 것이 사주학을 알아야 하는 이유다. 이 책에서는 자신이 타고난 숙명과 앞으로 펼쳐질 운명행로를 찾을 수 있도록 운명의 기초를 초연하게 설명하고 있다.
신비한 동양철학 1 | 백우 김봉준 저 | 364면 | 16,000원 | 신국판

성명학 | 바로 이 이름
사주의 운기와 조화를 고려한 이름짓기
사람은 누구나 타고난 운명이 있다. 숙명인 사주팔자는 선천운이고, 성명은 후천운이 되는 것으로 이름을 지을 때는 타고난 운기와의 조화를 고려해야 한다. 따라서 역학에 대한 깊은 이해가 선행함은 지극히 당연하다. 부언하면 작명의 근본은 타고난 사주에 운기를 종합적으로 분석하여 부족한 점을 보강하고 결점을 개선한다는 큰 뜻이 있다고 할 수 있다.
신비한 동양철학 75 | 정담 선사 편저 | 488면 | 24,000원 | 신국판

작명 백과사전
36가지 이름짓는 방법과 선후천 역상법 수록
이름은 나를 대표하는 생명체이므로 몸은 세상을 떠날지라도 영원히 남는다. 성명운의 유도력은 후천적으로 가공 인수되는 후존적 수기로써 조성 운화되는 작용력이 있다. 선천수기의 운기력이 50%이면 후천수기도의 운기력도50%이다. 이와 같이 성명운의 작용은 운로에 불가결한조건일 뿐 아니라, 선천명운의 범위에서 기능을 충분히 할 수 있다.
신비한 동양철학 81 | 임삼업 편저 | 송충석 감수 | 730면 | 36,000원 | 사륙배판

작명해명
누구나 쉽게 활용할 수 있는 체계적인 작명법
일반적인 성명학으로는 알 수 없는 한자이름, 한글이름, 영문이름, 예명, 회사명, 상호, 상품명 등의 작명방법을 여러 사례를 들어 체계적으로 분석하여 누구나 쉽게 배워서 활용할 수 있도록 서술했다.
신비한 동양철학 26 | 도관 박홍식 저 | 518면 | 19,000원 | 신국판

역산성명학
이름은 제2의 자신이다
이름에는 각각 고유의 뜻과 기운이 있어 그 기운이 성격을 만들고 그 성격이 운명을 만든다. 나쁜 이름은 부르면 부를수록 불행을 부르고 좋은 이름은 부르면 부를수록 행복을 부른다. 만일 이름이 거지같다면 아무리 운세를 잘 만나도 밥을 좀더 많이 얻어 먹을 수 있을 뿐이다. 저자는 신학대학을 졸업하고 역학계에 입문한 특별한 이력으로 많은 화제가 된다.
신비한 동양철학 25 | 역산 김찬동 저 | 456면 | 19,000원 | 신국판

작명정론
이름으로 보는 역대 대통령이 나오는 이치
사주팔자가 네 기둥으로 세워진 집이라면 이름은 그 집을 대표하는 문패라고 할 수 있다. 따라서 이름을 지을 때는 사주의 격에 맞추어야 한다. 사주 그릇이 작은 사람이 원대한 뜻의 이름을 쓰면 감당하지 못할 시련을 자초하게 되고 오히려 이름값을 못할 수 있다. 즉 분수에 맞는 이름으로 작명해야 하기 때문에 사주의 올바른 분석이 필요하다.
신비한 동양철학 77 | 청월 박상의 편저 | 430면 | 19,000원 | 신국판

음파메세지(氣)성명학
새로운 시대에 맞는 새로운 성명학
지금까지의 모든 성명학은 모순의 극치를 이룬다. 그러나 이제 새 시대에 맞는 음파메세지(氣) 성명학이 나왔으니 복을 계속 부르는 이름을 지어 사랑하는 자녀가 행복하고 아름다운 삶을 살아갈 수 있도록 하는데 도움이 되었으면 한다.
신비한 동양철학 51 | 청암 박재현 저 | 626면 | 39,000원 | 신국판 양장

아호연구
여러 가지 작호법과 실제 예 모음
필자는 오래 전부터 작명을 연구했다. 그러나 시중에 나와 있는 책에는 대부분 아호에 관해서는 전혀 언급하지 않았다. 그래서 아호에 관심이 있어도 자료를 구하지 못하는 분들을 위해 이 책을 내게 되었다. 아호를 짓는 것은 그리 대단하거나 복잡하지 않으니 이 책을 처음부터 끝까지 착실히 공부한다면 누구나 좋은 아호를 지어 쓸 수 있을 것이라고 생각한다.
신비한 동양철학 87 | 임삼업 편저 | 308면 | 26,000원 | 신국판

한글이미지 성명학
이름감정서
이 책은 본인의 이름은 물론 사랑하는 가족 그리고 가까운 친척이나 친구들의 이름까지도 좋은지 나쁜지 알아볼 수 있도록 지금까지 나와 있는 모든 성명학을 토대로 하여 썼다. 감언이설이나 협박성 감명에 흔들리지 않고 확실한 이름풀이를 볼 수 있을 것이다. 그리고 아름답고 멋진 삶을 살아갈 수 있는 이름을 짓는 방법도 상세하게 제시하였다.
신비한 동양철학 93 | 청암 박재현 지음 | 287면 | 10,000원 | 신국판

비법 작명기술
복과 성공을 함께 하려면
이 책은 성명의 발음오행이나 이름의 획수를 근간으로 하는 실제 이용이 가장 많은 기본 작명법을 서술하고, 주역의 괘상으로 풀어 길흉을 판단하는 역상법 5가지와 그의 중요한 작명법 5가지를 합하여 「보배로운 107가지 이름 짓는 방법」을 실었다. 특히 작명비법인 선후천역상법은 성명의 원획에 의존하는 작명법과 달리 정획과 곡획을 사용해 주역 상수학을 대표하는 하락이수를 쓰고, 육효가 들어가 응험률을 높였다.
신비한 동양철학 96 │ 임삼업 편저 │ 370면 │ 30,000원 │ 사륙배판

올바른 작명법
소중한 이름, 알고 짓자!
세상 부모들에게 가장 소중한 것이 뭐냐고 물으면 자녀라고 할 것이다. 그런데 왜 평생을 좌우할 이름을 함부로 짓는가. 이름이 얼마나 소중한지, 이름의 오행작용이 일생을 어떻게 좌우하는지 모르기 때문이다.
신비한 동양철학 61 │ 이정재 저 │ 352면 │ 19,000원 │ 신국판

호(雅號)책
아호 짓는 방법과 역대 유명인사의 아호, 인명용 한자 수록
필자는 오래 전부터 작명연구에 열중했으나 대부분의 작명책에는 아호에 관해서는 전혀 언급하지 않고, 간혹 거론했어도 몇 줄 정도의 뜻풀이에 불과하거나 일반작명법에 준한다는 암시만 풍기며 끝을 맺었다. 따라서 필자가 참고한 문헌도 적었음을 인정한다. 아호에 관심이 있어도 자료를 구하지 못하는 현실에 착안하여 필자 나름대로 각고 끝에 본서를 펴냈다.
신비한 동양철학 97 │ 임삼업 편저 │ 390면 │ 20,000원 │ 신국판

관상오행
한국인의 특성에 맞는 관상법
좋은 관상인 것 같으나 실제로는 나쁘거나 좋은 관상이 아닌데도 잘 사는 사람이 왕왕있어 관상법 연구에 흥미를 잃는 경우가 있다. 이것은 중국의 관상법만을 익히고 우리의 독특한 환경적인 특징을 소홀히 다루었기 때문이다. 이에 우리 한국인에게 알맞는 관상법을 연구하여 누구나 관상을 쉽게 알아보고 해석할 수 있도록 자세하게 풀어놓았다.
신비한 동양철학 20 │ 송파 정상기 저 │ 284면 │ 12,000원 │ 신국판

정본 관상과 손금
바로 알고 사람을 사귑시다
이 책은 관상과 손금은 인생을 행복하게 만든다는 관점에서 다루었다. 그야말로 관상과 손금의 혁명이라고 할 수 있다. 여러분도 관상과 손금을 통한 예지력으로 인생의 참주인이 되기 바란다. 용기를 불어넣어 주고 행복을 찾게 하는 것이 참다운 관상과 손금술이다. 이 책이 일상사에 고민하는 분들에게 해결방법을 제시해 줄 것이다.
신비한 동양철학 42 │ 지창룡 감수 │ 332면 │ 16,000원 │ 신국판 양장

이런 사원이 좋습니다
사원선발 면접지침
사회가 다양해지면서 인력관리의 전문화와 인력수급이 기업주의 애로사항이 되었다. 필자는 그동안 많은 기업의 사원선발 면접시험에 참여했는데 기업주들이 모두 면접지침에 관한 책이 있으면 좋겠다는 것이다. 그래서 경험한 사례를 참작해 이 책을 내니 좋은 사원을 선발하는데 많은 도움이 될 것이라고 믿는다.
신비한 동양철학 90 │ 정도명 지음 │ 274면 │ 19,000원 │ 신국판

핵심 관상과 손금
사람을 볼 줄 아는 안목과 지혜를 알려주는 책
오늘과 내일을 예측할 수 없을만큼 복잡하게 펼쳐지는 현실에서 살아남기 위해서는 사람을 볼줄 아는 안목과 지혜가 필요하다. 시중에 관상학에 대한 책들이 많이 나와있지만 너무 형이상학적이라 전문가도 이해하기 어렵다. 이 책에서는 누구라도 쉽게 보고 이해할 수 있도록 핵심만을 파악해서 설명했다.
신비한 동양철학 54 │ 백우 김봉준 저 │ 188면 │ 14,000원 │ 사륙판 양장

완벽 사주와 관상
우리의 삶과 관계 있는 사실적 관계로만 설명한 책
이 책은 우리의 삶과 관계 있는 사실적 관계로만 역을 설명하고, 역에 대한 관심과 흥미를 갖게 하고자 관상학을 추록했다. 여기에 추록된 관상학은 시중에서 흔하게 볼 수 있는 상법이 아니라 생활상법, 즉 삶의 지식과 상식을 드리고자 했다.
신비한 동양철학 55 | 김봉준·유오준 공저 | 530면 | 36,000원 | 신국판 양장

사람을 보는 지혜
관상학의 초보에서 실용까지
현자는 하늘이 준 명을 알고 있기에 부귀에 연연하지 않는다. 사람은 마음을 다스리는 심명이 있다. 마음의 명은 자신만이 소통하는 유일한 우주의 무형의 에너지이기 때문에 잠시도 잊으면 안된다. 관상학은 사람의 상으로 이런 마음을 살피는 학문이니 잘 이해하여 보다 나은 삶을 삶을 영위할 수 있도록 노력해야 한다.
신비한 동양철학 73 | 이부길 편저 | 510면 | 20,000원 | 신국판

한눈에 보는 손금
논리정연하며 바로미터적인 지침서
이 책은 수상학의 연원을 초월해서 동서합일의 이론으로 집필했다. 그야말로 논리정연한 수상학을 정리하였다. 그래서 운명적, 철학적, 동양적, 심리학적인 면을 예증과 방편에 이르기까지 상세하게 기술했다. 이 책은 수상학이라기 보다 바로미터적인 지침서 역할을 해줄 것이다. 독자 여러분의 꾸준한 연구와 더불어 인생성공의 지침서가 될 수 있을 것이다.
신비한 동양철학 52 | 정도명 저 | 432면 | 24,000원 | 신국판 양장

이런 집에 살아야 잘 풀린다
운이 트이는 좋은 집 알아보는 비결
한마디로 운이 트이는 집을 갖고 싶은 것은 모두의 꿈일 것이다. 50평이니 60평이니 하며 평수에 구애받지 않고 가족이 평온하게 생활할 수 있고 나날이 발전할 수 있는 그런 집이 있다면 얼마나 좋을까? 그런 소망에 한 걸음이라도 가까워지려면 막연하게 운만 기대하고 있어서는 안 된다. 좋은 집을 가지려면 그만한 노력이 있어야 한다.
신비한 동양철학 64 | 강현술·박흥식 감수 | 270면 | 16,000원 | 신국판

점포, 이렇게 하면 부자됩니다
부자되는 점포, 보는 방법과 만드는 방법
사업의 성공과 실패는 어떤 사업장에서 어떤 품목으로 어떤 사람들과 거래하느냐에 따라 판가름난다. 그리고 사업을 성공시키려면 반드시 몇 가지 문제를 살펴야 하는데 무작정 사업을 시작하여 실패하는 사람들이 많다. 그래서 이 책에서는 이러한 문제와 방법들을 조목조목 기술하여 누구나 성공하도록 도움을 주는데 주력하였다.
신비한 동양철학 88 | 김도희 편저 | 177면 | 26,000원 | 신국판

쉽게 푼 풍수
현장에서 활용하는 풍수지리법
산도는 매우 광범위하고, 현장에서 알아보기 힘들다. 더구나 지금은 수목이 울창해 소조산 정상에 올라가도 나무에 가려 국세를 파악하는데 애를 먹는다. 따라서 사진을 첨부하니 많은 활용이 바란다. 물론 결록에 있고 산도가 눈에 익은 것은 혈 사진과 함께 소개하였다. 이 책을 열심히 정독하면서 답산하면 혈을 알아보고 용산도 할 수 있을 것이다.
신비한 동양철학 60 | 전항수·주장관 편저 | 378면 | 26,000원 | 신국판

음택양택
현세의 운·내세의 운
이 책에서는 음양택명당의 조건이나 기타 여러 가지를 설명하여 산 자와 죽은 자의 행복한 집을 만들 수 있도록 했다. 특히 죽은 자의 집인 음택명당은 자리를 옳게 잡으면 꾸준히 생기를 발하여 흥하나, 그렇지 않으면 큰 피해를 당하니 돈보다도 행·불행의 근원인 음양택명당에 관심을 기울여야 한다.
신비한 동양철학 63 | 전항수·주장관 지음 | 392면 | 29,000원 | 신국판

용의 혈·풍수지리 실기 100선
실전에서 실감나게 적용하는 풍수의 길잡이
이 책은 풍수지리 문헌인 만두산법서, 명산론, 금랑경 등을 이해하기 쉽도록 주제별로 간추려 설명했으며, 풍수지리학을 쉽게 접근하여 공부하고, 실전에 활용하여 실감나게 적용할 수 있도록 하는데 역점을 두었다.
신비한 동양철학 30 | 호산 윤재우 저 | 534면 | 29,000원 | 신국판

현장 지리풍수
현장감을 살린 지리풍수법
풍수를 업으로 삼는 사람들이 진가를 분별할 줄 모르면서 많은 법을 알았다고 자부하며 뽐낸다. 그리고는 재물에 눈이 어두워 불길한 산을 길하다 하고, 선하지 못한 물)을 선하다 한다. 이는 분수 밖의 것을 바라기 때문이다. 마음가짐을 바로 하고 고대 원전에 공력을 바치면서 산간을 실사하며 적공을 쏟으면 정교롭고 세밀한 경지를 얻을 수 있을 것이다.
신비한 동양철학 48 | 전항수·주관장 편저 | 434면 | 36,000원 | 신국판 양장

찾기 쉬운 명당
실전에서 활용할 수 있는 책
가능하면 쉽게 풀어 실전에 도움이 되도록 했다. 특히 풍수지리에서 방향측정에 필수인 패철 사용과 나경 9층을 각 층별로 설명했다. 그리고 이 책에 수록된 도설, 즉 오성도, 명산도, 명당 형세도 내거수 명당도, 지각형세도, 용의 과협출맥도, 사대 혈형 와겸유돌 형세도 등은 국립중앙도서관에 소장된 문헌자료인 만산도단, 만산영도, 이석당 은민산도의 원본을 참조했다.
신비한 동양철학 44 | 호산 윤재우 저 | 386면 | 19,000원 | 신국판 양장

해몽정본
꿈의 모든 것
시중에 꿈해몽에 관한 책은 많지만 막상 내가 꾼 꿈을 해몽을 하려고 하면 어디다 대입시켜야 할지 모르는 경우가 많았을 것이다. 그러나 최대한으로 많은 예를 들었고, 찾기 쉽고 명료하게 만들었기 때문에 해몽을 하는데 어려움이 없을 것이다. 한집에 한권씩 두고 보면서 나쁜 꿈은 예방하고 좋은 꿈을 좋은 일로 연결시킨다면 생활에 많은 도움이 될 것이다.
신비한 동양철학 36 | 청암 박재현 저 | 766면 | 19,000원 | 신국판

해몽·해몽법
해몽법을 알기 쉽게 설명한 책
인생은 꿈이 예지한 시간적 한계에서 점점 소멸되어 가는 현존물이기 때문에 반드시 꿈의 뜻을 따라야 한다. 이것은 꿈을 먹고 살아가는 인간 즉 태몽의 끝장면인 죽음을 향해 달려가고 있는 인간이기 때문이다. 꿈은 우리의 삶을 이끌어가는 이 정표와도 같기에 똑바로 가도록 노력해야 한다.
신비한 동양철학 50 | 김종일 저 | 552면 | 26,000원 | 신국판 양장

완벽 만세력
착각하기 쉬운 서머타임 2도 인쇄
시중에 많은 종류의 만세력이 나와있지만 이 책은 단순한 만세력이 아니라 완벽한 만세경전으로 만세력 보는 법 등을 실었기 때문에 처음 대하는 사람이라도 쉽게 볼 수 있도록 편집되었다. 또한 부록편에는 사주명리학, 신살종합해설, 결혼과 이사택일 및 이사방향, 길흉보는 법, 우주천기와 한국의 역사 등을 수록했다.
신비한 동양철학 99 | 백우 김봉준 저 | 316면 | 20,000원 | 사륙배판

정본만세력
이 책은 완벽한 만세력으로 만세력 보는 방법을 자세하게 설명했다. 그리고 역학에 대한 기본적인 내용과 결혼하기 좋은 나이·좋은 날·좋은 시간, 아들·딸 태아감별법, 이사하기 좋은 날·좋은 방향 등을 부록으로 실었다.
신비한 동양철학 45 | 백우 김봉준 저 | 304면 | 사륙배판 26,000원, 신국판 16,000원, 사륙판 10,000원, 포켓판 9,000원

정본 | 완벽 만세력
착각하기 쉬운 서머타임 2도인쇄

시중에 많은 종류의 만세력이 있지만 이 책은 단순한 만세력이 아니라 완벽한 만세경전이다. 그리고 만세력 보는 법 등을 실었기 때문에 처음 대하는 사람이라도 쉽게 볼 수 있다. 또 부록편에는 사주명리학, 신살 종합해설, 결혼과 이사 택일, 이사 방향, 길흉보는 법, 우주의 천기와 우리나라 역사 등을 수록하였다.

신비한 동양철학 99 | 김봉준 편저 | 316면 | 20,000원 | 사륙배판

원심수기 통증예방 관리비법
쉽게 배워 적용할 수 있는 통증관리법

『원심수기 통증예방 관리비법』은 4차원의 건강관리법으로 질병이 악화되는 것을 예방하여 건강한 몸을 유지하는데 그 목적이 있다. 시중의 수기요법과 비슷하나 특장점은 힘이 들지 않아 어린아이부터 노인까지 누구나 시술할 수 있고, 배우고 적용하는 과정이 쉽고 간단하며, 시술 장소나 도구가 필요 없으니 언제 어디서나 시술할 수 있다.

신비한 동양철학 78 | 원공 선사 저 | 288면 | 16,000원 | 신국판

운명으로 본 나의 질병과 건강상태
타고난 건강상태와 질병에 대한 대비책

이 책은 국내 유일의 동양오술학자가 사주학과 정통명리학의 양대산맥을 이루는 자미두수 이론으로 임상실험을 거쳐 작성한 자료이다. 따라서 명리학을 응용한 최초의 완벽한 의학서로 질병을 예방하고 치료하는데 활용하면 최고의 의사가 될 것이다. 또한 예방의학적인 차원에서 건강을 유지하는데 훌륭한 지침서로 현대의학의 새로운 장을 여는 계기가 될 것이다.

신비한 동양철학 9 | 오상익 저 | 474면 | 15,000원 | 신국판

서체자전
해서를 기본으로 전서, 예서, 행서, 초서를 연습할 수 있는 책

한자는 오랜 옛날부터 우리 생활과 뗄 수 없는 관계를 맺어왔음에도 한자를 잘 몰라 불편을 겪는 사람들이 많아 이 책을 내게 되었다. 이 책에서는 해서(楷書)를 기본으로 각 글자마다 전서(篆書), 예서(隷書), 행서(行書), 초서(草書) 순으로 배열하여 독자가 필요한 것을 찾아 연습하기 쉽도록 하였다.

신비한 동양철학 98 | 편집부 편 | 273면 | 16,000원 | 사륙배판

택일민력(擇日民曆)
택일에 관한 모든 것

이 책은 택일에 대한 모든 것을 넣으려고 최선을 다하였다. 동양철학을 공부하여 상담하거나 종교인·무속인·일반인들이 원하는 부분을 쉽게 찾아 활용할 수 있도록 칠십이후, 절기에 따른 벼농사의 순서와 중요한 과정, 납음오행, 신살의 의미, 구성조견표, 결혼·이사·제사·장례·이장에 관한 사항 등을 폭넓게 수록하였다.

신비한 동양철학 100 | 최인영 편저 | 80면 | 5,000원 | 사륙배판

모든 질병에서 해방을 1·2
건강실용서

우리나라는 아주 오랜 옛날부터 건강과 관련한 약재들이 산천에 널려 있었고, 우리 민족은 그 약재들을 슬기롭게 이용하며 나름대로 건강하게 살아왔다. 그러나 오늘날 현대의학에 밀려 외면당하며 사라지는 현실이 되었다. 이에 옛날부터 내려오는 의학서적인 『기사회생』과 『단방심편』을 바탕으로 민가에서 활용했던 민간요법들을 정리하고, 현대에 와서 개발된 약재들이나 시술방법들을 정리하였다.

신비한 동양철학 102 | 원공 선사 편저 | 1권 448면·2권 416면 | 각 29,000원 | 신국판

명리용어와 시결음미
어려운 용어와 숙어에 해석을 달아 쉽게 해석한 책
명리학을 연구하는 이들은 기초공부가 끝나면 자연스럽게 훌륭하다고 평가하는 고전을 접하게 된다. 그러나 음양오행의 논리와 심오한 명리학의 진리에 큰 뜻을 갈무리하고 있는 것으로, 이 모두가 세상의 도리와 관련이 있는 시결과 용어와 숙어는 어려운 한자로만 되어 있어 대다수의 역학도는 선뜻 탐독과 음미에 취미를 잃을 수 있다. 그래서 누구나 어려움 없이 쉽게 읽고 깊이 있게 음미할 수 있도록 원문에 한글로 발음을 달고 어려운 용어와 숙어에 해석을 달아 이 책을 내게 되었다.
신비한 동양철학 103 | 원각 김구현 편저 | 300면 | 25,000원 | 신국판